本书为2017年度教育部人文社会科学研究西部和边疆地区项目"美国文化外交中的政府角色研究"（17XJA810001）资助出版项目

中华文化走出去背景下美国对外文化交流中的政府角色研究

The Role of the Government: A Liberalism Perspective on American Cultural Diplomacy

杨光 著

四川大学出版社
Sichuan University Press

责任编辑：周　洁
责任校对：余　芳
封面设计：米迦设计工作室
责任印制：王　炜

图书在版编目（CIP）数据

中华文化走出去背景下美国对外文化交流中的政府角色研究／杨光著．—成都：四川大学出版社，2018.8
（四川大学外国语学院学术文丛）
ISBN 978-7-5690-2223-0

Ⅰ.①中… Ⅱ.①杨… Ⅲ.①文化交流－研究－中国、美国　Ⅳ.①G125

中国版本图书馆CIP数据核字（2018）第182263号

书　名	**中华文化走出去背景下美国对外文化交流中的政府角色研究**
	Zhonghua Wenhua Zouchuqu Beijing xia Meiguo Duiwai Wenhua Jiaoliu zhong de Zhengfu Juese Yanjiu

著　　者	杨　光
出　　版	四川大学出版社
地　　址	成都市一环路南一段24号（610065）
发　　行	四川大学出版社
书　　号	ISBN 978-7-5690-2223-0
印　　刷	四川盛图彩色印刷有限公司
成品尺寸	146 mm×208 mm
印　　张	9.75
字　　数	253千字
版　　次	2018年8月第1版
印　　次	2018年8月第1次印刷
定　　价	42.00元

◆读者邮购本书，请与本社发行科联系。
　电话：(028)85408408/(028)85401670/
　(028)85408023　邮政编码：610065

◆本社图书如有印装质量问题，请
　寄回出版社调换。

◆网址：http://www.scupress.net

版权所有◆侵权必究

However, the pressure for realistic goals forces the government to participate in cultural diplomacy directly. While adopting non-political strategy and segmentation strategy, the US government uses cultural program to influence elites while information programs are used to cover larger population. Both programs are used to promote the efficiency.

Chapter Five is focused on case study. IVLP is a cultural program with the longest history in American cultural diplomacy. It focuses on elites in various countries. With the IVLP case, the goals, institution and strategy of American cultural diplomacy will be analyzed.

diplomacy.

This book consists of the introduction, the body and the conclusion. The body is composed of five chapters.

Chapter One illustrates the European origin of liberalism and its American development. The emphasis is put on the discussion of liberal thought on the responsibility of the government and its relation with the society. This chapter is to establish a theoretical framework in which cultural diplomacy is greatly influenced.

Chapter Two analyzes the goals of American cultural diplomacy under American Liberalism. Cultural internationalism and democratic peace theory are important for cultural diplomacy. The dream of establishing a free and democratic society is embodied in the reconstruction of the Japanese social values. At the same time, American cultural diplomacy also gives its consideration to issues such as the maintenance of cultural safety, the struggle in ideological area and the balance of power.

Chapter Three is about the institution of American cultural diplomacy. Since 1940s, a series of laws were issued to establish cultural diplomacy system and regulate the strategies which can be used to promote efficiency. The Bureau of Educational and Cultural Affairs concentrates on cultural programs for more than seventy years, which is a contrast to USIA that focused on information programs. The encouragement of the participation of NGOs into cultural diplomacy is the embodiment of classical liberalism.

Chapter Four is about the strategy of American cultural diplomacy. Under the classical liberalism, government should be behind the stage to avoid negative influence on cultural diplomacy.

information program was heavily cut off.

The change of role of American government in cultural diplomacy is in accordance with the change of connotation of American liberalism. After the Independence War, Thomas Jefferson emphasized a society with a small government while Hamilton preferred a stronger government. Their dispute on whether to put the press under control led to the First Amendment of the US Constitution, in which government is prohibited to make law to control people's freedom on their belief. The government played a "night watchman" role until the early 20th century, during which classical liberalism prevailed. After the Great Depression, Roosevelt's New Deal sounded the bugle of the raising degree of the government involvement in social affairs. This trend lasted until President Johnson announced his program of a "Great Society". In 1970's and 1980's, both Nixon and Reagan began to modify the "left" trend toward "right", with the new federalism and new conservatism as their labels.

The thesis of this book is that the change of connotation of American liberalism has decisive impact on American cultural diplomacy. This book is to point out that the American cultural diplomacy has a long-term goal of establishing a free, democratic and equal society which is also what liberalism advocates. It also gives consideration to realistic national interests. To realize these goals, laws were issued to regulate the responsibility of the government and NGOs. Non-political strategy and segmentation strategy are adopted to implement cultural diplomacy. The fact of the existence of an invisible government in cultural program and a visible government in information program is the most prominent phenomenon in American cultural

摘　要

文化外交是政府或非政府组织围绕国家对外关系格局，为实现国家利益，通过广播、电视、网络、教育文化交流、人员往来、艺术表演以及文化产品贸易等手段，在特定时期针对特定对象开展的国家间或国际间公关活动。[①] 美国除了利用自己在政治、经济和军事上的硬实力实现国家利益，自20世纪初以来，已经形成一套比较成熟的文化外交体系用于运作文化软实力，从而帮助实现外交政策目标。美国第二次世界大战之前对南美洲各国实施的人员交流项目、第二次世界大战结束后对德国和日本实施的社会重建计划、冷战期间对苏联实施的文化交流计划，以及在全球开展的富布赖特计划和国际访问者计划，都是美国文化外交的成功案例。

文化外交的实质是思想外交，是以己方先进的文化要素影响目标国受众，使目标国受众接受己方观念或政策，并预期在目标国做出有利己方相关安排。美国政府在20世纪30年代组织实施

[①] 由于国内外针对文化外交的研究有限，文化外交尚缺乏权威定义。此描述由笔者综合美国人江昭（Akira Iriye）教授的"文化国际主义理论"、中国文化部副部长孟晓驷的"文化外交"定义以及广州外语外贸大学胡文涛博士关于"文化外交"的定义综合而成。

文化外交过程中，对如何有效开展文化外交以实现美国利益有过仔细思考和讨论。也正是从美国政府介入文化外交开始，就有了以何种方式实施文化外交之争。一种意见认为，政府不应该过度干预思想的交流，而应该扮演幕后角色，在以教育文化项目和人员互访来开展双向交流的同时，把具体组织工作交给非政府组织实施，此举可以在有效降低文化外交政治属性的同时，以非政治化的运作方式提高文化外交效率；另一种意见则认为，政府应该积极介入文化外交，利用政府的优势组织基于报刊、电台和电视等媒体的宣传活动，以覆盖面更广的信息项目达成己方目标。

教育文化项目与信息项目作为美国文化外交的两种实施方式，在近一个世纪的美国文化外交实践过程中相互交织。在不同历史时期，教育文化项目与信息项目所受到的政府重视程度差异很大。第一次世界大战期间，美国成立公共信息委员会，操控报纸杂志等媒体开展宣传，此举遭到美国国内主流思想广泛诟病；此后的20世纪30年代，美国国务院在确立文化外交原则时，教育文化项目因政府介入度低、效果好而成为优先选择的文化外交手段，并借此确立了政府直接参与不超过总数百分之五的文化外交活动的"百分之五原则"；随着罗斯福新政的不断深入以及第二次世界大战的爆发，美国政府直接介入文化外交的力度不断加大，政府开始从幕后走向前台；及至约翰逊总统提出建立"伟大社会"的目标，美国政府干预社会生活方方面面的程度达到高潮，美国新闻署也在这期间把美国之音、欧洲自由广播电台以及其他基于媒体类的信息项目在文化外交中用到极致。虽然有富布赖特参议员极力呼吁对教育文化项目的重视，富布赖特项目和国际访问者项目也在世界各地推进和实施，但是，负责教育文化项目的官员在美国驻各国大使馆必须接受美国新闻署领导的事实，表明了教育文化项目的从属地位。直到1999年克林顿总统撤销美国新闻署，美国对信息项目投入大幅下降，教育文化项目与信息项目才重新达成一种新的平衡。

仔细研判美国政府在文化外交中的角色变化，可以发现这一过程与美国自由主义思想的历史变迁是相契合的。美国建国之初就有杰斐逊"小政府、大社会"与汉密尔顿建立中央集权政府两种观点之争。两种思想在公民权利特别是新闻自由方面的较量，以国会颁布政府不得干预思想自由为主要内容的宪法第一修正案结束。直到19世纪末20世纪初，美国"守夜人"型政府维持着放任自由的社会形态，古典自由主义思想也一直居于主导地位。1929年开始的大萧条，以及胡佛总统不干预主义的失败，使罗斯福新政成为美国自由主义思想发展的分水岭。在现代自由主义思想的影响之下，政府干预社会以维护社会公平和正义成为主旋律。这一趋势持续到20世纪60年代末，在约翰逊"伟大社会"梦想中走到极致。尼克松"新联邦主义"和里根"新保守主义"则开始对走向"左"的自由主义向"右"修正。

美国自由主义思想及其内涵的历史变迁，对美国政府在文化外交中的角色产生了重要影响。在目标上，美国文化外交着眼实现自由、民主、平等的社会，同时也兼顾外交政策的现实考量；在机制上，以法律形式规定了政府的责任与非政府组织的功能；在策略上，"非政治化策略"和"受众细分策略"体现了古典自由主义与现代自由主义关于政府介入文化外交程度的不同主张。美国政府在文化外交中扮演幕后角色的同时，为了实现国家利益，又必须经常在前台出现，这是美国文化外交的一个重要特点。

本书由绪论、正文和结论三大部分组成。

绪论首先阐明本书的选题意义、基本思路、创新点和研究方法，并对论题相关的国内外研究现状进行系统梳理。

The Role of the Government: A Liberalism Perspective on American Cultural Diplomacy
中华文化走出去背景下美国对外文化交流中的政府角色研究

第一章主要通过阐述自由主义思想关于国家与社会关系的欧洲起源及其在美国的发展，论证自由主义思想在美国的理论构建、实践及影响，厘清古典自由主义思想与现代自由主义思想所主张的政府不同角色，为后续章节阐释美国文化软实力不同运作方式的思想根源打下基础。

第二章阐述自由主义思想影响下美国文化外交的长远目标和现实考量。在自由主义思想影响下，文化国际主义以及民主和平论成为实施文化外交的理论基础，建立自由、民主社会的远大理想，在第二次世界大战后重建德国和日本社会价值观的过程中得到很好的体现。同时，自由主义思想影响下的美国文化外交也兼顾了维护文化安全、意识形态利益和权力均势的现实主义考量。

第三章介绍自由主义思想影响下的美国文化外交机制。20世纪40年代以来，美国以自由主义思想为出发点，通过了一系列文化外交相关法律，建立了文化外交运行机制，规范了文化外交实施策略。国务院教育与文化事务局专注教育文化项目七十年，与美国新闻署强势介入信息项目形成鲜明对照。非政府组织积极参与并保障文化外交的顺利开展，也是古典自由主义思想在文化外交实施过程中的直观表现。

第四章论述在古典自由主义思想和现代自由主义思想影响下，美国政府在文化外交中一方面扮演幕后角色，避免政府操控文化外交而产生负面影响；另一方面，对现实利益的追求迫使政府走向前台。美国政府在实施文化外交"非政治化"策略的同时，注重教育文化项目对精英受众以点带面的作用以及信息项目对普通民众的广泛影响。策略化地实施文化外交，保证了美国文化外交的实施效率。

第五章分析国际访问者项目。国际访问者项目是美国历史最悠久的人员交流项目，聚焦各国精英。本章通过这个案例，分析自由主义思想影响下美国文化外交目标、机制和策略的具体体现,并提出对中国文化走出去的启示。

Cultural Diplomacy is the cultural form of diplomacy conducted by government or non-governmental organizations with broadcasting, television, internet, educational and cultural programs, personnel exchanges, art shows and trade of cultural products as means of communication. As a superpower in culture, the United States has established a mature system for cultural diplomacy ever since the beginning of the 20th century. Together with American political, economic and military mights, American soft power is used to help realize national interests. American cultural diplomacy has quite a lot successful examples, such as The South American People Exchange Plan before WWII, the Social Reconstruction Plan for Germany and Japan after WWII, the Cultural Exchange Plan toward the Soviet Union, the Fulbright Program and the International Visitor Leadership Program.

The essence of cultural diplomacy is the exchange of ideas. By influencing the people of the target country with attractive cultural elements, cultural diplomacy is to entice the acceptance of American value, institution and policy and expect the favorable arrangements of the target country. American government had a heated discussion on ways of implementing cultural diplomacy in 1930s when official engagement into cultural diplomacy was planned. From that time on there are two ideas on how to carry out cultural diplomacy. One idea is that cultural diplomacy should not be manipulated by the government. It is better for the government to stay behind the stage while non-

The Role of the Government: A Liberalism Perspective on American Cultural Diplomacy
中华文化走出去背景下美国对外文化交流中的政府角色研究

governmental organizations take more responsibilities. This idea is based on the thought that to lower the political involvement will promote the efficiency of cultural diplomacy. A second idea is that it will be more prompt and efficient if the government takes advantage of the media resources. By using information programs, it will cover larger population, although it makes cultural diplomacy more political.

The co-existence of cultural program and information program is the result of the above two ideas. Both programs run through the history of American cultural diplomacy. The American government alternatively emphasizes on cultural program and information program in different periods. During the WWI, Committee on Public Information was established. Its censorship on news and propagandistic operation suffered heavy criticism. When the State Department made principles for cultural diplomacy in 1930s, cultural program became the priority because of its less governmental involvement. "5-Percent Principle" is also established, in which government is required to organize less than 5% of the total cultural activities. With the eruption of WWII and the implementation of the New Deal, American government began to engage in cultural diplomacy more directly. In Johnson's administration in 1960s, United States Information Agency symbolized the highest level of governmental involvement when VOA, Radio Free Europe and other information programs were widely used. Although Senator Fulbright strongly advocated the use of cultural program like Fulbright Program and IVLP, the cultural program was still in its subordinate position, compared to the information program. It was not until 1999 when USIA was merged into the State Department that cultural program gets a balanced status while the budget for

的现实影响力,因为美国"确实拥有一些相当普遍的理想和价值观,用来大致上并且持久地指导我们公民的活动和政治行为,有助于把我们界定为一国人民和一个国家"①。自由主义思想者们认为价值观的作用不仅仅在于阐述外交政策的合法性,其本身就是政策的内容和动机。美国著名学者、文化冲突理论的提出者塞缪尔·亨廷顿(Samuel Huntington)就认为,美国外交政策体制的结构和功能反映了自由主义价值观,美国外交政策也应该在外部世界促进这些价值观②,而文化外交正是促进美国价值观走向世界的理想途径。

然而,在现实主义国际关系理论占据主导地位的国际政治和外交史研究领域,国家通常被看作国际政治行为主体,国际政治也被视为追逐权力、维持权力和运用权力的一个过程,因此,围绕事件而展开的"利益""权力"及其影响的研究吸引了更多学者关注,事件本身取代导致事件的深层因素成为关注对象。就美国文化外交研究而言,研究内容虽然涉及美国文化外交的历史发展、制度建设、非政府组织的作用、文化项目及其影响等诸多方面,但是,对事件产生的历史原因、制度建设的依据、文化项目设立的目的及其背后的思想支撑等因素的研究并不充分。究其根源,文化外交在现实主义国际关系学者看来,只是实现国家利益的手段之一,相较"权力"和"利益",学界对属于意识形态领域的文化外交的关注还有欠缺,甚至不愿意主动研究。正如现实主义思想代表人物汉斯·摩根索(Hans Morgenthau)所认为的那样:"国际政治的现实主义理论将防止出现两个谬误:对动机的

---

① 詹姆斯·伯恩斯:《民治政府》,北京:中国社会科学出版社,1996年,第246页。
② Samuel Huntington: *American Politics: The Promise of Disharmony*, Cambridge: Belknap Press of Harvard University Press, 1981, p. 240.

绪　论

当今世界，"和平、发展"成为主旋律，各国在致力于提升本国经济的同时，更多地以和平方式处理国家间出现的各类问题，而文化外交成为国与国相互交流和沟通的重要手段。以文化方式展现国家魅力进而展示先进思想带来政治、经济和科技方面的吸引力，"从而确立起能够塑造他人的价值取向的准则和制度"①，已经成为文化外交的根本目的。为此，世界上不少国家成立专门的组织或机构推广本国文化，例如德国歌德学院、法国法语联盟以及英国文化委员会。中国孔子学院也发展迅速，近年来在世界各地建立数百所孔子学院和孔子课堂。在利用文化软实力实现国家利益的文化外交实践中，美国政府也积极行动，为保障文化外交项目的顺利实施，第二次世界大战之后先后通过《剩余物资法案》、《斯密斯－蒙特法案》以及《富布赖特－海斯法案》，从制度建设、经费保障和人员安排上为教育与文化交流项目以及信息项目的实施创造条件。

20世纪以来美国文化外交的运作及成效显示出美国软实力

---

① Robert Keohane, Joseph S. Nye: "Power and Interdependence in the Information Age", *Foreign Affairs*, 1998, Vol. 77, No. 5, pp. 81－94.

第四章　自由主义思想下的美国文化外交策略 ………… (205)
　　第一节　美国政府在文化外交中的角色 ………………(206)
　　第二节　美国文化外交的"非政治化"策略——以国际
　　　　　　访问者项目为例 ……………………………(216)
　　第三节　美国文化外交受众细分策略 …………………(230)
第五章　从美国国际访问者项目看中华文化走出去 ……(245)
　　第一节　国际访问者项目 ………………………………(246)
　　第二节　对中华文化走出去的启示 ……………………(263)
结　论 …………………………………………………………(269)
参考文献 ………………………………………………………(275)
后　记 …………………………………………………………(295)

目　录

绪　论 ……………………………………………………（ 1 ）
第一章　政府与社会：美国自由主义的一个维度 ………（ 23 ）
　第一节　欧洲自由主义思想：霍布斯与洛克及其影响
　　　　　………………………………………………（ 25 ）
　第二节　古典自由主义：政府角色的弱化 ……………（ 41 ）
　第三节　新自由主义：政府角色的强化 ………………（ 60 ）
　第四节　政府与思想自由 ………………………………（ 73 ）
第二章　自由主义思想下的美国文化外交目标 …………（ 91 ）
　第一节　自由主义思想、民主和平论及文化外交 ……（ 93 ）
　第二节　自由主义思想下的美国文化外交长远目标 …（110）
　第三节　现实主义国际关系思想与美国文化外交现实
　　　　　考量 …………………………………………（126）
第三章　自由主义思想下的美国文化外交机制 …………（145）
　第一节　美国文化外交的法律保障机制 ………………（146）
　第二节　国务院教育与文化事务局 ……………………（159）
　第三节　美国新闻署：现代自由主义思想下的文化外交
　　　　　…………………………………………………（172）
　第四节　非政府组织与文化外交 ………………………（185）

关注和对意识形态的关注。"① 尽管如此，现实主义者也无法否认价值观对外交政策的实际影响，例如，在谈到作为美国国民外交政策思想中"普遍流行情感"的威尔逊理想主义思想时，现实主义大师亨利·基辛格（Henry Kissinger）就认为，尽管过去的几代人对威尔逊大加挞伐，但是他的原则始终是美国外交政策思想的基石。②

本书要关注的不是自由主义价值观产生的历史渊源，而是自由主义思想内涵在美国的历史变迁对美国文化外交实践的影响。美国著名学者路易·哈茨（Louis Hartz）在论述自由主义思想在美国的主导地位时就指出，洛克式的自由主义世界观，对美国产生了集权式的控制，已经成为美国文化传统。③ 自由主义思想在美国政治、经济、文化、艺术等各方面留下的深刻烙印，也对美国文化软实力的运作带来了直接影响。美国自由主义思想的内涵在不断变化的社会推动下也在不断改变，在此背景下，关于政府在保障社会自由发展以及维护个人自由过程中应该扮演什么角色，古典自由主义思想和新自由主义思想下美国软实力是如何运作的，本书对此将加以探讨。

一、研究问题的提出

早在美国建国之前，美洲殖民地逐渐形成的自由氛围就开始影响欧洲国家。法国移民约翰·克雷弗格（St. John de Crevecoeur）在其《美国农夫信札》中把美国描绘成一个没有贵

---

① 汉斯·摩根索：《国家间政治——寻求权利与和平的斗争》，徐昕等译，北京：中国人民公安大学出版社，1990年，第6页。
② Henry Kissinger: *Diplomacy*, New York: Simon & Schuster, 1994, p. 52.
③ Louis Hartz: *The Liberal Tradition in America*, New York: Harcourt Brace and Company, 1995, p. 41.

族家庭、没有法院、没有国王、没有神父、没有教会主宰、没有少数人独掌大权、没有雇佣成千上万人的工业生产,也没有过分的奢侈与豪华的社会。① 这一具有代表性的早期移民著作,是最早描述美国文化软实力的作品之一,它使欧洲及其他地区人民对北美洲这一理想社会充满向往,不仅使更多移民来到美洲大陆谋求全新的生活,也使一些欧洲有识之士有兴趣研究新世界的制度与老世界体系之间的差异。法国著名思想家托克维尔在其著作《论美国民主》中,就详细论述了自由主义思想影响下的美国民主社会的起源和发展。托克维尔的论著对美国民主的深入分析,使美国文化的影响力在世界范围进一步彰显。

美国政府主动利用文化软实力实现国家利益的做法可以追溯到 18 世纪末美利坚合众国成立的初期。为了赢得法国对美国独立战争的支持,本杰明·富兰克林(Benjamin Franklin)在当时美国国力弱小的情况下,成功说服法国人民和法国政府,出兵支持美国独立战争。② 富兰克林能够打动法国的重要原因之一,就是向法国宣传美国建设自由新世界的理念。正如富兰克林 1777 年在美国国会所言:"美国作为(世界其他国家)暴政避难所,给了那些热爱自由的人民以希望,美国的事业也是人类的事业,……我们为人类的尊严与幸福而战。"③ 富兰克林的活动,是美国文化外交实现国家利益的成功范例。

20 世纪爆发的第一次世界大战和第二次世界大战给美国文

---

① St. John de Crevecoeur: "Letters from an American Farmer", in J. A. Leo Lemay, ed. *An Early American Reader*, Washington: United States Information Agency, 1988, p. 118.
② 富兰克林在法国的文化活动详情请见 David Schoenbrun: *Triumph in Paris: The Exploits of Benjamin Franklin*, New York: Harper & Row, 1976.
③ Richard Arndt: *The First Resort of Kings: American Cultural Diplomacy in the 20th Century*, Washington: Potomac Books, 2005, p. 14.

化外交提供了更大的舞台。1917年,为了唤起美国人民对国际事务的热情,支持政府参战,同时也为了向海外民众宣传美国外交政策,美国成立公共信息委员会(Committee of Public Information),负责文化外交事务。20世纪30年代,国际局势波诡云谲,为应对纳粹德国在拉丁美洲的文化攻势,罗斯福总统实行"好邻居政策"(Good Neighbor Policy),策划并召开"泛美维持和平会议"(The Pan American Conference for the Maintenance of Peace),1938年,美国成立文化关系司(Division of Cultural Relations)。随着第二次世界大战在欧洲的爆发和美国卷入战争的程度不断加深,美国为应对时局需要,不断调整和完善机构设置,将文化关系司的相关职能归并到战时信息处(Office of War Information)以及美洲国家间事务协调处(The Office of the Coordinator of Inter-American Affairs)。[1] 积极的文化外交为实现美国战时外交政策发挥了重要作用。第二次世界大战后,美国陆军部长史汀生(Stimson)也认为,美国开展的文化外交"在德国和日本国内造成的政治、社会压力,是削弱和动摇其决心的重要力量"[2]。

  第二次世界大战以来,美国运用软实力的经验不断丰富,开展文化外交的方式和实施的项目也不断增加。随着冷战的开始,美国文化外交逐渐形成一个高潮,为遏制苏联的扩张,美国在政治、经济和军事领域与苏联开展势力范围争夺。同时,为避免激烈军事对抗和冲突,有效维护美国国家利益,在意识形态领域不战而屈人之兵,文化手段成为美国的重要考量。乔治·凯南

---

[1] 胡文涛:《美国文化外交及其在中国的应用》,北京:世界知识出版社,2008年,第80-81页。
[2] Thomas Sorensen, *The Word War: The Story of American Propaganda*, New York: Harper and Row, 1968, p. 20.

(George Kennan) 在设计对苏遏制政策时,提出通过各种手段扩大文化交流,在传播美国价值观的同时,消除美国的负面影响,实现美国的终极目标。① 为了保证文化外交的正常开展,美国于1948 年通过《信息与教育交流法》("Smith-Mundt Act"),法案把美国文化外交方式分为两类:教育文化交流项目与信息项目。《信息与教育交流法》明确了以教育交流为主的人文项目与基于新闻媒介的信息项目的严格区分。法案明确要求在保证双边思想交流不受约束的条件下,加强美国与目标国学生、教师以及各界人士的双向交流。② 20 世纪末,以苏联为首的社会主义国家纷纷改弦易辙,美国兵不血刃,取得冷战的胜利,虽然原因众多,但美国通过文化外交在意识形态领域发动的强大攻势及其发挥的重要作用,是毋庸置疑的。

中国是美国文化外交的重点目标国之一。1947 年,国民政府与美国签订《教育交流项目筹资协议》,成为第一个美国富布赖特项目实施国。③ 1979 年,邓小平访问美国期间与卡特总统签署《中美文化交流协议》,两国恢复包括富布赖特项目在内的一揽子文化交流项目,国际访问者项目(International Visitor Leadership Program)也在中国开始实施。④ 随着福布赖特项目和国际访问者项目等教育文化交流项目的不断推进,美国文化外交

---

① George F. Kennan: "International Exchange in the Arts", in *Perspectives USA*, 1956, Vol. 16, p. 8.
② The Smith-Mundt Act of 1948, 见美国国务院网站: http://www.state.gov/documents/organization/177574.pdf, 访问日期: 2014 年 10 月 13 日。
③ "Treaties and Other International Agreements of the United States of America 1776 - 1949". Compiled under the direction of Charles I. Bevans, Vol. 6, p. 810.
④ 该项目源自 1940 年开始的南美洲人员交流项目,1949 年被称为"外国领导者项目"(Foreign Leader Program,简称 FLP),1965 年更名为"国际访问者项目"(International Visitor Program,简称 IVP),2004 年更名为"国际访问领导者项目"(IVLP)。为保持行文一致,本书统称国际访问者项目。

也借助各种教育文化交流项目的实施在中国展开,在传播美国制度和价值观方面发挥了重要作用。进入21世纪,随着中国的不断崛起,美国政府提出重返亚太策略,在强化政治、经济与军事安排的同时,美国也尝试新的文化交流方式,加强对华文化交流。

  进入21世纪,"9·11"事件的爆发使公众看到以美国文化为代表的西方文明面临伊斯兰文明的强烈冲击。同时,中国经济的崛起与中华文化影响力在世界范围内的不断提升也对西方价值观带来挑战。在此背景下,重新审视美国文化外交的历史发展与现实状况,对客观看待美国软实力及其运用方式具有现实意义。自由主义思想内涵的历史变迁是如何影响美国文化软实力的运作?美国运用文化软实力的长远目标是什么,其思想基础何在?自由主义思想如何影响文化外交机制的构建?影响美国国会、政府和非政府组织在文化外交机制中所扮演不同角色的根本原因是什么?美国教育文化项目和信息项目的目标和受众是什么?为了提高文化外交效率,美国文化外交运用的主要策略是什么?本书将力图回答这些问题。

二、研究思路、内容与范围

1. 研究思路与研究内容

  文化研究学者克利福德·格尔兹认为,文化是"从历史沿袭下来的体现于象征符号中的重大意义模式,是由象征符号体系表达的传承概念体系,人们以此达到沟通、延存和发展他们对生活的知识和态度"[①],意识形态就是一种文化符号体系,因此,要

[①] 克利福德·格尔兹:《文化的解释》,纳日碧力戈等译,上海:上海人民出版社,1999年,第103页。

了解美国文化外交,就必须了解美国意识形态是如何感知和理解世界,是基于何种理念来构建一种判断和操控世界的文化机制,以及在这种理念下如何设计文化外交策略,在全世界有效传播自由民主制度,建立基于民主制度的国际体系,维护美国国家安全,实现美国国家利益。

自由主义思想作为美国一种政治文化传统,对文化外交产生了深远影响。虽然学术界目前暂时"不存在对自由主义的权威描述"①,但兴起于欧洲反对封建王朝背景之下且服务于资产阶级革命的自由主义思想,其关于社会、政府与个人三者之间关系的论述,尤其是关于政府在保证社会平等、维护个人自由中应该扮演的角色的论述,是自由主义思想的核心内容。美国学者路易斯·哈茨在他的《美国自由主义传统:诠释美国革命后的政治思想》一书中也认为,自由主义是美国历史上占主导地位的思想传统。文化外交的实质是"思想"的外交。本书将紧紧围绕影响美国文化外交的自由主义思想,在阐明文化外交目标、机制和策略所反映的自由主义思想基础上,区分美国信息项目与教育文化项目的思想出发点和达成的不同效果,探讨自由主义传统在以教育文化交流为主要形式的美国文化外交中发挥的重要作用,进而阐明美国文化外交是由美国自由主义思想支撑、具有核心竞争力的文化利器。

本书的研究内容包括:(1)美国自由主义思想内涵的历史变迁,自由主义传统如何构成美国文化外交驱动力并影响美国文化外交;(2)结合美国文化外交的发展历史,研究自由主义传统对美国文化外交目标的影响;(3)探讨美国政府机构与非政

---

① Michael W. Doyle: "Liberalism and World Politics", *American Political Science Review*, 1986, Vol. 80, No. 4, p. 1152.

府组织在设计文化外交原则和确定文化外交策略上的意识形态考量；（4）探讨美国国会涉及文化外交若干重要法案的自由主义思想基础；讨论以"政策宣传"为目的的信息项目与以人员和思想双向交流为目的的教育文化项目的差异以及两者的思想基础（现实主义国际政治思想与自由主义思想对文化外交的影响）；（5）通过案例，研究美国文化外交思想的理论与实践。

2. 研究范围

本书将聚焦自由主义思想影响下的美国文化外交，重点是文化外交中的教育文化交流项目。在政治哲学范围内，20世纪具有严密、系统的理论特征的意识形态主要包括自由主义、民族主义、共产主义以及法西斯主义。[①] 自由主义思想作为一种政治文化传统，其思想既影响到美国政体的形成和政府机构的具体运作，包括宪法的制定、权力的分配和制衡以及政府的运行，也影响到美国外交政策的制定和具体实施。本书重点探讨自由主义思想对美国文化外交的缘起、机制的构建和策略的确定的影响。美国自由主义传统将作为影响文化外交的核心因素加以分析。

美国在开展文化外交的方式上历来有信息项目和教育文化项目之分，两类项目由于指导思想不同和所针对目标及受众存在差异，其发展也经历了不同的历史轨迹。信息项目主要指基于图书、报刊、电台和网络等各类媒体的文化宣传项目，以信息单向传播为主，例如美国之音和美国新闻署图书项目。[②] 教育文化项目以美国和目标国之间人员和思想的双向交流为主，着眼长期效果和持续影响力的实现，国际访问者项目和富布赖特项目均属此

---

① 王立新：《意识形态与美国外交政策》，北京：北京大学出版社，2007年，第5页。
② 胡腾蛟：《冷战时期美国海外图书输出的主旨探析》，载《武汉大学学报（人文科学版）》，2013年第1期，第57—61页。

类。美国文化外交的历史,就信息项目和教育文化项目的发展来看,就是两者为争取主导权而相互较量的历史,这种较量一直持续到冷战结束后1999年克林顿总统解散美国新闻署,信息项目的开展受到严重削弱方告一段落。教育文化项目与信息项目相争的背后,是自由主义思想与现实主义思想的交锋,信息项目的削弱与教育文化项目的持续发展形成鲜明对比,也是自由主义思想在文化外交领域影响的具体体现。

在美国为数众多的教育文化交流项目中,本书选取了国际访问者项目作为案例研究。相较富布赖特项目,始于1940年的国际访问者项目历史更悠久。如果以1938年美国成立文化关系司作为美国政府正式参与文化外交的开端,国际访问者项目则见证了美国文化外交的完整历史,它在反映文化外交传播"自由、民主、平等"价值观的同时,也折射出现实主义国际政治思想对实现短期政策目标的考量,突出文化外交的政治属性。此外,在比较基于媒体的信息项目和基于人员交流的教育文化项目所达成效果的差别基础上,美国以非政府组织参与实施国际访问者项目的方式淡化了政府干预文化事务的色彩,降低了政治宣传的负面作用,以非政治策略提高了文化外交效率,国际访问者项目是研究美国文化外交理论与实践的最佳范例之一。关于国际访问者项目的研究成果,国外学术界只有数量有限的著作有所涉及,研究内容并不充分,国内对此项目的研究就更为少见。

三、选题意义

1. 理论意义

在国际学术界和国内学术界,文化对国际关系的影响受到越来越多的重视,学者们认识到"人是在文化氛围中长大的,受到其中的基本价值观、风俗习惯和信仰的熏陶……在每个民族国家，统治本身和外交政策的制定都是在一种文化背景中发生的"①。文化因此被认为是驱使政府、非政府机构乃至个人采取行动的基本动力，基于此，以文化研究为基础的国际问题研究专著和论文近年也大量问世。但是，国际政治研究长期受现实主义学派影响，以乔治·凯南、摩根索和基辛格为代表的现实主义者认为，一个国家的外交政策的主要动力是追求权力以保证自己的安全，而权力就是利益。因此，在外交领域，学界对注重现实利益的公共外交研究多，而对具有理想主义色彩的文化外交研究少；研究文化外交史实的多，挖掘文化外交思想根源的少。

要全面客观看待美国文化外交，需要分析美国文化外交的长远目标和现实考量，需要了解适应文化外交目标而构建的文化外交机制以及为使这种机制顺利运转采取的策略，而要深入了解美国文化外交的目标、机制与策略，就要分析构成文化外交目标的动因、文化外交机制形成的思想基础以及文化外交策略的理论出发点。本书将以美国自由主义思想这一政治文化传统作为出发点，结合民主和平论，分析美国文化外交的长远目标；以自由主义思想影响下的现实主义国际关系理论分析美国文化外交机制的构建以及美国文化外交策略的形成。通过对美国文化外交在思想理论层面的探讨，结合对文化外交史实的讨论，本书希望把美国文化外交置于文化研究、国际政治研究和历史研究这一跨学科领域，对美国文化外交在理论层面和实践层面进行系统的梳理。

2. 现实意义

系统研究以自由主义思想为基础的美国文化外交，具有三方

---

① John P. Lovell: "The United States as Ally and Adversary in East Asia: Reflections on Culture and Foreign Policy"，转引自王晓德《美国文化与外交》，天津：天津教育出版社，2008年，第3页。

面的现实意义。首先,中国和美国作为世界上最大的两个经济体,中美关系是世界上最重要的双边关系之一,中美两国作为东西方具有代表性的大国,意识形态有很大差异。在此情况下,如何认识并处理好两国之间的文化关系,使两国关系保持健康稳定发展,对促进世界经济繁荣和稳定具有重大的战略意义。事实上,"自由、民主、平等"这一价值观,在社会主义核心价值观中也有表述(内涵差异学者们已有深入探讨)①,从深层次上了解美国意识形态影响下的美国文化外交,可以摆脱过去对美国文化外交的片面认识。文化交流与融合是 21 世纪政治、经济和科技全球化的必然结果,美中双方文化的差异性和互补性是双方文化交流的基础,美国需要尊重中国选择的发展道路和民族文化传统,中国也需要借鉴美国反映人类文明的先进成果,在此基础上,双方加强合作与交流,才能促进世界经济的发展和人类文明的进步,从而实现双方的共同利益。

其次,了解美国文化外交,对中国开展文化外交具有借鉴意义。自 2004 年第一所孔子学院在韩国建立以来,以孔子学院作为主要载体的中国文化外交推进迅猛,孔子学院在让世界了解中国文化方面取得了重大进展,在推广中国文化方面发挥了重要作用。然而,相较美国文化外交目标、机制和策略以及支撑目标、机制与策略的思想和理论,中国文化外交在正确认识西方社会的意识形态并在此前提下提高孔子学院的运作效率方面,仍然有很多地方需要进一步完善,中国文化外交需要在深入了解目标国价值观的基础上,策略化地展现中国文化的魅力,以真正实现目标国对中国的了解,进而实现文化外交所追求的"通过劝导他人或他国追随或认同我方的价值规范和制度安排,进而产生我方所意

---

① 《社会主义核心价值观》,载《人民日报》,2012 年 2 月 12 日,第 1 版。

想的行为"的目的。

最后，希望通过研究自由主义思想及其对美国文化外交的影响，增强对美国文化外交发展脉络的了解与把握。尽管国内学者对美国文化外交已经开展了不少研究工作，但是仍然有相当多的领域有待深入分析，对美国政府在文化外交中扮演的角色，国际访问者项目等美国教育文化交流项目的实施意图、方式和效果及其意识形态出发点的研究，都有实用价值。通过对美国文化外交的研究，可以提升中国文化外交能力，对维护中国国家利益具有不容置疑的现实意义。

四、国内外研究状况述评

1. 美国文化外交研究回顾

美国政府开展文化外交始于 1938 年文化关系司成立，对文化关系服务于外交政策的研究成为美国文化外交的研究的开端。1947 年，美国学者鲁斯·麦克姆雷和穆纳·李合著的《文化方式：国际关系中的另一种途径》（*The Cultural Approach: Another Way in International Affairs*）以及 1964 年菲利浦·库姆兹的著作《外交政策的第四纬度：教育与文化事务》（*The Fourth Dimension of Foreign Policy: Educational and Cultural Affairs*）对文化关系用于外交的历史和功能做了详细梳理，揭开了文化外交研究的序幕。

美国学界从历史学的角度开展文化外交研究所取得的成果丰硕。圣约翰大学历史学家宁科维奇出版的专著《思想外交：美国对外政策与文化关系（1938—1950）》（*The Diplomacy of Ideas: U. S. Foreign Policy and Cultural Relations 1938 - 1950*）详细分析了美国文化外交的缘起和四十年的发展史，而他的另一部专著《美国信息政策与文化外交》（*U. S. Information Policy and*

Cultural Diplomacy）则对信息项目在冷战期间的快速发展和教育文化项目受到的冷落进行对照，并对原因进行了分析。

冷战期间及冷战后的相当长时期，学界的研究重心在美苏对抗以及作为对抗武器的公共外交上，文化外交不被重视。直到1997年，哈佛大学教授入江昭（Akira Iriye）出版《文化国际主义与世界秩序》（*Cultural Internationalism and World Order*）一书①，提出文化国际主义理论，文化外交研究取得新的突破。在这本专著中，入江昭教授提出国际秩序的维持有赖于国与国之间的相互理解和沟通，而学术合作、艺术交往以及人与人思想的交流是国际合作的重要渠道。专著强调了开展国际交流活动的重要性。事实上，在威尔逊理想主义思想驱使下，美国政府和美国公众一厢情愿地认为自由、民主、平等可以解决社会发展中的不公平以及暴力倾向，认为国家的民主可以带来社会的繁荣，而以民主和平的方式实现政权更迭成本最低，因此美国政府大力推广美国文化，力图不费一枪一弹实现美国外交政策的目标，最终实现美国利益。然而，事实不断证明，民主并非万能良药，西方民主带给伊拉克、利比亚等国的不是和平与繁荣，而是战乱与萧条。在此背景下，文化国际主义以何种方式更好地促进世界不同文化背景国家之间的友好合作和共同发展，值得进一步思考和研究。

对美国文化外交研究最全面的一本专著是2005年由美国学者、前美国新闻署官员理查德·安特（Richard Arndt）出版的《国王们的第一手段：20世纪美国文化外交》（*The First Resort of Kings: American Cultural Diplomacy in the Twentieth Century*）。安特跟踪并描述了美国文化外交在20世纪的发展轨迹，对不同历史

---

① 胡文涛：《美国文化外交及其在中国的运用》，北京：世界知识出版社，2008年，第8页。

时期文化外交关键人物及其对文化外交发展的贡献进行了仔细梳理，用大量史料描绘了美国文化外交70余年历史中的起起落落以及这些关键人物的不同命运，文化外交与公共外交、教育文化项目与信息项目的较量贯穿全书。尽管这本著作内容丰富，全景式地描绘了美国文化外交，但单纯从历史学的角度考察问题，往往会让其他文化背景的读者一头雾水，缺乏行为后面的理论分析使读者很难明白美国文化外交的真实动因，因此也很难深刻认识美国文化外交的内核。

  国内学者近年也逐渐开始关注对文化外交的研究。天津教育出版社2000年出版的《美国文化与外交》（此书2008年修订再版）是中国学界从文化的视角探视文化与外交关系的力作。王晓德教授以30余万字的篇幅，详细论述了美国文化与美国外交的关系，遗憾的是，此书没有专门论述美国文化外交问题。北京大学出版社2005年出版李智的《文化外交：一种传播学的解读》，从理论上界定了文化外交的含义、特点、性质与地位，概述了美国和世界其他国家的文化外交战略，从传播学角度提出了中国文化外交战略的实施建议。李智博士的论述系统化了文化外交理论，但是在文化外交的根本出发点这一问题上，对其思想根源探讨不够，而从传播学角度阐释涉及历史、政治和国际关系的文化外交，也缺乏足够广度。

  胡文涛2008年的《美国文化外交及其在中国的运用》是国内分析美国文化外交比较全面的一部专著。胡文涛把文化外交目标放在现实主义与理想主义的矛盾之中，并对重新界定文化外交的定义做了有益尝试，在此基础上，分析了美国文化外交在中国的实施状况，并以富布赖特项目和福特基金会为例，进行了案例分析。这本专著对美国文化外交研究具有相当高的学术价值。稍显不足的是，作品对影响文化外交目标、机制和策略的自由主义思想根源没有进行深入分析,此外,选取的案例与历史背景的契合不紧密,没有突出文化外交目标的时代变迁。

2. 意识形态与外交研究回顾

在实用主义作为政治哲学的美国,很多学者认为意识形态与美国对外政策没有必然联系,甚至不认为意识形态是美国政治文化的一部分。在现实主义学派影响下的美国国际政治研究更多关注"战略思想变化、经济体系的需要、精英利益及其影响、总统的作用、官僚政治的运作以及国内政策与外交政策的互动"①。正如前面已经提到的,以汉斯·摩根索为代表的现实主义国际理论学者们甚至认为,国际政治的现实主义理论应该防止对动机和意识形态的关注。在这种思想背景下,美国学术界关于意识形态与外交关系的研究在20世纪80年代之前一直比较匮乏。

然而,即便是最坚定的现实主义外交理论家们,也无法否认意识形态对美国外交政策的影响。苏联"遏制政策"的制定者乔治·凯南在他的名著《美国外交》中就曾指责美国政府领导人的道德主义和法制主义取向把美国变成道德观念和国际法的奴隶,并认为这是美国政府政策制定上最严重的错误。② 现实主义学者们一方面否认意识形态对外交的影响,一方面又叹息意识形态对外交的实质影响,现实主义学者们面临的这种两难处境,把意识形态对外交的实际影响展现得淋漓尽致。事实上,美国是意识形态色彩非常浓厚的一个国家,意识形态无时无刻不在影响着美国的外交政策。

1987年,耶鲁大学出版社出版了麦克·亨特的《意识形态

---

① Michael H. Hunt: *Ideology and US Foreign Policy*, New Haven: Yale University Press, 1987, p. xiii.
② George F. Kennan: *American Diplomacy*, Chicago: University of Chicago Press, 1984, p. 95.

与美国外交政策》一书。此书是美国学术界论述意识形态与美国外交政策相当全面的一部著作,作者从文化与政治的角度对意识形态加以定义,认为应该从历史和政治文化的角度分析美国意识形态对美国外交的影响。作者提出"国家伟大思想、种族等级制度和对海外政治和社会变革的限度的接受度"三种意识形态[①],并从文化和历史的视角分析三大意识形态的根源及其对美国领导人以及由他们决定的外交政策的影响,揭示了意识形态影响的长期性和深刻性。但是,亨特的意识形态没有被放在自由主义和民族主义这一更宏大的政治哲学之中,使著作对意识形态的分析有一定局限性。

国内学界近年也对意识形态与外交政策逐渐关注。北京大学出版社 2007 年出版王立新教授的《意识形态与美国外交政策:以 20 世纪美国对华政策为个案研究》一书,该书概述了意识形态的定义、特征和功能,详细阐述了作为美国主要意识形态的自由主义和民族主义的起源、内容与特征,并在此基础上分析了两大意识形态对美国国家利益、国家安全以及国际秩序的影响。但王立新的这部著作没有把文化外交单独作为意识形态的影响对象加以研究。

3. *教育文化交流项目研究回顾*

由于美国教育文化交流项目持续时间长、影响面广、参与机构众多,因此对其进行研究的论文和著述相当丰富,特别是对富布赖特项目和以福特基金会、卡耐基基金会为代表的非政府组织在文化外交中起到的作用和发挥的影响方面的研究为甚。在众多文化交流项目中,国际访问者项目历史悠久(早于富布赖特项

---

① Michael H. Hunt: *Ideology and US Foreign Policy*, New Haven: Yale University Press, 1987, pp. 17-18.

目)、规模庞大(已经超过20万人),潜在影响力巨大,但由于项目交流人员的选拔没有通过公开申报的方式进行等诸多原因,国外学术界对其研究甚少,国内的研究成果也十分有限。由欧洲学者盖尔·S.斯密斯(Gile Scott Smith)所著的《美国国务院外国访问者项目在荷兰、比利时和法国(1950—70)》(Net Works of Empire: The U. S. State Department's Foreign Leader Program in the Neterlands, France and Britain 1950 - 70)是最新的一本专著,这本专著研究了该项目在欧洲的开展情况。除此之外,还有美国几所大学的博士论文涉及这一项目。考虑到该项目的历史起源和发展过程契合美国文化外交史,以及该项目的巨大政治影响力和意识形态出发点,该项目是研究美国文化与意识形态关系非常好的一个对象。

综上所述,国外学者对文化外交的研究主要从历史视角出发,注重对历史事件的梳理和罗列,在理论层面上更多地是使用现实主义国际关系理论,分析文化外交对实现美国现实利益所发挥的作用。有些学者也注意到美国文化外交实施过程中,美国政府管理机构的不断变化和实施项目侧重点的不断转移,例如安特的著作就详细论述了美国国务院与美国新闻署在文化外交实施过程中的合作与冲突。然而,也许是由于"只缘身在此山中",美国学者普遍忽视自由主义思想对美国文化外交的影响,他们更加重视对文化外交所能达成目标的分析,以及为达成目标而采取的各种不同策略和方式,对影响文化外交目标、机制和策略的根本要素的研究还不充分。

国内学者在开展文化外交研究的过程中,受西方国家特别是美国学者的影响较大,从研究的出发点上,更多的是从历史的视角,关注美国文化外交的变迁。部分学者的研究十分注意对美国文化外交背后的影响因素加以归纳整理,并从学理上加以分析,例如胡文涛注重现实主义和理想主义对美国文化外交的双重影响；李智对美国文化外交从传播学的角度加以解读。然而，无论现实主义国际关系理论还是理想主义思想都是实践层面美国用以实现国家利益的不同手段，自由主义和民族主义才是在政治哲学这一更高层面上的意识形态，是对政治、经济、文化、外交产生根本影响的因素，国内学者在政治文化层面上对文化外交的研究工作明显不足。

国内外学术界对美国文化外交研究既有充分的一面，也存在尚待继续研究和挖掘的一面。本书在总结现有研究的基础上，将研究出发点放在美国自由主义思想这一政治文化传统上，通过分析其对美国政治的影响，进一步延伸到对外交以及文化外交的影响，冀望能够从中深入了解美国文化外交目标、机制和策略的自由主义思想渊源。

五、研究方法

本书将遵循理论联系实际的指导思想，在充分借鉴国内外其他学者研究成果的同时，不囿于权威的论断与已有的定论，力图在现有理论基础和文化外交实践基础上有所创新，有所突破。

首先，在理论层面，本书将通过历史分析法和定性分析法，理清自由主义思想内涵的历史变迁。在研究路线上，由于目前对自由主义思想尚无权威定义，因此有必要通过对欧洲自由主义思想的历史缘起和内涵加以概括和归纳，重点讨论约翰·洛克以及霍布斯等欧洲自由主义思想家对美国自由主义思想发展的影响，同时研究自由主义思想内涵在美国的历史变迁及其对政治文化的影响。这一过程需要使用文献查阅、重点摘录、按需归纳等历史学研究方法，对不同历史时期的相关史料和线索进行分段整理和归纳。

其次,在实践层面,文化外交研究是国际政治学科的一个分支,研究过程中需要使用国际政治、国际关系以及社会学等学科门类知识,同时也必须注重分析在国际政治理论指导下文化外交实践中的重大历史性事件及其影响。在研究过程中,收集第一手资料成为研究能否深入的关键。在研究方法上,注重多渠道获取资料的同时,本书也将通过与直接参与美国文化外交的美方相关人员的直接交流,获取相关信息。2010年,四川大学－亚利桑那州立大学美国文化中心成立,该项目是美国文化外交的一项新措施,前美国驻华大使馆副大使王晓岷（Robert Wang）、驻华文化参赞宋柯（Thomas Skipper）以及美国驻成都总领事馆新闻教育处官员相继访问该中心,这使通过对直接参与美国文化外交的高级官员进行交流并了解美国政府对文化外交项目的举措成为可能。

最后,在对理论和实践的梳理基础上,进行严密的理论求证。但本书不是纯理论性研究,目的是进一步了解美国文化外交的"本源",为我国更好地开展文化外交服务。因此,在研究过程中,一方面要深入挖掘自由主义思想的内涵及其历史变迁,在突出自由主义思想这一思想根源的同时,综合分析其对美国政治文化的影响,分析国际关系理论的自由主义思想起源,同时借助文化国际主义和自由制度主义等国际政治衍生理论,严密论证自由主义思想对美国文化外交目标、机制和策略所产生的巨大影响。

六、创新之处

本书的创新之处主要体现在以下几个方面:

第一,以自由主义思想解释美国文化外交,是本书的创新之处。在政治哲学领域,自由主义思想是指导西方社会认识世界和改造世界的意识形态。自由主义思想家洛克反对君权神授的思想，成为独立宣言的理论源头；孟德斯鸠三权分立思想成为美国宪法的思想根基。欧洲自由主义思想在美国生根发展，对美国政治、经济、军事和文化产生重大历史影响。遗憾的是，在文化外交领域，当前国外国内的研究普遍忽视了自由主义思想传统的影响，仅从现实主义、理想主义或者历史的角度，并不能从根本上把握文化外交的实质。本书基于追根溯源的出发点，尝试把文化外交置于自由主义思想的视域下，填补文化外交研究的这一空白。

第二，本书以自由主义思想这一美国主流意识形态为基础，结合理想主义思想和现实主义国际关系理论，综合分析美国文化外交的目标、机制与策略，系统研究美国文化外交思想以及美国"文化力"的运作方式。美国作为软实力世界第一的文化大国，自20世纪30年代以来，已经形成了一套相对完整且充分体现自由主义思想的文化外交运作体系。本书力图通过研究美国文化外交背后所隐藏的思想根源，理清美国文化外交目标、机制以及文化外交策略。

第三，本书选取美国国际访问者项目作为案例分析，从实践层面深入分析美国文化外交思想在美国文化外交项目中的具体体现，呈现美国"文化力"的运作方式以及支撑其高效运作的制度机制。国际访问者项目几乎相伴美国文化外交整个历史，跨越第二次世界大战、冷战以及"9·11"后美国反恐等重要历史时期，在不同历史时期，国际访问者项目都是为相应时期的美国外交政策服务，显示了美国文化外交浓厚的现实主义价值取向；与此同时，国际访问者项目把传播自由主义思想和推广美国价值观作为重要任务，也是理想主义思想的具体表现。文化霸权理论创始者葛兰西早在20世纪20年代就指出，获得文化领导权是获取政治领导权的前提,而要获得文化领导权,最重要的就是"从'意识形态上'竭力同化并征服传统的知识分子。这种同化和征服的工作做得越快,越有成效,则该集团在精心造就自己有组织的知识分子的工作中就越成功"①。因此,国际访问者项目是葛兰西文化领导权思想的具体应用。分析国际访问者项目可以更客观地认识美国文化外交思想以及美国"文化力"的运作方式,对中国文化外交走向世界具有借鉴意义。

---

① 戴维·麦克莱伦:《马克思以后的马克思主义》,李智译,北京:中国人民大学出版社,2004年,第203页。

政府与社会：美国自由主义的一个维度

自由主义思想的火花早在古希腊时期就开始闪烁。著名历史学家修昔底德的《丧礼上的演说词》就洋溢着对雅典民主政体自由平等的自豪。① 到希腊晚期，哲学家伊壁鸠鲁在其原子论中，开始强调个人自由观点，主张基于个人理性的快乐主义。也是从这个时候开始，国家与个人的关系开始进入思想家们的讨论范围。亚里士多德强调国家大于、先于、重于个人，而伊壁鸠鲁则认为国家的一切必须落实到个人的幸福上才有意义和价值。② 伊壁鸠鲁同时也认为，为了避免个人之间损害彼此的利益，最好的办法是相互之间达成默契，因为"公正没有独立的存在，而是由相互约定而来"③。这一论述也被认为是社会契约论的开端，打开了此后西方社会政治思想契约论的源头。文艺复兴运动之

---

① 《名人演说一百篇》，石幼珊，译. 北京：中国对外翻译出版公司，1987年，第3-4页。
② 顾肃：《自由主义基本理念》，南京：译林出版社，2013，第172页。
③ 北京大学哲学系：《古希腊罗马哲学》，北京：商务印书馆，1962年，第369页。

后，随着欧洲资产阶级社会的不断发展，资产阶级与封建社会的斗争日益激烈，英国的宪政理论在与国王争夺主权的斗争中逐渐发展起来，自由主义（Liberalism）在17世纪成为资产阶级反对教会和封建特权的思想武器。

17世纪也是自由主义思想随着欧洲移民进入北美大陆的开端。这种思想源自英国的宪政理论，却在美国开花结果。自由主义思想对美国政治、经济、文化、艺术产生了深远影响，被认为是在美国历史上唯一占主导地位的政治思想传统。① 尽管自由主义思想声名显赫，但它的内涵却比较凌乱，不同观点之间差异颇大。例如在政治领域，托马斯·霍布斯（Thomas Hobbes）建立的人本主义历史观和国家学说是基于社会处于"每个人都反对每个人"的无政府状态，而约翰·洛克（John Locke）则在强调宽容的同时注重个人生命、自由和财产权。不同于霍布斯的集权政府主张，洛克认为一个分权而治的政府更适合社会发展。在经济领域，凯恩斯（Keynes）主张政府对经济的直接干预，而哈耶克（Hayek）和弗里德曼（Friedman）则强调经济的自由发展。此外，自由主义在不同时期，其名称也纷繁复杂，古典自由主义、新自由主义、保守主义、新保守主义、自由制度主义、社会主义派自由主义，不一而足。

尽管自由主义的内涵十分丰富，但是"自由"这一基本概念却贯彻始终。自由与平等、自由与法律、个人自由与社会幸福、社会制度对自由的约束等问题都是围绕在何种程度以何种方式实现自由的核心问题。自由主义思想内涵丰富，本章主要通过

---

① 美国学者路易·哈茨在其《美国自由主义传统：诠释美国革命后的政治思想》一书中，对此有专门论述。中国学者王立新在其《意识形态与美国外交政策》一书中也认为，20世纪广泛流行的正式意识形态包括自由主义、共产主义和民族主义。

梳理自由主义思想关于国家与社会关系的欧洲起源及其在美国的发展，试图论证自由主义思想影响下的政府角色在美国的理论构建、实践及影响，为后续章节论述美国文化软实力运作方式的自由主义影响打下基础。

第一节　欧洲自由主义思想：霍布斯与洛克及其影响

自由主义思想的欧洲起源及其影响，是研究美国自由主义的重要环节。自由主义代表人物托马斯·霍布斯关于人与人处于战争的自然状态，需要强有力的君主保证人民自由的观点，是构建"强政府弱社会"的思想源头；而约翰·洛克关于人与人处于自然和谐状态以及提倡政府分权的理论，是"小政府大社会"的理论基础。霍布斯与洛克的自由主义思想，也对现实主义国际关系理论以及理想主义思想产生了重大影响。研究自由主义思想的欧洲缘起及其代表人物的思想理念，对了解美国自由主义思想的形成，特别是自由主义思想影响下美国政府的角色及其与社会的关系，具有现实意义。

一、自由主义思想：放任自由与政府干预

自由主义最早来自拉丁文"liberta"，意为"自由"。关于自由、民主以及共和的思想，在古希腊哲学思想中已经开始出现。古罗马历史学家李维在其巨著《罗马自建城以来的历史》中，就对平民追求自由以及共和制度充满了赞赏。"liberal"一词在《牛津英语辞典》中意为"得体、高尚而慷慨的自由人"。在17世纪英国议会与国王的斗争中，系统的自由主义思想逐渐形成。托马斯·霍布斯在其《利维坦》中强调人的自然权利，认为

"每个人按照自己所愿意的方式运用自己的力量保全自己的天性，也就是保全自己的生命和自由"①。霍布斯认为人们保全自由的方式是通过让渡权利给君主，以君主专制的方式保证人民的自由。斯宾诺莎（Spinoza）在《神学政治论》比较了君主制、贵族制和民主制，认为"在民主政治中，没人把他的天赋主权绝对地转付于人，以致对于事物他再不能表示意见。他只是把天赋主权交给一个社会的大多数，他是那个社会的一分子。这样，所有的人仍然是平等的，与他们在自然状态之中无异"②。斯宾诺莎在发展霍布斯契约论的基础上，概括了现代民主理论的基本原则和精髓。如果说霍布斯与斯宾诺莎是17世纪欧洲革命造就的政治思想家的话，约翰·洛克则是革命思想的集大成者，在其《论宗教的宽容》和《政府论》中，洛克系统阐述了人民应该享有的生命、自由与财产权，并坚持认为人与人之间处于和谐的自然状态，一个分权而治的契约型政府是自由的充分保证。

随着社会的不断进步，在政治哲学领域，自由主义关于国家（政府）与社会关系的学说也得到不断的丰富和发展。边沁（Bentham）的功利主义原则就认为，在社会行为中，对任何一种行为予以赞成或不赞成的时候，应该看该行为是增多还是减少当事者的幸福。在此基础上，边沁把国家与政府相等同，认为政府应该遵循最大幸福原则，实现最大多数人的福利。同时，他也主张以代议民主制克服政府权力过大以及以权谋私等问题。约翰·密尔（John Mill）在边沁的功利主义思想基础上，继续发展了政府与社会关系的思想，他在《论自由》中开宗明义地探讨"公民自由或称社会自由，也就是要探讨社会所能合法施用于个

---

① 托马斯·霍布斯：《利维坦》，黎思复等译，北京：商务印书馆，1986年，第97页。

② 斯宾诺莎：《神学政治论》，温锡增译，北京：商务印书馆，1982年，第219页。

人的权力的性质和限度"①。在政府发挥的作用方面,密尔认为,个人或者社会能够完成的事物,应该放任个人或社会自己完成,而教育、公共事务以及经济发展,则必须由政府适度干预,以使社会自由和幸福最大化。②密尔的理论为20世纪新自由主义思想的发展奠定了基础。

从霍布斯到密尔,自由主义思想探讨的核心内容之一是:究竟应该"强政府弱社会"还是"弱政府强社会"。虽然两种形式社会差异颇大,但其根本目的都是关注如何在最终实现个人自由的同时,个人的自由也不至损害他人利益。其自由主义的核心理念是一致的,只是达成的方式不同而已。自由的基础一方面是限制公共权力,另一方面也要规范个人的行为,将一切规范在法律的范围以内③,这一点成为自由主义者们的共识,差别在于个人与政府之间平衡关系的程度。19世纪,赫伯特·斯宾塞(Herbert Spencer)提出社会有机体论,对自由主义思想有了进一步发展。他认为,国家是一个自然发展的有机体,社会各成员是这个有机体不可分割的组成部分,国家存在的价值直接影响个人的存在和价值,通过法律规范个人行为以实现个人自由的理念发展到国家层面,政权的权威需要强化,个人需要服从国家,发展民族主义感情。④斯宾塞也赞成通过"物竞天择,适者生存"的进化论规律论证个人自由的实现过程,但是这种通过残酷的方式实现自由的观点,得到的拥护者不多。

---

① 约翰·密尔:《论自由》,许宝骙译,北京:商务印书馆,2014年,第1页。
② 王连伟:《政府放任与政府干预》,载《黑龙江教育学院学报》,2006年第6期,第1—3页。
③ 钱满素:《美国自由主义的历史变迁》,北京:生活·读书·新知三联书店,2006年,第5—6页。
④ 顾肃:《自由主义基本理念》,南京:译林出版社,2013年,第357—358页。

自由主义强调财产权,并将其与生命权、自由权并置,在深化自由主义内涵的同时,也把自由主义从单纯的政治哲学扩展到经济领域。自由主义经济学者亚当·斯密(Adam Smith)认为,市场是调节经济看不见的手,政府应该尽量少干预甚至不干预经济。自由主义放任经济思想在决策层面对美国经济政策产生了重大影响,美国历史学家理查德·霍夫斯塔特(Richard Hofstadter)在评论赫伯特·胡佛(Herbert Hoover)总统时就认为,胡佛总统信仰"效率、事业心、机会、个人主义、真正的自由放任政策、个人成功、物质福利",也正因为如此,在1929年美国发生严重经济萧条的情况下,胡佛总统拒绝政府对经济进行干预,使得直至罗斯福实施新政,美国才走出大萧条的泥潭。①

正是由于自由主义放任经济发展导致周期性经济危机和萧条,在发生危机和萧条时又缺乏主动应对的动机和措施,引发了学者们关于政府与社会关系的进一步思考。英国经济学家约翰·凯恩斯(John Keynes)就认为:"经济效率、社会正义与个人自由是人们需要在政治生活中需要结合的三个要素,经济效率需要批评、严谨和技术;社会正义需要无私和热诚;个人自由需要宽容、胸怀宽广……"② 凯恩斯的以上言论充分说明他在坚信自由主义原则的基础上,寄希望于经济效率、社会正义和个人自由的统一,突破放任自由主义的局限。凯恩斯所处的20世纪20年代也正是西方资本主义遭遇经济危机的年代,凯恩斯关于国家控制信贷和货币、决定投资规模以及制定公共政策的国家干预主义理论,较好地解决了资本主义当时面临的一系列问题。其理论至今

---

① 理查德·霍夫斯塔特:《美国政治传统及其缔造者》,崔永禄等译,北京:商务印书馆,2012年,第341页。
② William Ebenstein: *Great Political Thinkers*, New York: Holt, Rinehart and Winston, 1969, pp. 646–647.

仍然是促使世界许多国家政府积极介入经济的理论依据。但是，凯恩斯并不赞成国家干预一切，而是在保留资本主义价值观和自由主义理念的基础上，国家在有限范围内实施干预。

尽管凯恩斯的国家干预主义影响巨大，传统的放任自由主义也并未销声匿迹。就在凯恩斯主义发端的20世纪20年代，以哈耶克为代表的新自由主义思潮几乎同时兴起。哈耶克认为，"自生自发的秩序"和"组织的秩序"是建立在进化论的理想主义和建构论的理性主义基础上的社会秩序观。自生自发的秩序是追求自身目的的个人之间自发生成的秩序，而要实现社会的自我协调，则需要参与者达成共有的行为规则。在共有行为规则这一点上，在美国政治学家弗朗西斯·福山（Francis Fukuyama）看来，就是西方自由主义价值观作为一种历史的终结。[①] 而在约翰·格雷（John Gray）看来，这就是自由主义作为一种普遍、理性的共识。[②] 而"组织的秩序"则是在某个组织集中指导下参与者一致行动的结果，这种秩序用以实施提前决定好的预先目标。[③] 与凯恩斯的观点不同，在新自由主义思想下，自生自发的秩序强调了对个人自由的尊重，而组织的秩序则会摧毁个人自由的选择，加剧社会的动荡。

从欧洲自由主义的历史发展来看，分权与集权、放任与干预并不影响自由主义的根本目标，而是为实现目标而采用的不同手

---

① 相比过去提出的历史终结论，弗朗西斯·福山现在也同意美国的价值观不能直接移植到具有其他文化背景的国家。见《李世默对话福山：中美体制比较》，http://www.guancha.cn/FuLangXiSi-FuShan/2015_03_30_313170.shtml，访问日期：2015年6月11日。
② 约翰·格雷：《自由主义的两张面孔》，顾爱彬等译，南京：江苏人民出版社，2008年，第1-5页。
③ 哈耶克：《自由秩序原理》（上），邓正来译，北京：生活·读书·新知三联书店，1997年，第56-61页。

段而已。但是，分权与集权、放任与干预是政府与社会和个人之间的不同力量平衡，对国家政治、经济以及文化都会产生诸多直接影响。而导致分权与集权、放任与干预的思想理论源泉，则可以追溯到霍布斯与洛克的自由主义理念，这对了解欧洲和美国自由主义在现代的发展及其思想影响有重要意义。

二、霍布斯与洛克的自由主义遗产：集权与分权

霍布斯与洛克均被认为是自由主义思想的奠基人，这是基于两者都以人性的基本原则作为出发点，提倡个人自由。然而，霍布斯与洛克对个人自由的状态及其内涵的看法有所不同，特别是对实现自由途径的看法截然相反。霍布斯思想的出发点是机械唯物主义，在霍布斯看来，当人遇到有助于生命运动的外界物体时，就会产生愉悦和快乐的感情，而当人遇到有碍生命运动的外界物体时，会产生痛苦和忧伤的感情，趋利避害、自我保护是人的本性。同时，人性追求个人利益是一个永无休止的过程，永无休止的权势欲是人类共有的普遍倾向，人的贪欲也从不同方面得以体现，"有些人是为求新辟疆土之名，有些人是为求安逸和肉体之乐，还有些人则希望在某些领域或智能方面出类拔萃，以博得人们的赞扬或阿谀"①。因此，霍布斯认为，在没有政府的自然状态下，人人都在追求自身利益，每个人都希望实现自己的各种欲望，而由于人人都是平等的，每个人都对事物享有同等的权利，人与人便处于"每个人反对每个人的战争状态"。

洛克不赞同霍布斯把人类的自然状态看作"每个人反对每个人的战争状态"。相较霍布斯过多强调个人的自由，洛克更关注平等的重要性。在洛克看来，在自然状态中，人们可以按照自己

---

① 霍布斯：《利维坦》，黎挺弼译，北京：商务印书馆，1986年，第72-73页。

认为合适的方式决定自己的行动和处理自己的财产，人与人之间是平等的，人们天生就享有自然的一切有利条件，人与人之间不存在从属和受制的关系。① 与霍布斯认为人是在追求利益永无休止的过程不同，洛克认为，自然状态中应该有一种被每个人遵守的自然法，而这个自然法就是理性，理性指导着全人类，人们都是平等和相互独立的，任何人都没有权利侵犯他人的生命、自由或财产。洛克还认为，每个人都应该保持自己的生命、自由和财产权，同样，他在保证自身没有问题的情况下，就应该尽自己所能保护其余的人类。② 相较霍布斯的自然状态，洛克的自然状态不仅强调了自由，也强调了平等，人们在保持自身权利的同时，也不能侵犯他人的权利。洛克的自然法建立了防止干预私人自由与财产的屏障。

洛克认为不仅人们的生命、自由和财产权应该受到保护，人们的思想和信仰自由也应该受到保护。他在《论宗教宽容》一书中认为，法律不能对一个人的思想进行惩罚，"对于那些在宗教问题上持有异见的人实现宽容，这与耶稣基督的福音和人类的理智本来完全一致"③。洛克认为，为了保证不同的信仰和思想得到宽容，公民或世俗政府的事务应该与宗教事务严格分开。从这一点看，洛克把思想的自由与生命和财产的自由放在了同等重要的地位。

在自然状态下如何保持个人自由，霍布斯与洛克提出方案的

---

① John Locke: *Two Treatises of Government*, *Second Treatise*, Cambridge: Cambridge University Press, 1960, p. 4.
② John Locke: *Two Treatises of Government*, *Second Treatise*, Cambridge: Cambridge University Press, 1960, p. 6.
③ 约翰·洛克：《论宗教宽容》，吴云贵译，北京：商务印书馆，1996年，第4-5页。

出发依据均为契约论。霍布斯的"利维坦"主张人们把自己的权利让渡给国家，国家对外拥有主权，保护臣民们的安全，对内维护法律，维护人与人之间的平等。然而霍布斯的"利维坦"在其主张的君主专制与保护个人自由之间存在明显张力。一方面，霍布斯的利维坦被赋予了不受限制的权力，并因此可能导致权力专制，侵犯个人自由、生命和财产权。洛克就认为霍布斯的利维坦是专制统治。① 卢梭（Rousseau）也认为通过君主专制保护人民自由不受侵害，保护国家的稳定秩序也是一种错误观点。② 列奥·施特劳斯（Leo Strauss）也指出："霍布斯的主权学说给拥有主权的君主或人民赋予了不受限制的权利，而令他们随心所欲地置一切法律的或宪法的限制于不顾。"③ 在西方社会，专制侵犯个人权利是一种普遍共识。孟德斯鸠（Montesquieu）在其《论法的精神》中就指出："一切有权力的人都容易滥用权力，这是万古不易的一条经验。"④ 即便是自由的忠实维护者也不例外。美国社会对此敏感度似乎更高，甚至连罗斯福总统在新政期间，也因涉嫌滥用权力、干涉法官的任命而受到国会调查。即便在民主制度下由多数人集中行使权力，也不能避免权力滥用，杰斐逊（Jefferson）就曾经说过，"173个暴君肯定和一个暴君一样地富有压迫性"⑤。

另一方面，霍布斯并非为君主专制辩护，而是为了建立一个强大的政府，对内维护法制，对外抵御外敌侵扰，确保人民的自

---

① 约翰·洛克：《政府论》（下），叶启芳等译，北京：商务印书馆，1964年，第56-58页。
② 卢梭：《社会契约论》，何兆武译，北京：商务印书馆，2003年，第11页。
③ 列奥·施特劳斯：《自然权利与历史》，彭刚译，北京：生活·读书·新知三联书店，2003年，第197页。
④ 孟德斯鸠：《论法的精神》，张雁深译，北京：商务印书馆，1959年，第184页。
⑤ 杰斐逊：《杰斐逊选集》，朱曾汶译，北京：商务印书馆，2011年，第239页。

由与安全。相较传统专制社会的寡头统治,霍布斯主张为保护人民的利益制定清晰明确的法律,认为应该对所处社会各个不同社会等级的人们平等执法。另外,霍布斯赋予了专制体制下人民的自由,只要国家沉默的地方,人民就有相应的自由。正如英国哲学家奥克肖特(Oakeshott)所言:"主权者的统治不是任意的而是法律的统治……霍布斯不是一个专制主义论者。"① 虽然霍布斯本人是自由主义者,但其主张的利维坦却是一个拥有绝对权力而且不受制约的专制政府,其为自己国家和臣民实现利益的目标也非常明确。

洛克关于政府构建的思想与霍布斯截然相反,他对霍布斯倡导的专制体制深恶痛绝,认为专制政体与公民社会水火不容,不应该也不可能成为保障自由的政府形式。洛克指出,专制是一种行使任何人没有权利行使的权力,暴君运用其所掌握的权力,并非是为让渡出自己权利的人们谋福利,而是为了巩固其专制统治,为自己或相关利益集团谋取利益。为了捍卫公民的个人自由,洛克认为人民有权进行反抗。但是要从根本上实现社会的自由和平等,政府必须是为社会的幸福而存在的,人民通过订立社会契约形成政治社会,政府只是行使人民让渡的部分权力。因此,在社会与政府的关系上,政府是为社会的幸福和人民的利益而存在的,而违背社会意愿和社会契约的政府就应该消失或更迭。

在此基础上,洛克的政府是权力受到限制的政府,而限制权力的方式,就是分权和权力的相互制约。在洛克看来,在专制体制下,君主既是立法者,又是执行者,其判决不可能公平、公

---

① 转引自申林:《〈利维坦〉中国家主权与个人自我保存权之间的张力》,载《武汉大学学报(哲学社会科学版)》,2014年第3期,第63-69页。

正,在法律面前人人平等无法实现。如果由一个人或者一批人同时掌控立法权和执法权,除了执法不公,甚至还会导致人性弱点的恶性膨胀,促使他们为了满足自己的贪欲而不择手段地追求权力,从而超出法律的制约,违背自然法的要求,也背离了人民建立政府实现公正社会,保障个人生命、自由和财产的权利。基于此,立法权和执法权必须相分离。在两权分离的情况下,"当人民发现立法行为与他们的委托相抵触时,人民仍然享有最高的权力来罢免或更换立法机关……因此,社会始终保留着一种最高权力,以保卫自己不受任何团体(哪怕是他们的立法者)的攻击和谋算"①。从洛克的话语中不难发现,在国家与社会的划分中,社会是高于国家的。

立法权至上是洛克社会契约理论的反映。在契约精神下,政府与人民订有权力委托执行约定,代为行使人民的部分权力,因此,政府作为执法机构需要在法律的制约下行使权力,不能为了政府的利益而侵害社会和公民的权利。人民可以通过立法机构监督政府的权力行使是否合法,若政府侵害了人民权利,损害了社会利益,人民便可以收回权力,以新的政府取而代之,"这是因为,受委托来达到一种目的的权力既然为那个目的所限制,当这一目的显然被忽略或遭受打击时,委托必然被取消,权力又回到当初授权的人们手中,他们可以重新把它授予他们认为最有利于他们的安全和保障的人"②。相比霍布斯的集权主义政府观,分权制下的洛克政府观是两位自由主义先驱对实现自然状态的人性自由的截然不同的解决方法。

---

① John Locke: *Two Treatises of Government*, *Second Treatise*, Cambridge: Cambridge University Press, 1960, p. 149.
② 约翰·洛克:《政府论》(下),叶启芳等译,北京:商务印书馆,1964年,第94页。

三、霍布斯思想及其现实主义影响

17世纪的英国内乱不断，饱受磨难的霍布斯渴望获得自由、平等与安全。面对现实环境，霍布斯必须思考实现理想的最佳途径，而利维坦成了霍布斯的当然之选。霍布斯认为，人们在战争状态下对死亡的恐惧是普遍存在的，要保证个人的自由与安全，人们就要把自己的权利全部交给利维坦或国家，这个集权的国家有责任保护其臣民免遭血腥的杀戮，从而摆脱相互厮杀的状态。

霍布斯的国家与国家关系，既有为权力和利益进行的争斗，也渴望和平。在《利维坦》中，霍布斯认为国王或者最高主权者们"由于具有独立地位，始终是互相猜忌的，并保持着斗剑的状态和姿势……但由于他们用这种办法维持了臣民的产业，所以便没有产生伴随个人自由行动而出现的那种悲惨状况"①。这说明霍布斯认为国家之间虽然充满猜忌，但是却可以通过保持相互之间的均势或者克制，实现特定时间段内的和平。然而，战争却似乎也是不可避免的，因为在霍布斯看来，人们在具备和平希望的时候，就会力求和平，"在不能得到和平时，他就可以寻求并利用战争的一切有利条件的助力"②，最终实现和平。这也就说明，霍布斯所说的人与人之间的战争状态，只是霍布斯设想中的一种虚无状态，现实社会中的人们，也不可能完全为了自己的利益而置他人于不顾。

霍布斯思想的现实主义影响，首先体现为现实主义国际关系理论中国家的主权及其在权力欲驱使下对利益的追求。国家的主权来自与人民订立的契约的授权，人民把自己的自然权利转让给

---

① 霍布斯：《利维坦》，黎廷弼译，北京：商务印书馆，1986年，第101页。
② 霍布斯：《利维坦》，黎廷弼译，北京：商务印书馆，1986年，第103页。

君主或某个群体，使他或者他们获得至高无上的权力，从而建立国家，而权力的重要性就在于"如果没有权威使人民遵从，便跟那些驱使我们走向偏私、自傲、复仇等的自然激情互相冲突。没有武力，信约便只是一纸空文，完全没有力量使人们得到安全保障"①。在现实主义国际关系中，主权国家运用权力实现自己的利益被认为是国家的首要追求，正如现实主义国际关系大师摩根索（Morgenthau）认为的那样，"国家体系就像群王争霸的社会，这个社会中的每个君主都接受国家理由，即在特定的道德原则限定下理性地追求国家的权力目标，并且以此作为国家的最终准则"②。

其次，霍布斯关于在自然状态中个人在寻求利益的同时也追寻和平的观点，对现实主义国际政治思想中的和平论产生深远影响。霍布斯自然状态的两条自然律分别是：（1）每个人在有获得和平的希望时，就会力求和平，或者利用一切办法保卫自己的和平；（2）当一个人为了和平与自卫的目的认为必要时，会自愿放弃对一切事物的权利，在对他人的自由权方面，满足于相当于自己让他人对自己所具有的自由权利。两条自然律表明，即便处于"每个人反对每个人"的自然状态，人们也不会为了自己的利益而不顾他人的权利，内心对和平的渴望会促使人们放弃自己的部分权利而追求和平。时殷弘教授在评论霍布斯时认为，霍布斯"承认国家间可以有权宜性的暂时合作，一国有时有必要同别国结盟或背弃联盟，特定时期里众多自私的国家为打败共同的敌人甚至能结成相当广泛的大联盟，而他作为生活在大联盟时代

---

① 霍布斯：《利维坦》，黎挺弼译，北京：商务印书馆，1986年，第103页。
② Hans J. Morgenthau: *Politics among Nations: The Struggle for Power and Peace*, New York: Alfred A. Knopf, 1985, pp. 239-240.

的人肯定理解这种大联盟所起的构造均势的作用"①。不难看出,霍布斯意识到了战争状态并非一种理想状态,国家之间应该可以通过理性克制自己的行为,进而实现和平。

在达成和平的途径上,现实主义国际关系理论对起源于霍布斯的均势思想进行了拓展。现实主义国际理论大师摩根索注意到国家追寻权力在实现利益中的局限性,其中的一个局限就是权力扩张带来的权力均衡,因为权力均衡对于想获取更多利益的国家来说是一种阻碍,而对于想保持既得利益的国家则是对均势的维护。而要达成并维护权力均势,国与国之间需要达成维持均势的共识,而共识的内容在不同时期有所不同。例如欧洲神圣同盟的基石是奥地利、普鲁士与俄罗斯的君主专制统治及其共同意识形态,"而一旦这种共识不复存在,或遭到削弱而不再稳定如故,权力均衡便无法继续履行其维持国际社会稳定和各国独立的功能"②。现实主义国际理论大师基辛格博士也认为:"美国必须尽其心力,在全球坚守民主政治信念的基础上,建立最大可能的道德共识。但是美国也不敢忽视势力均衡的分析,因为追求道德共识若是破坏了均势,道德共识会自己击败自己"③。由此可见,现实主义一方面主张对权力和利益的追求,另一方面也寻求均势与和平,其内容与当前世界主要大国加强自身实力建设、争取最大话语权的做法一致,因为"弱国无外交"的观念已经在历史中得到证明。与此同时,以文化影响他国并实现本国外交政策、

---

① 时殷弘:《国际安全的基本哲理范式》,载《中国社会科学》,2000年第5期,第126-127页。
② 汉斯·摩根索:《国家间政治——寻求权利与和平的斗争》,徐昕等译,北京:中国人民公安大学出版社,1990年,第284页。
③ 亨利·基辛格:《大外交》,顾淑馨、林添贵等译,海口:海南出版社,1998年,第806页。

获取国家利益,以不战而屈人之兵,使得文化软实力也成为实现国家利益的重要手段。

四、洛克思想中的个人、社会与政府关系

个人、社会与国家之间始终存在着张力和矛盾,如何对此进行调节一直是政治哲学需要解决的基本问题之一。"自由"及"自由"所依赖的社会环境之间的关系是洛克自由主义思想的关键内容,籍由对个人自由的理解和实现自由的条件,洛克开创性地提出了社会关系的系统解释,为自由主义政治哲学奠定了基础。洛克的思想在成为西方社会主导意识形态的同时,也深刻影响并塑造了西方政治制度。"自由"成为个人、社会与政府关系的纽带。

首先,个人自由是人的本质属性,是"自由理想正当性的基础"①。在以洛克为代表的自由主义者所设置的自然状态中,每个人都享有相同的自然权利并受到自然法的尊重,这些自然权利包括生命权、自由权、财产权以及后人所归纳的追求幸福的权利。这些权利是人的尊严的表征,是自然的且不证自明的,从神学观点来看是上帝赋予的。在洛克看来,上述权利的基础是自由②,若作为基础的自由被剥夺,这个人就会处于受奴役的状态,丧失自己的财产权甚至生命权,个人生存、发展的基础和人的尊严一旦被剥夺,这个人就会降到动物式的存在方式。显然,人若失去自由就意味着失去作为人的基本属性,因此,自然状态中人的自由和平等是人与人之间不存在从属关系的保证。

---

① 哈耶克:《自由宪章》,杨玉生等译,北京:中国社会科学出版社,1999年,第1页。
② 约翰·洛克:《政府论》(下),叶启芳等译,北京:商务印书馆,1964年,第13页。

其次，合理的秩序以及保障秩序的国家是实现个人自由的必要条件。洛克认为，自由主义并不等同于无政府主义，自然状态也绝不是无政府状态，相反，无秩序则无自由。构建一个什么样的秩序能够确保个人的自由和平等，是公平社会的关键。自然状态也可以看作人类生存在符合人的自由本性的一个秩序，这种秩序就是被人的理性所认识并愿意共同遵守的自然法。在自然法约束下，每个人在拥有决定如何行动和处理自己财产和自由的权利的同时，也不能侵害他人的生命、自由、财产和追求幸福的权利。因此，自然状态中的自由不是绝对的自由，个人不可任意妄为，人的自由本性和秩序双重要求并存，自然法作为秩序规范，为所有人提供了行为规范。然而，由于自然状态内部缺乏明确的法律和公正的裁判，加上人性中存在自私、贪婪、虚伪和报复心等弱点，过分强调自由和弱化秩序成为可能，并可能最终导致自然状态失序，甚至进入战争状态。在这样的情况下，通过政治社会维持秩序成为一种必然选择。"公民政府是针对自然状态的种种不方便情况而设置的正当的救济办法。"① 在洛克那里，这样的政治社会既要符合人的自由本性，又要保证自然状态和自然法的基本规范，而社会契约论成为实现符合个人自由的政治社会（即国家）的基本理论依据。

第三，政府是实现个人自由的必要保障。在洛克看来，霍布斯设计的"利维坦"并非自由社会的保障。在利维坦中，人民将权利让渡给君主，君主掌握绝对的权力，当君主侵害人民的自由和合法权利的时候，利维坦缺乏合理的裁判机制协调君主与臣民之间的纷争。利维坦这样的国家，实际上是人为设计出来侵害

---

① 约翰·洛克：《政府论》（下），叶启芳等译，北京：商务印书馆，1964年，第10页。

人民利益、剥夺人民权利的君主专制体制，其权力不受控制，事实上无法确保个人的自由。基于此，洛克的社会契约论中，人民把权利让渡出来赋予国家，而这样的权力是有限度的权力，仅限于裁决"政治社会成员之间可能发生的关于任何权利的一切争执"①，同时保护人民的和平、安宁以及公共福利，除此之外，国家的权力别无它用。洛克认为，为了克服自然状态的缺陷和人性的弱点，国家为了避免裁决人们争执的任意性，裁决的依据只能是基于自然法的国家法律。法律为个人的活动划定了明确的范围，每个人都必须知道自己可以干什么，不可以干什么，因此，法律为每个人实现自由本性提供了一个框架，而法律除了规范个人的行为从而实现社会的公平正义外，并无其他用途。在洛克看来，社会契约产生的国家政体是一个法制社会，国家的目的并非限制自由，没有国家反而会导致自由的丧失。②

最后，人性的弱点也必然导致政府的缺陷，需要加以警惕。洛克社会契约论中设计的国家，是确保个人自由的必要手段，并非"恶"的源头。然而，国家的运行必须依靠"人"所构成的政府机构，政府作为公共权力实施的主体，很可能由于构成人员的因素而从个人自由的保障者蜕变为个人自由的奴役者，因此，西方自由主义政治社会对政府一直保持高度警惕。在洛克看来，人性的弱点并没有随着个人进入以国家为主体的政治社会而消失，它只是受到约束，专制君主或利益集团若掌握公共权力，则公共权力很有可能成为满足私欲、野心甚至泄愤的工具。面对国家对个人自由可能带来的伤害，洛克一方面对政府施行立法权、

---

① 约翰·洛克：《政府论》（下），叶启芳等译，北京：商务印书馆，1964年，第53页。
② 约翰·洛克：《政府论》（下），叶启芳等译，北京：商务印书馆，1964年，第88页。

行政权和对外权的三权分立，以限制政府权力；另一方面，也搭建了一个与国家相对应的公民社会，在公民社会里，个人享有生命、自由和财产权等基本权利，不受他人包括国家的干涉和强制，国家是保障个人自由的手段而非目的，从而形成社会先于国家的架构，社会与国家分离，社会成为制约国家权力的根基。

在洛克的自由主义哲学中，社会与国家都派生于实现个人自由这一根本目标，国家在个人让渡权利的基础上，制定法律、划定个人的行为范围并裁断个人的利益纷争，个人在公民社会行为框架内享受和平、安宁的自然状态，从而达成个人、社会与国家的理想状态。在洛克那里，社会和国家都非霍布斯描述的"恶"，然而，限制政府权力，保证个人自由，的确是一个必然。

第二节 古典自由主义：政府角色的弱化

在反对封建主义的资产阶级革命背景下，霍布斯、洛克、密尔和卢梭等欧洲思想家们不断丰富自由主义学说，契约理论、宪政思想、个人自由和法制理念逐渐深入人心。然而，由于欧洲大陆不同利益集团的纠葛以及由此产生的复杂政治环境，自由主义思想下的"理想国"并未首先在欧洲大陆出现。随着17世纪开始的美洲移民，自由主义思想随着清教徒们登陆美洲，以民主、自由、平等为核心的自由主义思想在美国不断发展。这一点在美国历史学家理查德·霍夫斯塔特（Richard Hofstadter）所著的《美国政治传统及其缔造者》一书中得到直观反映。在书中，托马斯·杰斐逊被描述为"出身高贵的民主派"，林肯为"自我奋斗的神话"，西奥多·罗斯福为"充当进步派的保守派"，赫伯特·胡佛为"美国个人主义的危机"，富兰克林·罗斯福为"有教养的机会主义者"。上述美国总统均从不同方位体现自由主义精神，美国成为受自由主义思想影响深远的国家。正因如此，在哈佛大学教授路易·哈茨眼里，自由主义思想成为美国历史上唯一占主导地位的政治思想传统。①

在美国，虽然崇尚个人自由这一自由主义核心始终未变，然而在不同历史时期，自由主义的内涵却各有不同。古典自由主义、新自由主义、保守主义和新保守主义在围绕个人、社会与国家的不同关系和定位上，主张甚至截然不同。在美国，杰斐逊主张"小政府大社会"理念，随着罗斯福新政期间政府职能的不断扩大，"大政府小社会"成为社会的现实，并在20世纪60年代美国"政治正确"和建设"伟大社会"期间达到极致。虽然里根总统的新保守主义希望回归密尔倡导的政府有限干预理论，但古典自由主义与现代自由主义思想交织，成为影响美国社会的主流思想。本节通过对古典自由主义思想发展的梳理，探讨古典自由主义思想在美国的源起、发展及影响。

一、《五月花号公约》：美洲自由主义思想的开端

《五月花号公约》是欧洲宗教改革的结果，也是欧洲移民美洲的结果。据史料记载，17世纪初，部分英国清教徒从苏格兰移民荷兰莱顿，其中包括宗教领袖威廉·布雷德福（William Bradford）。他们在荷兰莱顿市居住11年后，由于担心自己的宗教理想在荷兰世俗环境下难以实现，于是向英国国王申请移民美洲，希望在美洲大陆这块洁白的纸上绘出宗教改革最美的蓝图。1620年，他们搭乘五月花号驶往美洲，同船的还有部分到美洲开疆拓土、冀望改善自己生活状态的欧洲移民。经过两个多月的

---

① 路易·哈茨：《美国自由主义传统：诠释美国革命后的政治思想》，张敏谦译，北京：中国社会科学出版社，2003年，第1—5页。

横跨大西洋之旅,在即将登上美洲大陆的前夕,他们在船上共同签署了《五月花号公约》(*Mayflower Compact*)。① 公约内容如下:

> 以上帝的名义,阿门!吾等以下之签名人,身为我等所敬畏的英王詹姆斯一世、法兰西及爱尔兰国王之忠顺臣民,为了上帝之荣耀,为了基督信仰和吾王之隆誉,扬帆远航,到此弗吉尼亚北部开拓垦殖最初之殖民地。吾等于上帝之下,共同庄严立誓,特自愿立契结成一个公民政治团体,以期平安图存及后续之发展。为殖民地之公众利益,吾等议定将永葆操守,以备时时执行、编制并界定公正之法律、条例和立法等,以确保吾等全体遵守与服从。
>
> 据此于耶稣公元 1620 元 11 月 11 日,吾王英格兰、法兰西、爱尔兰第十八世暨苏格兰第五十四世君主陛下在位之年,签于科德角,姓名如次,立以佑证。②

首先,《五月花号公约》体现了契约概念。上帝之约、教会之约与社会之约是欧洲社会组织存在的基础。上帝之约是教徒与上帝之间的约定,教徒虔诚信教,则可能获取上帝的应许之地和进入天堂;教会之约是信徒之间的约定,目的是共同尊奉上帝;社会之约则是作为公民的教徒在让渡自己的权利以组建政府时与政府的约,目的是获得和平、安全与公正的社会。《五月花号公约》体现了抵达美洲大陆第一批移民强烈的契约精神。文件开宗

---

① 江泓:《〈五月花公约〉的由来及其影响》,载《历史教学》,1984 年第 5 期,第 16-19 页。
② 陈若雷:《〈五月花号公约〉中译文版本评说》,http://blog.tianya.cn/post-1743640-23970397-1.shtml,访问日期:2015 年 10 月 2 日。

明义，表明以上帝的名义来到美洲这片上帝的应许之地，建立山巅之城的雄心壮志。为了上帝的荣耀，移民们志愿结成公民政治团体，在北美殖民地平安图存，共同发展。然而，随着时代的发展，上帝之约与教会之约逐渐淡化，而社会之约却贯穿美国历史发展的始终。《五月花号公约》作为美洲移民第一份政治性的纲领文件，确立了洛克社会契约论在美洲大陆的发展。《五月花号公约》确立的"公民政治团体"，为美国自由民主政体的构建奠定了基石。

其次，《五月花号公约》体现了清教徒们对政治自治的渴望。起始于13世纪的欧洲宗教改革，在相当长时期内仅限于教会内部，主要目的是改革教宗对教义解释权的把持以及教会纷繁复杂的礼拜仪式。虽然出现了加尔文派等各种派别，但是对基督教的虔敬却并未弱化，与罗马教宗分道扬镳也并未成为清教徒们的选项之一。然而，因英王亨利八世不满教宗拒绝其离异再婚的请求，导致英国国教的建立及其不再受罗马教皇约束。英国国教的建立，使宗教改革反权威精神的矛头从教会转向英国国王，清教革命与以英国国王为代表的权贵阶层的坚决斗争，为日后美洲殖民地独立打下了基础。在美洲，政教合一的基督教公理会在政治上演变成为市、乡和镇议会，由五月花号移民们建立的公民政治团体每年举行一次总督选举，民主制度由此开始确立。《五月花号公约》中提及的"执行、编制并界定公正之法律、条例和立法"，使殖民地政治体系逐渐建立，"签约立盟"成为美国政治的重要传统。正如美国总统约翰·昆西·亚当斯所认为的，《五月花号公约》"在人类历史上是绝无仅有的，……使这个社会的每个个体都一致认可这个团体,并最终发展成一个国家"①。

第三,《五月花号公约》体现了个人对自由的渴望。《五月花号公约》虽然是移民们集体订立的到岸后建设公民政治团体的协约,然而这一协约的背后,却是移民们对个人自由的向往。一方面,签约的部分人士是清教徒,他们践行宗教改革的重要内容之一是否定罗马教皇对教会的全面控制,不认可教会作为上帝与信徒之间的中介角色,提倡个人阅读《圣经》并做出自己的解读。欧洲宗教改革期间,《圣经》的文本已经不再局限于拉丁语,英语、法语和德语等各种译本的出现,打破了教会对《圣经》的权威解读。个人阅读《圣经》并由此直接与上帝交流,做出自己的判断,在此过程中,个人的尊严也得到极大的彰显。搭乘五月花号前往美洲的这部分虔敬的清教徒,正是怀着把美洲建设成"山巅之城"的梦想,其宗教改革的梦想,为其自立、自主地追求自由营造了积极的外部氛围。另一方面,签约的部分非清教徒们,也是怀揣追寻美好生活的梦想,冀望通过个人奋斗改变过去在欧洲的生活状况。《五月花号公约》所描述的为了"上帝的荣耀前往北美殖民地开拓垦殖,平安图存,后续发展",成为移民们追求自由生活的真实写照。

最后,《五月花号公约》对个人的约束为自由主义打下了基础。洛克认为自然状态下,个人是自利的,但同时也是理性的,个人依据自己的自由行事,然而这种自由以不妨碍他人的自由为原则,这种情况下,个人在对自己负责的同时,也必须对社会负责。据史料记载,在五月花号抵达美洲大陆之前,移民们对登陆之后的事项出现意见分歧,清教徒们与普通移民对即将到来的各

---

① 许爱军:《〈五月花号公约〉和美国精神》,载《国际关系学院学报》,2012年第1期,第112-117页。

种困难的解决方案意见不一,甚至有人认为已经是 11 月,陆地上食物稀缺,没有住房,建议打道回府,返回英格兰。在此情况下,经过协商,移民们共同庄严立誓"为殖民地之公众利益,吾等议定将永葆操守"。《五月花号公约》为后续其他殖民地的建立产生了相当大的影响,例如 1639 年建立的康涅狄克,其《基本法规》就明确规定:"一方面承认耶稣的福音是教会的纪律,一方面承认此后在政治事务中应受团体组织的领导和统治,按照今后所要厘定、规划和颁布的一切法律、规则、命令和典章行事。"①

《五月花号公约》以契约的方式确定了国家的权力来自民众,推翻了君权神授的神话;以建立公民政治团体的方式,逐渐摆脱了王权,美洲殖民地在走向自治的过程中一步步迈向独立;以对个人的约束,实现个人真正的自由。《五月花号公约》以自我管理、民众自治的模式,指出了民主自由的方向。毫不夸张地说,《五月花号公约》作为美洲大陆第一份政治文件,也是美国自由社会的出生证。

二、《独立宣言》:对政府的一种态度

在五月花号开启美洲大门的同时,《五月花号公约》也把社会契约、自由、民主、和平等的理念带入美洲。在美国独立前的 150 余年时间里,以洛克为代表的自由主义思想在美国逐渐成为主流思想。据考证,1776 年之前,在 15% 的殖民地图书馆中可以找到《政府论》(上、下篇),在 26 家图书馆中的 13 家收藏有《人类理解论》。洛克的思想也成为神职人员政治意识的源泉

---

① 梅瑞安:《美国政治思想史》,胡到维译,北京:生活·读书·新知三联书店,1957 年,第 11 页。

之一，早在1738年，洛克的作品就被神职人员引用。在1760年至1775年的政治作品中，"洛克是被最频繁引证的作者，其他作者与其相比，差距十分巨大"①。从小乡镇到大城市的牧师们，对洛克作品参阅无数。美国革命时期神职人员和世俗人士的作品中，很多能找到洛克的思想和理论。

洛克的思想也对包括托马斯·潘恩（Thomas Paine）和托马斯·杰斐逊（Thomas Jefferson）在内的美国思想家产生了深远影响，并通过他们影响了美国政治体制的构建和社会的发展。潘恩继承了洛克的自然法学说和社会契约论，他在《潘恩选集》中全力论证自然权利论："所有的人生来就是平等的，并具有平等的天赋权利。这是一切真理中最伟大的真理，而发扬这个真理是具有最高的利益的。"② 在潘恩看来，个人具有的天赋权利与其公民权利的性质是不一样的。天赋权利是基本生存权，包括思想上的权利和在不妨害他人的天赋权利的前提下为个人谋求利益的权力。而公民权利则是人作为社会一员所具有的权利，这种权利以天赋权利为基础，需要在其他社会条件（例如安全）下，个人才能享受这种权利。

潘恩是殖民地时期较早关注并论述政府与社会关系的思想家。在社会契约论的基础上，潘恩在《常识》一书中把社会与政府相区别，"社会是我们的欲望所产生的，政府是由我们的邪恶所产生的……社会使人们一体同心，从而积极增进人们的幸福，而政府则制止人们的恶行，从而消极地增进人们的幸福"。在潘恩看来，社会是主动、积极和正当的，而政府则是"必要的

---

① 迈克尔·扎科特：《自然权利与新共和主义》，王紫兴译，长春：吉林出版有限集团公司，2008年，第21－27页。
② 托马斯·潘恩：《潘恩选集》，马清槐等译，北京：商务印书馆，1981年，第141页。

祸患",以消极的方式为人民增进幸福,政府应该服务社会,在这一层面上说,社会应该高于政府。"社会在各种情况下都是受人欢迎的,可是政府呢,即使是最好的情况下,也不过是免不了的祸害;在其最坏的情况下,就成了不可容忍的祸害。"① 潘恩的观点与英国自由主义思想家赫伯特·斯宾塞(Herbert Spencer)的看法非常相近,斯宾塞认为,社会是一个具有天然分工、有机发展的整体,而国家是一个外在强制机构,国家的发展往往跟不上社会的发展,国家对社会的干预结果经常是破坏性的。② 很明显,潘恩的论述进一步强化了欧洲自由主义思想家们对社会和政府加以区别的论述。

欧洲思想家们的论述与北美殖民地的现实相结合,使殖民地人民对政府权力一直保持高度警惕和疑虑。美洲大陆在移民们到达之前,几乎是一张白纸,没有封建统治,也没有阶级压迫。移民们在横渡大西洋之时,就开始与过去决裂,在美洲大陆这片无边自由的土地上创建自己的新社会,经过150余年的努力,美洲殖民地人民享受着当时世界上少有的自由和权利。正如法国作家约翰·克雷弗格(John Crevecoeur)在其《美国农夫信札》中所描述的那样:"这样的美国人,把他过去的一切偏见和社会抛在一边,开始拥抱新的生活方式、服从新的政府并获得新的地位。"③ 美国人希望维系并持续这一理想社会,不希望英国政府干扰并改变现状。事实上,由于大西洋的隔断和17世纪后半叶

---

① 托马斯·潘恩:《潘恩选集》,马清槐等译,北京:商务印书馆,1981年,第3页。
② Herbert Spencer: *Spencer Political Writing*, Peking: Press of China University of Political Science and Law, 2003, p. 15.
③ St. John de Crevecoeur: "Letters from an American Farmer", in J. A. Leo Lemay, ed. *An Early American Reader*. Washington: United States Information Agency, 1988, p. 118.

的英国光荣革命,英国政府并无太多精力顾及北美殖民地,对其压迫与剥削还谈不上残酷。然而殖民地长期的自治和自理已经使哪怕少许的苛政都难以承受,不再当英国附庸的强烈意愿催生着北美的"独立"与"共和"意识。美国革命期间,潘恩的《常识》成为最为畅销的读物之一,通过它,人们对社会与政府的关系有了更清醒的认识,对高踞于上的政府权力保持着高度警惕,政府成为人们心目中不得已之恶。

《独立宣言》是美国独立的宣言,也是美国社会要求限制政府滥用权力的宣言。学界在研究《独立宣言》的意义方面,把注意力主要放在宣言前半部分,并归纳出宣言体现的"平等学说"、"天赋人权学说"以及"人民革命权利学说",而对占更多篇幅的对英王乔治三世的罪状罗列,关注相对较少。仔细梳理宣言,不难发现其基本逻辑:(1)人生而平等;(2)造物主赋予他们若干不可让渡的权利;(3)这些权利包括生命权、自由权和追求幸福的权利;(4)为保障这些权利,人们成立政府,政府的权力来自人民;(5)当政府破坏人民的权利时,人民有权改变它,甚至推翻它。宣言用相当比例的篇幅,罗列了29条英国政府对权力的滥用,其中15条涉及立法和司法权,其余涉及经济和军事等相关领域。事实上,在1774年的第一次大陆会议上,殖民地并未提出从英国独立,而是希望英国放松部分权力,让殖民地实施自治。在更早一些的1751年,本杰明·富兰克林(Benjamin Franklin)甚至把英国描绘成"聪明而善良的母亲",把大英帝国描绘成"大家庭"。① 即便在英国加强征税的情况下,

---

① 百度百科:《独立宣言》,http://baike.baidu.com/link?url = rmju - r22azByTJtnBj_kzqRXT0VrodhZkicme55OCLTUtvB_ - EZgKm49eeLVfwOUdp9GA1gmLskdNecc2YbM8sv4dc3mPJWEApkXs0hMg83,访问日期:2015年10月7日。

殖民地仍然希望与英国建立理性、合理的关系。然而,英国不但没有响应殖民地的呼声,反而强化司法并最终以武力相向,导致革命的爆发。从宣言所列的15项英国在司法方面的暴政可以清晰地看出,包括殖民地在内的西方社会,已经把洛克《政府论》中的立法权、司法权视为核心权力,在社会生活中,其神圣性和权威性已经深入社会成员的心中。

殖民地对立法权、司法权的重视,也缘自美洲大陆发展的实际。首先,以清教为主的移民在逐渐摆脱欧洲封建经济关系后,以小农庄私有制为基础的自由经济开始萌芽,即便是南方蓄奴州,绝大部分也是中小种植园。正如美国历史学家柯蒂斯·内特斯(Curtis Nettles)所言:"土地私有是美国历史上一个主要界标,因为它确定了美国经济发展的过程。"① 以小农庄为主的自由经济决定了农场主们保卫自己果实的决心以及对政府干涉的忧虑。其次,以追求宗教改革为终极目标的新教信众以及开疆拓土改善经济的移民们,借助英国国王颁发的特许状,在普利茅斯、马萨诸塞以及其他地区,建立了形式多样的自治制度,并积累了相当丰富的自治经验,这些自治区域对本地区权利的保护意识,其后演变为州权与中央政权的对立,虽然州权最终需要服从中央政府权力,但其限制中央集权的意识已然形成。最后,13个殖民地在革命过程中,既相互对立又相互依靠,形成彼此协商、共同对敌的格局。此格局也客观上使美国没有出现类似于中国的战国七雄、秦国独大的局面,有助于避免强势中央政府的出现。

---

① Curtis Nettles:"The Roots of American Civilization", in *Science & Society*, 1940, No. 1, pp. 112–114.

三、《联邦党人文集》：自由主义关于政府角色的争端

在《独立宣言》强调尊重个人生命权、自由权和追求幸福的权力的同时，英国政府在美洲大陆的负面角色成为13个殖民地的共识。然而，就新成立的合众国政府被授予多大权力这一问题，美国出现了独立后的第一次重大意见分歧。支持和反对宪法的对立双方开始形成派系，并逐渐成为美国两党政治的开端。以华盛顿、富兰克林、汉密尔顿和麦迪逊为代表的宪法拥护者们，自称联邦党人，而对宪法部分内容持不同意见的人士，则被称为反联邦党人。为了维护联邦的稳定，为宪法辩护释疑，被称为宪法之父的麦迪逊、财政部长汉密尔顿以及大法官杰伊撰写了一系列文章，收录在《联邦党人文集》中出版，集中探讨了与反联邦党人在美国政体和维护人民权利之间的分歧及解决之道。

联邦党人与反联邦党人争论的焦点首先就是政府权力。反联邦党人侧重州权，反对中央集权，他们担心出现过分强大的中央政府，表现出对联邦政府的充分不信任。而联邦党人则认为，依据孟德斯鸠的分权理论，建立一个分权制衡的共和国是完全有可能的。① 在总统问题上，反联邦党人认为总统权力过大，存在与立法机构勾结，从而打破分权制衡的原则的可能。联邦党人则认为，美国的内政与外交需要一个强有力的总统，总统既要对国会负责，也要对人民负责，与英国君主制截然不同。在司法权力方面，反联邦党人认为联邦司法权力过大，不可避免会侵犯州权和其他政府机构权力。联邦党人则认为，在立法、行政和司法三权中，司法权力最小，而司法独立有助于对法律是否违宪进行审查。

---

① 汉密尔顿等：《联邦党人文集》，程逢如等译，北京：商务印书馆，1980年，第41-44页。

双方争论的第二个焦点则是人民权力问题。1787年合众国宪法聚焦于政体建构，并未涉及公民权力问题。反联邦党人认为宪法中添加公民权力不仅必要而且必须，否则政府很可能侵蚀个人权利。联邦党人则认为个人权利属于天赋人权，按照洛克自由主义社会契约论观点，只要是人民没有让渡给政府的权力，都属于人民权力，人民权力若逐一列举而出现反复争论，会耽误新宪法的批准。事实上，美国新宪法的最主要目的一是立国，二是限权。在宪法正文中，没有任何条款承认各州宪法中对人民权利规定的有效性，这也成为联邦党人面对人民疑问的最大挑战之一，而两种不同意见最终以美国宪法增列第一至第十修正案得到化解。联邦党人与反联邦党人争执的结果是，"联邦党人给我们留下来宪法，而反联邦党人的遗产则是'权利法案'"①。

四、胡佛总统：在古典自由主义与现代自由主义之间徘徊

从美国宪法颁布到20世纪30年代，美国社会经历了由弱小的13个州组成的邦联到成为世界经济头号强国的发展历程。在这一历程中，古典自由主义思想内涵受到进步主义思想影响，以谢尔曼反托拉斯法颁布为代表，政府职能在以法律规范社会发展、保障社会公平的过程中得到加强。然而，在1933年罗斯福新政实施以前，"守夜人"政府理论仍然牢牢占据主导地位。这一理论的支持者亚当·斯密（Adam Smith）认为，个人在追求自身利益的同时能够促进社会发展，因此，"最小的政府"和"自我调节的市场"是社会发展的必要保障。"守夜人"政府理论影响深远。1929年经济危机爆发，胡佛总统冀望于通过自由市场

---

① 斯托林：《反联邦党人赞成什么——宪法反对者的政治思想》，汪庆华译，北京：北京大学出版社，2006年，第121页。

修复危机,政府不过度介入市场,就是这一理论的充分体现。

说胡佛是放任自由主义的信奉者,并不为过。在其著作《对自由的挑战》中,胡佛总统明确了自己所信奉的哲学基础。他认为:"美国制度产生于自由主义这一伟大社会哲学,这一哲学的最高信条是,自由是上帝赋予所有人类的天资,任何政府的权力,无论是政治权力还是经济权力,都不能侵犯它,任何政府都不能否认它。"① 胡佛认为,国家的主要目的就是在保护人民的同时,给予他们均等的机会,美国的制度决定了一切幸福的基础在个人的发展之中,也决定了进步的总和应该由个人的进步来衡量,为了达成此目的,政府应该稳步在人民之中建立合作。按照胡佛的理念,美国制度中"包含着对政府、团体以及任何阶级对侵犯他人基本自由权利的否定,……个人的权利会得到美国民主机构,亦即法庭的正当保护"②。在胡佛心中,美国的自由民主制度是完美的,在其《美国的个人主义》一书中,胡佛把自己的自由主义观点体系化为自己的政治哲学,虽然他也认为美国政治和经济不时会出现小毛病,但这无关美国制度,只要毛病相关方自愿合作,就能克服。

胡佛的政治哲学在其治国理政中,首先体现为机会均等原则。在大萧条期间 1931 年的国情咨文中,胡佛向国会提出国家复兴计划,其中就包括开展联邦公共工程提供就业机会,解决失业问题。胡佛强调,"机会均等和美国个人主义的本质是,它既要政治和社会公正,也要求经济公正"③。胡佛强调:"保持每一个人的独立和个性是进步的保证,……美国的教育制度和社会进

---

① Herbert Hoover: *The Challenge to Liberty*, New York: Scribners, 1934. pp. 3 - 5.
② Herbert Hoover. : *The Challenge to Liberty*, New York: Scribners, 1934. pp. 4 - 5.
③ 戴安娜·拉维奇:《美国读本》,林本椿等译,北京:生活·读书·新知三联书店,1995 年,第 611 - 612 页。

步都依赖于个人及其个性特质的发展。"①

其次,自愿合作是胡佛认为在大萧条期间克服危机、保护人民自由的重要途径。在胡佛看来,经济创伤只有依靠经济体内细胞即生产者和消费者自己的努力来治愈,立法行动和政府声明均无法恢复经济,相互合作会加快经济复苏进程,政府的贡献就在于鼓励自愿合作。② 1929年经济危机开始后,胡佛召集企业和金融巨头以及劳工领袖们进行会议协商,达成了企业承诺维持工资水平、劳工不罢工的"君子协议"。协议对维护大萧条初期的社会稳定、防止经济崩溃的快速蔓延发挥了一定作用。但是,胡佛这一基于自愿合作的理想化的协议,由于受到金融危机的冲击而无法长期维持,随着企业、银行的大量破产倒闭,"君子协议"也无疾而终。

最后,有限政府是胡佛自由主义政治哲学的核心所在。虽然胡佛认为政府担负保持经济繁荣和促进社会进步的重任,但杰斐逊提倡的"小政府"是胡佛追求的理想,在他看来,政府不宜直接介入经济事务,而应该"通过自由和普遍的教育,训练市场参与者,力求给他们平等的起点,政府成为监督比赛公平进行的裁判员"③。此外,政府作为一种建设性的力量,可以开展大型公共服务工程的建设(例如在亚利桑那州兴建胡佛大坝),以及开展公路等基础设施建设。同时,还可以举办教育等公益事业,在国家层面上引导和统筹各州政府不便统筹安排的事务。

---

① Herbert Hoover: *The Challenge to Liberty*, New York: Scribners, 1934. pp. 54 - 55.
② Herbert Hoover: "Annual Message to Congress", in Amold Rice ed. *Titles in the Oceana Presidential Chronology Series: Herbert Hoover*, New York: Oceana Publications Inc., 1970. p. 61.
③ Herbert Hoover: *State Papers and Other Public Writings of Herbert Hoover, 1929 - 1931*, New York: Literary licensing, 1970. p. 398.

从胡佛的著述《美国的个人主义》和《对自由的挑战》中反映的政治哲学思想，到胡佛的治国理政方略，胡佛在很多历史学家眼中就是古典自由主义的忠实信徒，无论如何都与罗斯福新政不沾边。然而胡佛总统应对大萧条，却堪称新政先驱，只不过其新政不如罗斯福新政般成效明显。例如，上文提到胡佛邀请企业界、金融界以及劳工界在"自愿"基础上达成协议，防止经济危机蔓延，而罗斯福则签署《全国工业复兴法》，以法律的强制手段，促使企业与政府合作；在兴建公共工程方面，胡佛的1.16亿美元拨款，与罗斯福时期65亿美元的开支无法相提并论；① 在财政和金融政策方面，胡佛坚持不以牺牲财政收支平衡的方式去支撑濒临崩溃的经济。

尽管亚当·斯密的"守夜人"政府理论有充分的理论支撑，也有胡佛这样的坚定的古典自由主义信仰者执政，然而在经济萧条的大背景下，胡佛也只能选择扩大政府职能，不断突破不干预思想的底线，虽然步伐不大，但毕竟迈出了脚步。复兴金融公司，就是胡佛总统为了避免银行、保险公司和部分企业破产倒闭而采取的紧急措施，政府的介入维系了摇摇欲坠的金融体系，虽然谈不上挽狂澜于既倒，但政府积极介入经济活动，则是不争的事实。难怪美国古典自由主义经济学家安德森（B. M. Anderson）认为，是胡佛开创了国家干预经济的先例，"如果政府不进行干预的话，我们也许还强健得足以经历一场有秩序的打击和危机……然而，共和党新政开始了，并导致了前所未有的危机"②。在安德森看来，胡佛已然从古典自由主义不干涉策略倒

---

① Paul Studenski & Herman Croose: *Financial History of the United States*, New York: Beard Books, 1964, p. 413.
② 转引自胡国成：《胡佛与新政》，载《世界历史》，1989 年第 4 期，第 39 – 50 页。

向凯恩斯国家干预政策。无独有偶,美国作家约翰·西斯(John Heath)在其《美利坚民族》一书中,把新政开始的时间定在胡佛时代,而不是罗斯福时期,他写道:"如果把胡佛的政策与罗斯福新政进行比较,就会明显发现,是胡佛而不是罗斯福把战胜经济危机的任务作为一项政策职责接受下来。"① 穆里·罗斯巴德(Murray Northbard)进一步指出:"如果把新政定义为政府经济计划和干预为主要手段的反危机计划,那么赫伯特·胡佛就应该被认为是新政的创始人。"②

自 19 世纪末美国进步主义运动开始,杰斐逊式的"小政府"职能就不断得到加强,古典自由主义思想关于政府不干预或少干预社会的"守夜人"政府理论开始让位于凯恩斯政府干预市场理论。1929 年开始的美国经济大萧条,给古典自由主义思想坚定信仰者胡佛带来一个不得不面对的难题:坚持古典自由主义,让市场修复危机,还是政府干预危机,挽救国家崩溃于既倒。历史的结局很明显:胡佛迈出了干预的步伐,然而古典自由主义思想的羁绊注定其步伐不足以迈过危机的鸿沟,罗斯福抛开不干预思想的约束,大刀阔斧地进行改革,最终成就了美国走向辉煌的开端。胡佛在古典自由主义与新自由主义之间的彷徨,终成历史。

五、新保守主义:古典自由主义的新生?

新保守主义的出现,是美国社会发展到一定阶段的必然。从 1929 年美国大萧条时期开始,美国自由主义思想逐渐从古典向现代过渡,其内涵最显著的变化,是"守夜人"型的小政府向

---

① Eugene Lyons: *Herbert Hoover: A Biography*, New York: Scribners, 1964, p. 250.
② Murray Northbard: *America's Great Depression*, Kansas: Ludwig Von Mises Institute, 1975, p. 168.

"全能"型的大政府的转型。现代自由主义在美国的发展,也是影响美国文化外交机制构建与策略实施的重要方面,本书将在本章下一节专门讨论。现代自由主义在20世纪60年代发展到高潮,其内涵再次出现转向。约翰逊总统时期提出建设"伟大社会"的目标,认为美国将"不停地生成、尝试、探索、起伏、休整、再尝试,但只要一直在尝试,就总会有收获"①。"伟大社会"本质上是想改变美国,把美国建设成福利社会,由政府保障每一位美国公民的基本生活。然而,从政治上看,福利政策的制定和颁布,使权力高度集中到联邦政府,执行和监督福利项目又造就了庞大的官僚机构,这使很多对权力保持警惕的美国人很不适应,认为不断膨胀的政府就是一个祸害。从社会心理上看,"伟大社会"的建设是基于"受惠者自觉"原则,政府希望受助者在接受政府福利帮助后,重新投入社会竞争,然而事实上,大规模的福利项目使一些人无法拒绝福利诱惑,受惠后不想脱贫的人不在少数。按照美国相关机构统计,2011年美国领取食品券的人数达到4 400万人②,占美国两亿多人口的几乎四分之一,比例不可谓小。更有少数人为了申请福利,不惜遗弃妻儿,也有少数少女未婚生子……福利制度事实上已经影响了美国人的社会心理,颠覆了传统的工作伦理和价值观。本来是为实现社会公正的福利制度,却造成了新的不公。最后,经济上的困境使建设"伟大社会"遇到现实困难。第二次世界大战结束后美国经济发展如日中天,到20世纪60年代美国卷入越南战争后有逐渐停滞的趋势,中东战争导致的石油危机和美国70年代的经济滞胀,

---

① 林登·约翰逊:《就职演说》,载李剑鸣等编《美利坚合众国总统就职演说全集》,天津:天津人民出版社,1996年,第412-413页。
② 朱春奎:《美国食品券项目的历史发展与营运管理》,载《南京社会科学》,2012年第7期,第73-80页。

The Role of the Government: A Liberalism Perspective on American Cultural Diplomacy
中华文化走出去背景下美国对外文化交流中的政府角色研究

都使古典自由主义思想影响下的美国人开始怀疑：政府是否真有能力驾驭经济？干预市场经济是否有违经济运行基本规律？"伟大社会"是否真的切实可行？

新保守主义出现，也是美国保守主义传统使然。美国的保守主义与欧洲的保守主义有着本质区别。欧洲的保守主义是在资产阶级革命时期，力图保护旧的封建体制和社会制度，抵御社会变革。美国的保守主义，如果说是一种传统的话，则是对自由主义思想的捍卫，在自由主义成为主流思想之后，维护自由主义则成为保守。比如建国初期的汉密尔顿与杰斐逊之争，虽然二者对政府职能的强弱存在不同意见，但双方都不反对尊重个人自由和立宪民主；美国南北战争时期，南方虽然力主维持奴隶制，但也不反对契约论与人民民主；在艾森豪威尔总统与种族主义的争端中，种族主义者是保守派，但也接受宪法第十三、十四和十五修正案，反对奴隶制并维护所有公民个人权利；在新保守主义的代表人物罗纳德·里根总统（Ronald Reagan）与民主党的争端中，里根代表保守，主张自由主义经济，但他也不完全反对政府干预经济，只是对干预程度的认识不同而已。正如美国历史学家小施莱辛格所指出的那样，美国自由主义与保守主义"主要区别在对政府作用的态度上，保守的汉密尔顿和约翰·昆西·亚当斯和自由主义的富兰克林·罗斯福一致同意提倡政府指导经济，而自由主义的杰斐逊和保守的胡佛都希望限制政府的权力"①。

新保守主义的基本主张，就是放弃过去扩大联邦政府权力的做法，让中央政府的权力回到各州和地方政府。1968 年当选总统的尼克松，敏锐地感到社会对政府左倾的不满，提出"法律和

---

① Arthur Schlesinger, Jr. and Russell Kirk: "Conservative vs. Liberal—A Debate", in *The New York Times Magazine*, March 4, 1956, p. 58.

秩序"口号，开始修正罗斯福新政以来民主党政府的路线。在经济上，尼克松将联邦税收部分返还州政府，同时开始削减福利开支，虽然尼克松任期内政府福利开支由于既得利益等原因不仅没有降低反而有所上升，但尼克松开启了受惠者摆脱福利、自食其力的努力。在法律上，美国最高法院过去支持妇女堕胎权、支持校车接送学生以实现种族融合以及宣布学校进行宗教祈祷违宪，这些都符合民主党自由主义政策。尼克松通过任命温和派甚至保守派法官接替即将退休的法官，有效减小了保守主义政策可能会遭遇的法律障碍。

如果说胡佛是新政的前奏者，尼克松则是新保守主义的探路人，而里根总统的新保守主义就是现代自由主义向古典自由主义的复归。里根总统认为美国最伟大之处就在于不受政府干预的自由，其执政理念就是要继承尼克松的基本政策，扭转罗斯福以来扩大联邦政府权力的趋势，注重市场经济和自由企业，同时建设强大的国防。这一时期，新保守主义逐渐成为美国主流思潮，不少学者担心美国的福利制度与经济管制会摧毁个人自由，在自由与权威的天平上更倾向自由，相信自由市场对人类生存、发展和自由的极端重要性，主张不干预或少干预市场的自由运行。此外，新保守主义也成为一股学术文化思潮，在新保守主义者眼里，激进主义和乌托邦都不可取，在古典自由主义基础上建立起来的社会不仅最有效率、最为繁荣，而且道德上优于其他社会。新保守主义实际上发展了古典自由主义，在继承古典自由主义"个人主义、自由市场和小政府"的基础上，融入了现代条件。在这方面，哈耶克为新保守主义做出了理论上的贡献，并对美国社会和美国经济产生了深刻影响。

第三节 新自由主义:政府角色的强化

在不同历史时期,自由主义的内涵不断变化,古典自由主义与新自由主义在围绕如何实现个人自由和社会公平的国家角色定位上,主张大相径庭。杰斐逊主张"小政府大社会"理念,随着罗斯福新政期间政府职能的不断扩大,"大政府小社会"成为社会的现实,政府对社会事务的介入在20世纪60年代达到极致,自由主义在"左"的道路上疾驰。虽然里根总统的新保守主义希望回归密尔倡导的政府有限干预理论,古典自由主义"弱政府"与现代自由主义"强政府"主张之间的交锋,使美国倡导自由、弱化政府管理与强化政府职权的呼声和实际运作同时存在。

一、古典自由主义的终结

南北战争的结束为美国北方工业发展在体制和资源上扫清了障碍,同时,南方的战后重建也为美国资本主义发展拓宽了市场。19世纪80年代,美国的国民生产总值超过英国,成为世界第一。① 然而,经济的发展除了带来经济自身的问题,例如经济层面上的垄断资本、经济危机,也带来了社会层面上的物质至上和拜金主义,以及政治层面上的政党分肥和寡头政治。19世纪末20世纪初的美国社会,社会矛盾不断激化,工人罢工此起彼伏,劳资争端司空见惯。

在面对这一系列问题时,古典自由主义"守夜人"型小政府试图继续以放任自由的方式固守美国体制,为财富的现状辩

---

① 王晓德:《美国文化与外交》,天津:天津教育出版社,2008年,第206页。

护。"守夜人"政府的提出可以追溯到斯密,而斯宾塞以社会达尔文主义为理论基础的关于政府与社会的思想,对美国在19世纪末坚持古典自由主义影响深远。按照斯宾塞的观点,最大限度地维护个人自由、满足个人利益,不仅是为了维护社会的稳定,也是社会这个有机体进化的目标。因此,在个人发展优先的情况下,社会生活中的团体活动就应该以个人为中心,而在这样的社会活动中"物竞天择、适者生存"的法则是普遍规律。人们为了适应环境就必须具备必要的竞争能力,而个人自由正是实现这种竞争能力的必要条件。虽然社会中强者更强、弱者被消灭的现象似乎残酷无情,但却有利于社会发展。相对于个人以及具有天然分工和有机发展的社会,国家只是一个外在强制机构,国家的发展是跟不上社会发展的,因此国家对社会的干预结果通常是破坏性的。①

斯宾塞和亚当·斯密的学说在19世纪末的美国社会仍然受到一些学者的推崇,以威廉·萨姆纳(William Samner)为代表的社会学家结合新教伦理、进化论和经济学,认为移民来到新大陆就是一个奋斗的历程,只要具备新教伦理所提倡的勤劳、节俭和崇尚美德的精神,就有希望在社会竞争中获取胜利。而在个人自由和平等方面,人们有两种选择:要么自由、不平等、适者生存,要么不自由、平等、不适者生存。前一种选择可以使社会进步,有利于个人发展;而后一种选择则使社会倒退,促进个人慵懒,不利于社会良好氛围的培育。因此,萨姆纳反对国家权力干涉社会发展和市场经济。基于此,不少美国人也反对政府的福利政策,认为福利政策就是把美国富有人的一部分财产送给穷人,而穷人在这部分美国人眼中,要么能力欠缺,要么懒惰。此外,

---

① 顾肃:《自由主义基本理念》,南京:译林出版社,2013年,第356—362页。

政府福利政策对财富的重新分配客观上会促使一部分人对政府产生依赖,从而使更多下层社会的人们陷于贫困。因此,中央权威以及国家大包大揽并不能促进社会问题的有效解决。①

但是,美国社会的发展使古典自由主义"守夜人"型的政府愈加缺少存在的依据。首先,在思想基础上,社会达尔文主义和自由放任策略遭到越来越多的质疑。早在1883年,有学者就撰文指出:"如果生物进化被看作是自然的,那么社会进步则是人为的。自然选择是生物学的根本原则,人类自主选择是社会学的根本原则。如果说淘汰弱者是自然界进化的方式,保护弱者则是人类社会发展的表征。"② 在哲学上,实用主义哲学认为个人的努力决定了成败,但是人类并非如社会达尔文主义所认为的只能适应环境,人们也可以改造环境。在宗教上,"社会福音运动"旨在消除资本主义垄断带来的社会弊端,维护社会公正,认为不同阶层应该充分合作,政府也应该介入社会生活,"基督教并不认为放任自由是恰当的,也不认为完美的国家是自然法则和放任竞争的产物"③。福音派的激进人士甚至认为,只有通过革命才能解决社会问题。这个"革命"很明显直接指向古典自由主义,希望政府有所作为。

其次,经济的发展促使社会发出呼声,要求政府维护社会公平。内战结束后,美国城市人口不断增加,至1910年城市人口数量接近总人口的50%,美国公民财富总值大幅上升。然而财富的增加非但没有消除社会贫困,反而造成更多社会问题。垄断

---

① Richard Hofstadter: *Social Darwinism in American Thought*, Boston: Beacon Press, 1955, p. 57.
② Richard Hofstadter: *Social Darwinism in American Thought*, Boston: Beacon Press, 1955, p. 79.
③ Richard Hofstadter: *Social Darwinism in American Thought*, Boston: Beacon Press, 1955, p. 108.

组织迅速增加，使大批中小企业破产倒闭。据统计，1899年垄断组织占据美国制造业的三分之一，全国铁路网被六大铁路公司控制，1%的美国人占有了全国一半的财富。而与此同时，大量移民和黑人生活贫困，仅纽约就有超过50万人居住条件恶劣。据美国著名社会活动家罗伯特·亨特（Robert Hunt）估计，在世纪之交，美国有大约1 000万人处于贫困状态。① 贫困状况的出现引发社会动荡，19世纪最后二十年，美国工人运动此起彼伏。例如1886年5月1日大游行，催生了国际五一劳动节，同时也引发了当时的秣市惨案，此外还有美国钢铁工人大罢工等。垄断破坏了中小企业的生存空间，妨碍了个人自由的发展，反对托拉斯、维护社会公平竞争进入美国政府议程，1890年国会通过谢尔曼反托拉斯法，成为政府干预经济的重要标志之一，也预示着古典自由主义思想的逐渐消亡。

第三，美国社会各阶层对古典自由主义思想下的社会现状不满。美国中产阶级一直是国内政治举足轻重的力量。内战后，中产阶级人数随着经济发展，在总人口中的比例也不断增加，1870年至1910年，美国人口增长两倍，而中产阶级人口增长八倍。出于社会责任感，更出于对自身经济利益和社会地位的考量，中产阶级对工业化带来的反人性现象给予批判，对由政党党魁操纵的政党政治强烈不满。19世纪70年代开始，美国相继发生文官改革运动、共和党脱离派运动、自由共和党运动以及黑幕揭发运动，社会改革呼声高涨。中产阶级要求在经济上限制垄断，加强联邦政府的监督和管理，保障社会机会均等。中产阶级的作用，正如历史学家霍夫斯塔特（Hofstadter）所评论的，"进步主义有别于人民党主义的是城市中产阶级不但参加了反抗潮流，而且担

---

① Frederic Lewis Allen: *The Big Change*, New York: Transaction Publishers, 1993, p. 4.

负起领导责任"①。即便是垄断阶层,部分有识之士也逐渐认识到垄断带来的政治腐败、经济混乱和贫富分化等问题将最终危及自身统治,因此进行改革不仅必要,而且必须。洛克菲勒(Rockefeller)就主动提出国会制定《全国公司法》,规范公司行为,同时允许联邦政府监督公司运行,包括金融行为和资金运用。尽管垄断资产阶级中的自由派呼吁改革的目的是维护自身利益,但正如西奥多·罗斯福所言:"我们努力的目的是希望拯救本国的富人以及追随者免于毁灭……我的希望就是为我们的后代保留我们曾经拥有过的机会、自由、和平、正义和秩序。"② 以罗斯福为代表的改良派对社会现状的认识,使联邦政府在全国范围内进行改革成为可能。以美国工人阶级为代表的中下阶层也是呼吁政府保障自由平等的主力军。1886年,美国劳工联合会成立,会员在1904年发展到167万人③。1900年,劳联领导成员加入美国大企业家组织"美国公民联盟",通过与资产阶级自由派合作,共同为维护劳资双方利益立法。1905年,世界产业工人联合会成立,随后全国农民联盟和美国平等协会等组织相继成立。这些组织均要求联邦政府解决贫困问题,改善生活条件,公平分配社会财富。各阶层的呼声为古典自由主义所倡导的政府不干涉社会经济的政策施加了强大压力。

最后,美国的政治现实要求"新政"。在工业化时代初期,物质生活的丰富与政治道德蜕化的现象在美国十分突出,具体表现为政治被金钱操控,民主制度扭曲,资产阶级民主政治制度受到威胁,国家政治集体遭受侵蚀。两大政党均由党魁们操纵,

---

① Richard Hofstadter: *The Age of Reform*, New York: Vintage, 1955, p. 131.
② Frederic Lewis Allen: *The Big Change*, New York: Transaction Publishers, 1993, p. 31.
③ 阿瑟·林克:《1900年以来的美国史》,刘绪贻等译,北京:中国社会科学出版社,1983年,第48页。

"分肥制"成为政党政治的顽疾。在分肥制下,国会成为政党的玩物,而政党又成为垄断资本的代言人。垄断资本家们不仅通过政党左右选举,在政府机构安插亲信,支配政府内政外交,而且通过收买国会参众两院议员,实现自身利益。就连威尔逊总统也认为"政党核心会议的代表成了我国政府的理事",总统也成了国会的仆人。① 同时,美国市政议会也处在两党政治控制之下,党魁控制下的政府使城市代议制形同虚设。面对政治腐败、经济秩序混乱和社会骚动,古典自由主义下的政府管理体制在美国已经走到了尽头,下一步何去何从,20世纪初的美国走到了变革的关头。

二、新国家主义与新自由

20世纪20年代末,包括美国在内的整个资本主义世界陷入危机,社会对平等的呼声使个人自由退居次要地位,古典自由主义以放任自由应对经济危机的乏力以及社会达尔文主义带来的社会不公,呼吁政府积极介入社会乱象,维护社会的正义与公平。在德国,国家社会主义工人党的强势导致国家主义演变为法西斯主义,把欧洲推向战争的深渊,给世界人民生命和财产带来巨大损失。在美国,民众对大萧条带来的社会危机充满了失望。然而,美国自由主义对德国的集权政治以及苏联的社会主义公有体制并不认可。建国时期汉密尔顿理想中的强势中央政府结合杰斐逊的民主,成为美国的选择,而西奥多·罗斯福的新国家主义以及威尔逊的新自由成为美国从古典自由主义放任自由向现代自由主义强化政府职能过渡的开端。相比古典自由主义,新国家主义

---

① 伍德罗·威尔逊:《国会政体》,熊希龄等译,北京:商务印书馆,1986年,第169页。

赋予国家更多的职能；相比社会主义，新国家主义继续维持对个人财产的尊重，反对公有制。具体来说，新国家主义从以下四个方面对古典自由主义进行了修正。

首先，政治上，在尊崇民主的同时，赋予政府更多的职能。在民主制度建设方面，新国家主义主张通过直接初选制、复决权、罢免权、给予妇女投票权以及直接选举参议员等一系列民主机制，在扩大公民参政权的同时，也使适度集权的政府机构处于民众监督之下，使其能够聚焦于民众的福祉和社会的福利。在政府权力方面，主张强化政府职能部门的权力，并组建相对稳定的政府管理层人员，实施文官管理制度，政府官员不随总统选举的变迁影响，拥有更长期的任职期限和相应的权力，从而形成由专家精英组成的领导集团。这些领导集团成员不仅对国家的法律制度体系负责，更是对公民舆论和社会负责。他们不仅是公众舆论的代理人，也是公众舆论的鼓舞者。长效文官体制的建立使政府集中更多权力成为一种可能并进而成为一种必然。正如美国学者古德诺所言："如果我们想在美国获得民治政府和高效的行政管理，一个适度集权的行政体系是必须的。这种体制会减少党的工作量，因为它会把党的工作移交给政府，这就会使政府更加负责，因为它要求公开地工作，从而保证了公众的控制。"①

其次，在经济上实行国家调控。随着19世纪中后期开始的经济发展，托拉斯垄断集团逐渐形成，中小企业在技术资金不对称的情况下纷纷被兼并，经济的集中化趋势十分明显，古典自由主义关于借由个人权利的自由行使而带来的社会福祉的放任自由政策已经不能适应国家发展。1890年美国向西发展的边疆关闭、

---

① 弗兰克·古德诺：《政治与行政》，王元等译，北京：华夏出版社，1987年，第136-137页。

欧洲移民的不断涌入、资源的不断减少以及经济危机的周期发生,都促使过去关于"生活中的好事情在民众中的自由分配"成为往事。① 继1890年美国国会通过《谢尔曼反托拉斯法》之后,罗斯福提出对联邦和各州的职权做出调整,剥夺各州对经济的控制权,州、市、镇管理公共事务,而对经济的调控权收归联邦政府所有,同时征收联邦遗产税,通过税收重新分配国家财富,缓和贫富悬殊的情况。

再次,在塑造国家精神方面,新国家主义力图在工业化的美国创造一种类似于古希腊或古罗马时期的公民精神,培育人民的公共意识和对国家利益的认知。正如新国家主义思想提出者克罗利所言:"现代民主社会是世界上的新生事物,我们开始时只能模糊预见其潜力,一个不断发展的社会要更好地运作的话,其成员就要紧密地结合在某种占主导的传统之下,现代民主社会才能实现。"②

最后,也是最重要的,新国家主义的核心是国家,国家利益高于党派、阶层和个人利益。联邦政府为了国家和社会的整体利益,需要干预经济和规范经济运行,在此过程中,对一些矛盾的处理需要在体现自由主义思想的同时,突出国家利益与保护个人自由的基本和谐。第一个矛盾是人权和产权的矛盾。按照罗斯福的想法,劳动先于资本,应该优先考虑,因此要保护人权。但是财产是劳动成果,因此资本也需要受到保护,在维护人权与产权的问题上,人权优先。第二个矛盾是平等与特权的关系。新国家主义思想认为,机会平等意味着每个人都获得充分发展的机会,

---

① Charles Forcey: *The Crossroads of Liberalism: Croly, Weyl, Lippmann, and the Progressive Era, 1900-1925*, New York: Oxford University Press, 1961, p. 29.

② Charles Forcey: *The Crossroads of Liberalism: Croly, Weyl, Lippmann, and the Progressive Era, 1900-1925*, New York: Oxford University Press, 1961, p. 24.

这种机会既不受益于特权,也不为特权所妨碍,为保证公众机会均等就必须摧毁特权者拥有的特权,因为这些特权者进行钱权交易并渗入政治领域就会给社会与国家带来危害。第三个矛盾是特殊利益与特权的关系。① 罗斯福的新国家主义认为每一项特殊利益都有权利获得公正的待遇,但它不能享受特权,应该反对不正当特权获得利益,而不应该反对财产本身,对财富应该控制而不是禁止,正如罗斯福本人1902年对国会所说,大型公司"是现代工业发展不可避免的产物,取消这些公司的任何努力都会徒劳无益……我们要反对的是不当行动而不是财富"②。因此,政府有必要对资本加以控制,通过对高收入者加税的方式,干预社会公平,保证机会均等。

尽管罗斯福致力于推动社会进步,保证社会自由平等,然而,在美国历史学家理查德·霍夫斯塔特看来,罗斯福本质上还是"充当进步派的保守派",因为在罗斯福看来,新国家主义的改革举措并非是为了彻底根除托拉斯垄断组织,而是为了缓和社会激烈的矛盾和冲突,避免革命的发生。在罗斯福看来,托拉斯的力量如果超过国家的实力,必将损害美国社会所追求的自由、民主与平等,因此,联邦政府阻碍托拉斯的肆意发展就是保护民生,维护国家利益。但是,西奥多·罗斯福在1912年的总统大选中惜败威尔逊,其提升联邦政府权力的新国家主义也必然让位于威尔逊的新自由。

威尔逊提出的"新自由"政纲,在联邦政府干预经济、反对托拉斯方面,与罗斯福新国家主义有异曲同工之处。在面对选

---

① 钱满素:《美国自由主义的历史变迁》,北京:生活·读书·新知三联书店,2006年,第77-78页。
② 理查德·霍夫斯塔特:《美国政治传统及其缔造者》,崔永禄等译,北京:商务印书馆,2012年,第268页。

民时，威尔逊认为美国的情况是法律体系不能防止弱肉强食，社会中优秀的劳动者和新兴的中小企业正在不断受到垄断的挤压，美国信念中实现美国梦的成功大道正在把越来越多的中产阶级吞噬掉，而这一结果的原因"不是自由竞争，而是不正当竞争"。因此，美国需要的是一套完整的法律体系，以保护那些正在努力进取的人，而不是那些已经发迹的人。威尔逊认为罗斯福与托拉斯沆瀣一气，"罗斯福计划"之下的政府与企业之间权力和利益盘根错节，"我发现他们的主张原来是这样：主人将有两个，一个是大公司，在它之上是美国政府；那么我要问谁是美国政府的主宰者？现在它已经有了一个主宰者，这就是那些联合起来控制垄断企业的人"①。

新自由在本质上类似于杰斐逊的民主，是兼顾农业工人、劳工和中产阶级的利益，制止大资本剥削、财富集中以及垄断集团凌驾于国家政治之上的一次努力。按照社会主义学者沃尔特·李普曼（Lippmann）的说法，新自由的内涵就是小工商业者和农场主在政府支持下对大工业的一场反制，新自由并不支持以社会主义方式实现财富的平均，也不赞成傅立叶式的共产集体生活。因此，虽然威尔逊政府职能得到强化并逐渐脱离亚当·斯密所提倡的"守夜人"型政府，但其本质仍然是自由主义的。威尔逊注意到了20世纪初社会的巨大变化，资产阶级古典自由下的小生产者快速地被大工业吞噬，他们中很多人的身份也由过去的自主雇佣者转变为大工厂的雇员，与过去开国先贤们更多地关注限制政府权力，以避免损害公民和社会利益不同，在新形势下，复杂的社会生活使过去管得最少的政府就是最好的政府的理念已经不

---

① 理查德·霍夫斯塔特：《美国政治传统及其缔造者》，崔永禄等译，北京：商务印书馆，2012年，第305-306页。

能保证社会公正，立法保护资本有限的创业者和社会公众，为他们创造公平的环境和均等的机会，就是威尔逊的新自由。但是，新国家主义与新自由在维持经济发展、维护社会公正和安定这一本质上非常相近，要区分两者的差异，实在不是容易的事。从新国家主义的名称上看，罗斯福更强调维护国家利益，而威尔逊的新自由则强调法律体系下的自由竞争；罗斯福的新国家主义更强调联邦政府的集权，而威尔逊新自由则意在维护中小资本与大资本竞争的自由环境。为达成目的，两者在扩大政府的职权这一点上，基本走向是一致的。

三、偏左的自由主义：从罗斯福到约翰逊

如果说新国家主义与新自由开启了国家干预经济和干预社会的大门，罗斯福新政则彻底抛弃了亚当·斯密的"守夜人"型"小政府"，而这一切都源自1929年经济大萧条对美国社会的巨大冲击。罗斯福1933年执政后，为了迅速扭转经济危机，敦促国会连续通过了若干法律，这些法律涉及政治、经济、社会以及生活的方方面面，通过政府对社会的强力干预，重振金融秩序和社会秩序。在随后的几年时间里，政府的各类机构为配合法律的执行而不断建立，联邦政府在不断扩大自身规模、完成政府职能转变的同时，也在两个方面从内涵上改变了古典自由主义：一是改变了古典自由主义因担心政府损害公众利益而限权的思想，联邦政府开始大规模干预社会事务和经济；二是新政开启了社会主义式的社会福利制度，政府开始承担社会保障责任，罗斯福明确提出：

    政府应当关心并使那些愿意工作的人有事可做。让人民免于挨饿，有房子住，生活过得不错，有适当的教

育水平，这些是政府关心的事。除了这些以外，另一件没有提到的事是，保护个人的生命和自由不受社会上那些企图以牺牲别人的利益而取得荣华富贵的人们之害。他们同别人一样有权受到政府的保护。①

罗斯福新政的社会保障措施赢得了民众的广泛支持，也使美国在走出大萧条泥潭的同时，自由主义思想向左倾斜。究其原因，大萧条造成的社会恐慌固然是新政成为可能的根本因素，美国社会的实用主义精神以及灵活的社会等级变化环境，使美国人避免了阶级猜疑和民族仇恨，成为美国避免走上法西斯德国极端政治路线的必要保证。

尽管在以胡佛总统为代表的保守派眼里，罗斯福新政骨子里是玩弄社会主义，但新政的精髓仍然是自由主义。首先，罗斯福本人崇尚自由主义，而不是社会主义，其对自由主义的基本定义就是深信人的尊严以及让社会能够保障最大多数成员充分发挥潜力。② 其次，联邦政府虽然全面干预经济，但从来没有把私有企业国有化，自由竞争和市场经济的原则没有受到威胁。再次，罗斯福没有利用大萧条的绝佳时机，如希特勒般实施独裁，即便美国民众当时对罗斯福极度崇拜。最后，宪法体系下的美国，仍然基于社会契约论的三权分立，自由体制保障了自由主义社会没有发生根本性变化。但是，罗斯福在挽救美国于深重经济危机的同时，也深刻地改变了自由主义的内涵。从罗斯福新政开始，自由主义从古典时期进入现代阶段，放任自由逐渐被政府干预取代，

---

① 詹姆斯·伯恩斯：《罗斯福传》，孙天义译，北京：商务印书馆，1995年，第275－276页。
② William Gerber: *American Liberalism: Laudable End, Controversial Means*, Lanham: University Press of America, 1975, p. 114.

自由主义的思想变得愈加复杂和难以驾驭。

从20世纪30年代新政开始，一直到60年代末，自由主义在左的道路上疾驰。作为新政的延续，杜鲁门总统与艾森豪威尔总统继续执行联邦政府扩大福利的政策，及至50年代开始的民权运动和60年代的反越战运动，美国民众在对自由、民主和平等期许的同时，也把对联邦政府扩大保障社会的希望提升到高点。道德的升华辅之以美国第二次世界大战后强大的国力，最终催生出约翰逊总统的"伟大社会计划"，提出救助贫困人口和保障公众福利的政策，这一举措产生了庞大的开支。在国家实施福利制度的同时，大量政府机构得以建立，政府机构变得愈加臃肿，官僚体系冗杂不堪。与罗斯福新政为了解决经济萧条的紧迫形势不同，"伟大社会计划"抛弃了新政以工代赈的非福利救助措施，代之以保障美国人生活水准的全面福利政策。美国食品券制度就是这个时期的产物。

然而，"伟大社会计划"从其一开始提出，就争议不断。首先是庞大的国家开支使"伟大社会计划"难以持续。虽然惠及民众的福利很难让人拒绝，政客也不敢以牺牲选票为代价否决名目繁多的福利项目，但联邦政府陷入收支无法平衡的窘境，难以兑现福利的承诺。其次，福利政策的实施使权力高度集中到联邦政府，这就完全违背了自由主义限制政府权力的思想。最后，"伟大社会"改变了社会心理，相当多的社会公众过去视领取福利为耻的态度，在福利社会下，转变为心安理得地接受，清教传统中勤劳节俭的美德被好逸恶劳颠覆。及至尼克松当选总统，提出新联邦主义的岁收分享计划，使联邦权力重新回到州政府和地方政府，才发现自由主义内涵变化的剧烈程度，但想重新回到杰斐逊"最小政府"时代，已经是不可能了。

第四节　政府与思想自由

1791年通过的美国宪法第一修正案的核心是确保言论与出版自由。在美国建国初期，联邦党人并不赞成宪法增加包括第一修正案在内的《权利法案》。迫于压力通过后，又积极利用出版自由渲染一个强大中央政府的合理性。而民主共和党则希望民众获得更多言论权以实现"小政府、大社会"的宿愿。第一修正案成为两党实现自己政治主张的工具。两党对政府角色的不同主张成为贯穿美国历史的论争焦点，而自由主义思想关于政府在实现平等与自由过程中扮演的不同角色的论述，成为两党政治论争的出发点。然而，无论是早期的联邦党、民主共和党，还是后来的民主党共和党，政党政治的基本出发点是立足本党政治主张，最大化国家利益。从这一出发点来看，宪法第一修正案只是两党维护国家利益的工具之一。

一、宪法第一修正案：政党政治与政府角色

美国建国之初，国内并无正式组建成立的政党，支持通过联邦宪法、建立强大中央政府的人士被统称为联邦党，支持州权的被称为反联邦党。杰斐逊与汉密尔顿争端激化后，杰斐逊组建民主共和党，美国的政党政治才算拉开帷幕。在联邦宪法经各州通过后，《权利法案》成为各方关注的焦点。以汉密尔顿为代表的联邦党，基于两点理由，并不同意在宪法中增加《权利法案》。第一，联邦党人认为，宪法中已经包含了《权利法案》的相关内容，例如宪法第一章第九节第二条规定"除非在内部叛乱或外敌入侵的情况下，出于公共安全的需要，否则人身保护令的特权不得中止"，同一节第三条规定"不得通过任何剥夺公民权的法

案，否则人身保护令的特权不得中止"。① 此外，除了联邦宪法包括《权利法案》的相关内容，各州的州宪法也有更加具体的相关条文。例如，《弗吉尼亚州权利宣言》除了重申"人人生而平等，造物主赋予他们不可剥夺的权利，包括生命权、自由权和追求幸福的权利"之外，第十二条规定，"出版自由是自由的伟大保障之一，绝对不能予以限制"，第十六条规定，"宗教，或我们对造物主承担的义务和履行这一义务的方式，只能通过理性和信念，不能通过武力和暴力"。② 因此，在联邦宪法和各州宪法都有相关规定的情况下，联邦宪法再增加《权利法案》并无必要。第二，汉密尔顿认为，《权利法案》是英国法制体系的遗物，其本质是削弱王权，避免王权对言论自由的迫害。而美国宪法是基于人民权利，是人民选出的代表推行宪法，从这个意义上来说，美国人民并没有放弃任何权利，也就没有必要以《权利法案》的方式重申其权利。"我们，美利坚合众国全体人民，为了捍卫我们以及子孙后代的天赐自由，特制定颁布此美利坚合众国宪法。"这句话充分表明了人民的自由，承认了人民的权利。另外，联邦党人也认为，《权利法案》对政府权力的限制反而会给政府提供借口，使政府有可能要求其他宪法没有授予政府的权力。政府本来就无权做的事，例如政府没有被授权限制言论和出版自由，就没有必要以法律的方式说"不得限制言论和出版自由"，因为这样做，就会使阴谋篡权的人获得借口，去要求这些权力。具体到出版自由，汉密尔顿认为，不论宪法中做出怎样的保证以保障出版自由，都必须依靠公共舆论，以及人民和政府的

---

① 汉密尔顿等：《联邦党人文集》，杨颖玥等译，北京：中国青年出版社，2014年，第457页。
② 邱小平：《表达自由——美国宪法第一修正案研究》，北京：北京大学出版社，2005年，第2-3页。

普遍精神。①

与联邦党人的主张相反,杰斐逊坚决支持在宪法中增加《权利法案》,因为以出版自由和宗教自由为主要内容的《权利法案》可以保障人民对抗州政府和联邦政府。针对联邦党人认为宪法已经体现了对人民权利的承认和保护,杰斐逊认为,联邦宪法明确了美国政体,建立起了立法、司法和行政三权分立的国家体系,《权利法案》能够进一步使美国人民免遭立法和行政部门滥用职权的危害。即便人民不能完全享有他们应该享有的权利,《权利法案》的存在也比没有明确的法律规定要强很多。此外,《权利法案》作为国家宪法的重要组成部分,也是美国司法的一项原则性意见,成为中央政府或各州政府在裁判反对意见时的一项原则依据,也成为司法部门进行司法制衡的根据。最后,权利法案在执行时可能出现效率低下的问题,而且政府在履行自己职能过程中有可能妨碍《权利法案》的执行。杰斐逊认为,上述问题不是可持续问题,可以不断得到修正,如果没有《权利法案》,则将会是持久问题。

根据各州提供的宪法修正案意见,美国国会于1791年通过了联邦宪法修正案第一至第十条,其中第一条就是关于不应拒绝或剥夺给予人民的言论权、写作权和表达自由的权利。美国宪法之父麦迪逊在解释第一修正案与英国《权利法案》的根本性不同时特别指出,英国《权利法案》只不过是反对王室的屏障,议会并没有明确的权力,而出版自由、言论自由和信仰自由在美国宪法修正案中得到了绝对的明确。

从独立战争后期开始,以新宪法建立联邦取代效率低下的邦

---

① 汉密尔顿等:《联邦党人文集》,杨颖玥等译,北京:中国青年出版社,2014年,第457-458页。

联的讨论的热度不断上升。报刊和书籍因为不断呈现联邦党人和反联邦党人的观点并且影响公众意见,而越来越受到各方重视。政治领袖们也认识到在报刊上发表文章可以影响舆论,从而对政策的实施产生促进作用。联邦党人以汉密尔顿、麦迪逊和杰伊为代表,以"帕布里斯"(Publius)的名义在《独立新闻报》(Independent Journal)上陆续发表了 85 篇文章,并最终集结成册,成为美国历史上的重要文献《联邦党人文集》。这 85 篇文章通过讨论外国势力的危险,各成员国不合的危险,联邦防止国内分裂与动乱的作用,邦联不足以维持合众国,驳限制国会国防权利、联邦征税权,新宪法草案授予联邦政府的权力,三权分立彼此制约,联邦与各成员国权力的限制,众议院及众议院的议席数量,参议院及其权力,总统的选举方式、任期和权力以及司法部门的权力分配等问题,完整系统地阐释了美国宪法的核心内容以及一个强大的中央政府的必要性。就连杰斐逊也认为,通过这一系列文章,汉密尔顿等联邦党人制定了曾经被称为政府准则的最佳解说词。

汉密尔顿领导的联邦党人与杰斐逊为首的反联邦党人,都试图争取公众舆论支持各自的政府理论,而报纸成为两派力量争取公众支持的重要手段。新闻媒体在美国开始成为服务党派政治的重要工具,在两派力量的唇枪舌战中,出版自由就显得尤为重要。在联邦派一边,1789 年创刊的《美国公报》(Gazette of the United States)公开承认自身是政府报刊,并致力于把报纸办成"一个对联邦所有区域传播有关消息、政治及各类信息的公平而独立的全国性传达者"。而实现这一目的的重要方法之一则是"通过几位卓越文人的支持,其工作将为优秀流派的作品带来名誉",这里提到的文人,就是汉密尔顿与副总统亚当斯。① 主编约翰·芬诺(John Fenno)也撰文指出:"只要宪法的原则是神圣的,同时人民的权利与自由被当局保护而不受侵犯,报纸就会努力成为使人民喜爱政府的爱国主义机构。"②

在汉密尔顿创建《美国公报》的同时,在杰斐逊的帮助下,《国民公报》(National Gazette)创刊,并成为《美国公报》的竞争对手。双方开始以报刊为阵地,就国家政策方针展开唇枪舌战。例如,针对政府是否需要建立新闻审查制度,杰斐逊认为,虽然任何政府都会设立新闻审查机构,而有新闻出版自由的地方,人民都不喜欢新闻审查,由于《国民公报》的努力,报纸在经历了其他任何出版物不曾经历的新闻审查后,已经将宪法从迅速滑向君主制的可能性中解放出来。③ 很显然,杰斐逊将联邦党人所反对的出版自由作为攻击目标,因为在杰斐逊看来,政府的基础是舆论,政府的首要目标是保证民众的这项权利。也正是基于此,在一个没有报纸的政府以及没有政府的报纸之间做选择的话,杰斐逊宁愿选择后者。可以说,杰斐逊及民主共和党人对出版自由的维护态度,与英国自由主义思想家弥尔顿的观点一脉相承。按照弥尔顿的观点,国家和社会的目的就是坚持以个人为中心,个人具有独立的意志和明辨是非的能力,可以通过自由言论与出版自由表达自己的想法,并最终赢得真理。基于此,人的自由,就是国家和社会的根本目的,对于个人的自由,国家和社会应该维护,而不是粗暴干涉。尽管如此,杰斐逊也认为,包括

---

① 维拉德·布莱雅:《美国新闻事业史》,王海等译,北京:北京师范大学出版社,2014年,第82-83页。
② John Fenno: *Gazette of the United States*, April 27, 1791, p. 1.
③ 维拉德·布莱雅:《美国新闻事业史》,王海等译,北京:北京师范大学出版社,2014年,第87页。

政府官员和社会名流在内的所有人士，在接受新闻监督的同时，也不能恶意中伤他人，需要州政府的法律对此加以约束。

二、杰斐逊与汉密尔顿之争：自由主义思想的基础

从《独立宣言》中不难发现，杰斐逊思想源自洛克的自然权利观，而自然权利学说则可以追溯到古希腊斯多葛学派。斯多葛学派主张精神与物质统一的一元自然世界，认为人类作为自然界的一个部分，是一个整体，自然界只应该有一个国家、一类公民，公民之间人人平等，无论公民的种族、社会地位和财富有多大差异，都受到宇宙法则的支配，在宇宙法则之下，人的本性和理性与自然融为一体，而国家并非人们意志达成一致的结果，而是自然的产物。虽然斯多葛派学说是为马其顿统治希腊服务的理论准备，然而其对现实世界的影响依然深远。在这一学说下，世界是美好的、有序的整体，人是世界的一朵小火花，人与世界相互协调。正如希腊哲学家芝诺（Zeno）所言："与自然相一致的生活，就是道德的生活，自然指导我们走向作为目标的道德。"[1]斯多葛学派的思想不断得到继承和发展，其个人平等、国家是自然产物以及个人、国家与自然的融合，最终演绎出人们生活在自然状态之中享受自然权利的自然权利学说。

自然权利学说的集大成者洛克在其《政府论》中提出人人生而平等，被造物主赋予不可转让的权利，其中包括生命权、自由权和财产权。洛克的这一论述，得到杰斐逊的继承和发扬，在《独立宣言》中，"生命权、自由权和追求幸福的权利"成为美

---

[1] 斯多葛学派，见百度百科：http://baike.baidu.com/link?url=1YkLjRd72LMtbCOTbM9aUV8y-akRlFjyEKF2FPF-0u4khkwPZWmqZDbqVL-2dxvoiCClCZkbaU5ozDiKTHJ35_，访问日期：2015年12月20日。

国价值观的基石。这种信念下，杰斐逊对1789年颁布的联邦宪法没有明确条款保障人民各项自由权利心有不满。在杰斐逊看来，言论自由、出版自由与宗教自由是个人不可或缺的权利。从言论自由上看，理性的人类具有良知，自由辩论是真理的源泉之一，如同古希腊苏格拉底的论辩。人民如果能够享有言论自由，思想则会开放，真理就会战胜谬误，并且能够经得起考验，而如果人为地限制言论和出版自由，情况则会大相径庭。① 言论自由基础上的出版自由，在杰斐逊看来甚至更为重要，因为言论自由只有在出版自由的帮助下，影响才能最大限度地扩散，进而起到传播自由思想和防止少数政治家篡夺国家政权的作用，同时，公正廉洁的政府是经得起社会舆论检验的，出版自由会促进政府服务社会。关于宗教自由，杰斐逊认为："全能的上帝创造的心灵是自由的，而且他表明他的最高意愿就是：使人继续自由，而不使其受到任何羁绊。"②

自然权利学说颠覆了"君权神授"，其基础是对人类理性和道德的信任。在杰斐逊看来，社会事务是能够受到人类理性支配的，多数人的意志以及社会的自然法则是维护人权的重要保障，尊崇社会的普遍理性，人民和社会就是安全的，即便发生错误的偏离，也会回到正确的轨道上来。③ 基于此，杰斐逊认为应该相信人民，是人民，而不是富人，是社会享有自由的依靠。也正是基于这种对人民的信任感，杰斐逊坚持主张给予人民出版自由，

---

① 梅利尔·彼得森：《杰斐逊集》，刘祚昌等译，北京：生活·读书·新知三联书店，1993年，第370页。
② 梅利尔·彼得森：《杰斐逊集》，刘祚昌等译，北京：生活·读书·新知三联书店，1993年，第369-370页。
③ 梅利尔·彼得森：《杰斐逊集》，刘祚昌等译，北京：生活·读书·新知三联书店，1993年，第525-526页。

因为只有如此,言论自由和自由辩论产生的真理才能传递给大众,人民才能获得真理。正如杰斐逊所言:"人可以靠理性和真理来治理。所以我们的第一目标是向他们开放一切通向真理的道路。迄今为止所发现出来的最有效的道路便是新闻自由。"①

与杰斐逊信任人民截然相反,汉密尔顿认为人民的本质是邪恶的,并反对《权利法案》赋予新闻出版自由。汉密尔顿的思想来源于英国自由主义思想家霍布斯。正如本章第一节第三部分所讨论的,虽然霍布斯也认为自然状态下人人平等,然而由于人们在追求同一目标的时候,彼此之间很容易成为敌人,因此自然状态是战争状态,自然法则有限的约束力不足以保证每个人都遵守它,由于人性本恶,违反自然法的情况会不断发生,因此,要使人们遵守自然法,一个强大的政权(利维坦)是一种必然,在这种社会下,人们把自己的部分权利让渡给一个人或一个集体,通过契约组建国家,实现人与人之间的平等。

霍布斯的自然状态理论,特别是性恶论,对汉密尔顿构建美国政体的思想构成深远影响。首先,对人民的不信任成为汉密尔顿构建强力政府的重要出发点。在汉密尔顿看来,社会由少数富人和人民大众两大部分构成,作为多数派的人民,其呼声被看作上帝的呼声的说法是不正确的。人民缺乏判断力,常常处于骚动和不安的状态,因此需要作为少数派的富人在政治上享有特殊的地位。② 人民"是好骚动的、变化多端的;他们很少有判断或决定正确的时候。因此就需要让前一类人(富人)在政府中分享独特的、永久的席位。他们将控制后者(人民大众)的不稳定

---

① 梅利尔·彼得森:《杰斐逊集》,刘祚昌等译,北京:生活·读书·新知三联书店,1993年,第1325页。
② 汉密尔顿等:《联邦党人文集》,杨颖玥等译,北京:中国青年出版社,2014年,第457-458页

性，只有一个长久性的机构能够制止民主的轻率"①。

其次，基于对人民的不信任，汉密尔顿坚信控制言论自由和出版自由的必要性。他认为，按照社会契约，人民放弃了部分权利并将其让渡给政府。然而，这并不表明人民的权利被剥夺，因为受让人民权利的代表们会为公众发出呼声，这比社会公众自己集会并提出意见更加符合公共利益，代议制的政府在规范、合理的引导下，能够更好地处理国家事务和维护人民权利。代表国家的政府除了拥有财产权、司法权、对外宣战与媾和权之外，也拥有对人民意见的管理权，并体现在对言论自由与新闻出版自由的约束与规范上。在汉密尔顿看来，言论自由与出版自由需要符合国家利益、有益于促进社会稳定。因此，以《权利法案》的方式确认言论和出版自由是不必要的，可能导致个人或团体由于局部利益而破坏国家的安定。基于此，汉密尔顿主张施行出版审查制度，使新闻出版服务于政府对社会的管理。

三、政府与言论和出版自由：对控制思想的论争

杰斐逊与汉密尔顿对言论与出版表现出了截然不同的态度。杰斐逊的宽容表现在其对人民信任的同时，致力于加强国民教育、提升全民整体政治素养。在杰斐逊任国务卿期间，其政治主张遭到联邦党人强烈抨击，"联邦主义者提议的责任是杰斐逊通过付钱给卡伦德而把华盛顿说成是一个叛徒、强盗、作伪证的人"②。除此之外，他被报刊描绘成政府的诽谤者、独立战争的懦夫以及政治煽动者。面对这一切，杰斐逊的回答是："不管他

---

① 纳尔逊·布莱克：《美国社会生活与思想史》，许季鸿等译，北京：商务印书馆，1994年，第328页。
② 维拉德·布莱雅：《美国新闻事业史》，王海等译，北京：北京师范大学出版社，2014年，第109页。

们如何对待我,尽我所能对他们好。"① 杰斐逊坚信:"人民在抵抗最近新闻自由的滥用时表现出来的区分真假的识别力,表明人们可以放心地信任他们,让他们听到每一种真话和谎言,并且做出正确判断。"② 在杰斐逊看来,人民的判断力是保持言论和出版自由最可信赖的依靠,利用出版自由加强对国民的教化,不仅可以提供公民处理个人事务的各种知识,还可以培养他们思考和行动的习惯,使他们成为与人为善和自身幸福的榜样。另外,出版也是促进知识代际传播的重要渠道,依靠图书资料,继承前辈积累的知识成为可能,新知识能够不断积累和添加到知识宝库,一代一代传承下去。最后,报纸和图书也是民主政治的重要保证,因为"通过启迪它的公民的心灵而赋予自由以保障;它提供了反对外国强权的防御;它反复灌输美德;它推动在科学上最先进的国家为荣誉而进行的公平竞赛"③。言论自由与出版自由给人民和国家带来的益处要远远大于弊端,是杰斐逊力主宪法增加《权利法案》,以法律明文保证公民基本权利的根本出发点。

与杰斐逊关于言论自由和出版自由教化民众、促进民主发展的出发点不同,汉密尔顿更注重将新闻出版作为政党服务的工具。在他看来,维护联邦党的政治主张、建立强大的中央政府,是报纸杂志的最终目的。对于报刊对政府的抱怨、批评甚至造谣中伤,汉密尔顿没有展现出杰斐逊般的宽容与忍让,而是认为新闻出版需要立法,以加强出版界的责任,杜绝对政府的无端诽谤,报纸杂志对政府及公民的诬陷和恶意中伤必须严格处罚。事

---

① 梅利尔·彼得森:《杰斐逊集》,刘祚昌等译,北京:生活·读书·新知三联书店,1993年,第1025页。
② 梅利尔·彼得森:《杰斐逊集》,刘祚昌等译,北京:生活·读书·新知三联书店,1993年,第1326页。
③ 梅利尔·彼得森:《杰斐逊集》,刘祚昌等译,北京:生活·读书·新知三联书店,1993年,第510页。

实上,汉密尔顿一方面主张对出版自由加以约束,另一方面,他自己又是一位非常擅长利用报刊等媒体的多产作者,甚至被称为"美国报纸社论之父"①。他与麦迪逊以及杰伊一道,以"普布利乌斯"的笔名,在报刊上发表了一系列文章,为美国通过宪法并建立中央集权政府的政治思想辩护。尽管如此,汉密尔顿依然认为报纸杂志对于民主政治是麻烦制造者,相对于上文提到杰斐逊遭受的联邦党人在报刊上的攻讦,汉密尔顿同样遭受了来自民主共和党人的攻击谩骂。持不同政见的人士利用报刊相互攻击、谩骂成为时代的特色,也一直延续到当今美国。每当大选临近,候选人之间相互攻击和指责已经成为常态。在当时,汉密尔顿坚持的性恶论以及对公众的不信任,使其不可能如杰斐逊般宽容大度,认为这些矛头对准联邦党政策主张的观点是与政府作对,对媒体的宽容就是对反政府势力的姑息与纵容,报刊等媒体对政府的玷污有恃无恐的重要原因,就是他们被赋予过度自由,必须对出版自由加以管制才能维护宪法和政府的名誉和声望。

出版自由是对政府实施监督的必要保障,这是杰斐逊支持出版自由的重要原因。在杰斐逊"小政府,大社会"的理念下,民主的政府应该权力有限而且处于社会的监督之下,否则就容易侵犯人民的权利,也容易导致腐败。因为即便在最好的政府下,被委以重任的个人都有可能在人性弱点的诱使下实施独裁和暴政,为了避免这种情况发生,来自人民的舆论监督必不可少。在杰斐逊看来,宪法所确立的三权分立仍然不足以完全限制政府权力,"自由报刊应该成为对行政、立法、司法三权起制衡作用的

---

① 迈克尔埃默里:《美国新闻史》,展江译,北京:新华出版社,2001年,第76页。

第四种权力"①。杰斐逊的一句至理名言是:"没有检察官就没有政府,但是哪里有新闻出版自由,哪里就可以不需要监察官。"②作为第三任总统,杰斐逊并没有为了出版自由而舍弃政府权力,也没有因为国会通过《权利法案》赋予社会言论自由和出版自由而裁撤监察官,但是杰斐逊的言论反映了他对言论和出版自由在限制政府权力、保障人民权利等方面发挥作用的肯定态度。在杰斐逊看来,由言论和出版自由产生的强大舆情,是限制政府侵犯人权的有力工具。

四、论争对美国政府管控思想自由的影响

杰斐逊与汉密尔顿就《权利法案》以及第一修正案关于言论和出版自由的论争,从表面上看是两种不同政治主张的交锋。杰斐逊支持州权而汉密尔顿希望维护中央权威,争取或限制言论自由与出版自由,其实质都是为了维护政府对社会的有效管理,为党派利益服务。然而,两党关于《权利法案》之争,特别是第一修正案关于言论和出版自由之争,对美国政府对思想自由的管控产生了深远影响。

一方面,以联邦党人为代表的美国政治力量对言论和出版自由采取否认态度。美国第二任总统、联邦党人约翰·亚当斯在任期间,颁布了《反煽动法》等四个法案,对公众的权利加以约束,特别是对言论自由和出版自由加以限制,从而达到对公民思想的控制,以便有利于政府对社会的控制。《反煽动法》明文规定:"任何人发表、出版任何针对联邦政府的虚假、诽谤性和恶

---

① 张昆:《大众媒介的政治社会化功能》,武汉:武汉大学出版社,2003年,第321页。
② 郑超然等:《中国新闻传播史》,北京:中国人民大学出版社,2000年,第320页。

意的言论，都应处2 000美元以下的罚款和2年以下监禁；运用言论诬蔑、丑化总统和国会，或煽动美国人民对总统和国会的仇恨，均为煽动骚乱。"① 通过这项法令，美国政府在亚当斯总统任期内对公民思想加以管控，任何对政府的恶意中伤与诽谤，以及煽动叛乱或反对政府政策的活动都会受到处罚，这事实上禁止了一切反政府的言论。

另一方面，杰斐逊通过美国的实践，把自由主义思想在美国变成现实。这个现实不仅体现在以《美利坚合众国宪法》为核心的这一美国政体核心框架中，也体现在作为宪法修正案的《权利法案》中。秉承第一修正案尊重公民言论和出版自由的原则，杰斐逊当选总统后，废除了亚当斯总统的《反煽动法》等四个侵犯人权的法案。虽然在杰斐逊力主下，美国国会通过了《权利法案》，并废除了《反煽动法》等法案，为美国民众言论自由敞开了大门，为出版自由奠定了基础，然而，民众要享有绝对的言论自由，政府对言论自由完全放手不管，仍然是一种奢望。正如美国学者卡尔·科恩（Carl Kohn）所指出的那样，公民自由或言论自由的基础是不牢固的，在那些自称要把言论自由当作不可侵犯的人权来加以维护的人当中，每当遇到具体问题，往往是合乎实际的想法占上风。② 这种情况在1919年申克（Schenck）案中得到了具体反映。

申克是美国社会党总书记，在其指示下，社会党总部在费城印发了一万五千余份反对参加第一次世界大战以及反对征兵的传单，传单认为应征入伍的美国人都是战争的受害者，人们应该主

---

① 邱小平：《表达自由——美国宪法第一修正案研究》，北京：北京大学出版社，2005年，第16页。

② 张昆、李锦云：《杰斐逊与汉密尔顿出版自由思想之比较》，载《武汉大学学报（人文科学版）》，2004年第5期，第625-631页。

张自己反对世界大战的权利,并敦请公众到社会党总部签署提交给国会的反战请愿书。美国联邦调查局接到举报后搜查并逮捕了申克,联邦地区法院根据1917年通过的《反间谍法》和《征兵法》判处申克20年有期徒刑。申克的律师在向最高法院的申述中,重点提出了《反间谍法》是否违反宪法第一修正案而剥夺了公民的言论自由和请愿的权利等问题政府检察官则认为,申克案件不涉及第一修正案,申克的言论试图唆使美国公民不服从《征兵法》,因此已经不再停留在言论层面,而是上升到了行动层面,而且影响到国家正在进行的战争,损害了国家利益。美国大法官奥利弗·霍尔姆斯(Oliver Holmes)承认,申克传单中的所有言论应该属于其宪法权利,但是对言论自由的保护也应取决于发生的背景,例如在剧场里谎称失火而造成恶果,宪法是不会保护的。当美国处在战争状态时,很多平时可以说的话就会妨碍战争,只要战争还在继续,国家就不能容忍这种言论。大家公认的一点是,只要申克的言论影响了征兵,国家就要追究这一言论导致后果所产生的责任。① 申克案例充分说明,在美国面临外患压力或国内危机的时候,实际的功利想法往往会取代言论和出版自由,当国家利益面临安全威胁的时候,公民的个人思想必须完全服从公共利益的考量。从这个角度看,杰斐逊的理念导致了《权利法案》的通过,公民的基本权利得到了保障,而汉密尔顿关于出版自由为政党和国家利益服务的理念在申克案例中得到了彰显,虽然它与自由主义关于保障人民生命、自由和财产权的初衷有所背离,但在非常时期为维护国家利益也发挥了重要作用。两种理念对美国思想自由以及文化外交都产生了重大影响。

---

① 邱小平:《表达自由——美国宪法第一修正案研究》,北京:北京大学出版社,2005年,第20页。

一方面，在政府对思想自由管理的层面上，美国社会一直持非常谨慎的态度。源自杰斐逊"管理最少的政府就是最好的政府"的自由主义思想理念，美国在政府框架内，与包括英国、法国等西方国家政府体系构成的最大不同之一，就是不设置文化部，此举确保了政府对美国社会思想自由的干涉最小化。此外，1948年颁发的《美国信息与教育交流法案》（又称《史密斯－蒙特法案》）禁止政府利用包括美国之音和各类报纸杂志在内的媒体在美国本土进行宣传活动。之所以设置此项条款，其重要原因就是确保美国政府不会把某个媒体作为喉舌，干涉美国社会的思想自由。1985年在《史密斯－蒙特法案》第二次修订过程中，美国之音及其他媒体针对海外受众的宣传内容被再次收紧。正如主导本次修订的参议员爱德华·佐林斯基所认为的那样，"美国纳税人肯定不需要，也不希望自己的钱被用来支持政府向自己灌输宣传"①。

另一方面，秉承汉密尔顿新闻媒体服务于政府政策的理念，美国政府对国内的宣传与文化外交一直十分重视，可以说从来没有放手不管。"新闻传播将各种观念灌输到美国人民脑子里，人们耳需目染的、该看到什么、该听到什么，全都是由那些控制传播工具者来决定。"② 此外，美国政府对报刊、电视以及现代网络所施加的无形压力，公众是看不见的，政府"编制"出来的新闻会竭力给公众造成一种自然而然的讲话与活动的错觉。同时，一种以美国信条为核心的信念体系，也牢牢控制着美国社会

---

① 郭仕鹏：《怎样看待美国禁止美国国营媒体在美国国内进行宣传》，载《南方周末》，2009年8月6日。
② 迈克尔·巴伦蒂：《少数人的民主》，张萌译，北京：四季出版公司，1980年，第197页。

公众的思想。① 正如美国学者多姆霍夫（Demhoff）所指出的那样，"为了防止在政策形成过程中，可能遇到妨碍政策推行的思想和意见的发展，参与舆论形成过程的领袖们，便试图建立并加强美国信念体系的基本原则"②。

追根溯源，无论是杰斐逊还是汉密尔顿，无论是早期的联邦党、民主共和党还是后来的民主党与共和党，其对《权利法案》第一修正案的态度，现在看来都是为了维护国家的根本利益，两者的分歧不过是实现利益的途径不同而已。汉密尔顿维护中央权威，杰斐逊强调州权与秩序；汉密尔顿遵从少数贵族和社会精英的英国式的国家治理，杰斐逊则冀望于通过保障民众思想的自由实现由独立的农民与手工业者所构成的自由、民主理想社会。两人在实现自己理想的过程中，都充分利用了媒体来扩大自己观点对公众的影响。杰斐逊主张思想绝对自由，不赞成政府对媒体的控制，然而其对媒体的充分利用彰显的却是对公众思想隐形的控制；汉密尔顿则为了维护国家利益，坚持政府对媒体的管控。两者途径不同，目的却大同小异。

宪法第一修正案赋予了公民言论的自由，保障公民自由思想的权利，然而，只有崇尚"个人主义、自由企业、竞争和机会平等"这一价值体系内的思想，才能在美国获得自由。以美国信条为核心的价值体系，以人员交往和媒体传播为渠道，成为美国实现国家利益的重要途径之一。在自由主义思想影响下，美国对外文化交往的目标、机制和策略逐渐形成并不断完善，最终成为美国传播自由主义思想的重要机制和实现国家利益的重要手段。

---

① 赫德里克·史密斯：《权力游戏——华盛顿是如何工作的》（下册），肖峰等译，北京：中国人民大学出版社，1991年，第96页。
② 威廉·多姆霍夫：《当今谁统治美国——八十年代的看法》，冀念年译，北京：中国对外翻译出版公司，1985年，第102页。

小 结

正如儒家思想在潜移默化中对中国社会产生的持续影响，自由主义传统对美国社会的影响也持久而深远。众多学者对自由主义思想的方方面面进行了成果丰硕的研究，特别是关于政府在实现个人自由和社会平等中扮演何种角色的研究，成为自由主义研究的一个重要方面。综合思想家们关于个人、社会与政府关系的讨论，自由主义思想在不同历史时期内涵的不断变化，直观地体现在不同历史时期政府扮演的不同角色。自由主义思想在美国的历史变迁，影响美国社会看待政府对思想自由以及文化事务的态度，并左右美国文化外交的具体实施方式和策略。

自由主义早在欧洲的萌芽和发展时期，就伴随着对政府不同角色的论争。亚里士多德强调国家大于、先于、重于个人，伊壁鸠鲁则认为国家的一切必须落实到个人幸福；霍布斯把克服"人与人之间战争"的自然状态寄望于强权政治利维坦，洛克则主张以社会契约限制政府权力；凯恩斯强烈支持政府干预经济，而哈耶克则强调经济的自由发展。及至自由主义发展到现代，保守主义、新自由主义、新联邦主义和自由制度主义，对政府角色的探讨无一不是其中心环节之一。

自由主义思想内涵在美国的历史变迁，具体表现是政府角色由弱小到强势的转变。在17世纪和18世纪的美洲殖民地，人民对英国政府干预殖民地事务、损害殖民地利益保持高度警惕。美国建国初期，"立国"与"限权"成为宪法的首要考量，民众对限制政府权力、避免政府滥权十分重视。杰斐逊所倡导的"小政府大社会"的理念，是对欧洲自由主义"守夜人"政府理论的契合。但也在同一时期，汉密尔顿的《联邦党人文集》表述了一个强大的中央政府对美国社会发展的重要作用。政府的角色成

The Role of the Government: A Liberalism Perspective on American Cultural Diplomacy
中华文化走出去背景下美国对外文化交流中的政府角色研究

为杰斐逊与汉密尔顿之争的焦点之一。经济大萧条出现之前,"守夜人"政府是美国社会主要特点。20世纪20年代末30年代初,席卷世界的经济危机使德国出现希特勒独裁政权,苏联出现布尔什维克政府。罗斯福新政在美国的出现,以改良的方式发展了美国自由主义体制,政府的权力得到极大加强的同时,三权分立的自由民主制度得以保存。

美国自由主义的发展及对政府角色的论争,影响到美国社会及政府对思想自由和文化事务的态度。美国宪法第一修正案关于政府不得干预言论自由的相关表述,是古典自由主义思想的集中体现,这一法案的直接结果就是美国至今没有文化部,美国社会也不接受政府对思想和文化自由的直接干预。然而,美国也是一个非常注重实际利益的国家。17世纪移民们在艰苦自然环境下的生存欲望和对物质财富的追求,由皮尔斯、杜威等思想家演绎成为"实用主义哲学"思想。随着罗斯福新政在美国的出现,政府介入文化事务的程度不断加强。自由主义思想影响下的美国,一方面不希望政府过度介入文化事务,另一方面,实现美国国家利益的诉求又使美国政府参与文化事务成为必然。美国的文化外交体系,也正是在自由主义思想内涵的交织发展中,不断形成并走向成熟。

第二章

自由主义思想下的美国文化外交目标

五月花号抵达美洲,给美洲不仅带来了移民,也带来了《五月花号公约》及其所反映的欧洲自由主义思想,宗教领袖们在美洲建立"山巅之城"的理想演变成美国宗教使命感和政治使命感。在以保护公民权利和限制政府权力为基本理念的《美利坚合众国宪法》于1789年得以通过后,美国社会逐渐发展成为对世界其他国家颇具吸引力的社会,美国价值观和思想体系成为具有影响力的软实力。欧洲反对王权、建立自由国度的梦想在美国成为现实的同时,美国社会也存在一种忧患意识,担心优越的社会制度被欧洲权力政治吞噬,担心人民生命权、自由权和追求幸福的权利被剥夺。在向外部世界介绍美国先进文化的使命感以及保护自己得之不易的制度体系的危机感双轮驱动下,美国向外推广自己的思想体系成为一种必然。

一方面,在自由主义作为政治传统的美国,限制政府权力、维护个人自由是古典自由主义思想的核心。政府不过度干涉人民思想自由和人身自由不受限制、提倡个人主义和自由经济、崇尚宗教和家庭在社会中的作用以及相信接受教育的必要性等理念深入美国社会。威尔逊总统的理想主义思想继承了康德永久和平论关于民族国家"应该为了自身安全的缘故，要求别的民族和自己一道进入一种类似公民体制的体制，在其中可以确保每一个民族的权利"[①] 的观点，主张以国际合作的方式来消除战争，维护自由和平的国际秩序，威尔逊建立国际联盟的"十四点计划"以及第二次世界大战后成立的联合国，均是理想主义思想的集中体现。冷战以后，美国学者提出"民主国家之间少有或没有战争"的民主和平论，使民主和平论成为推广自由民主理念的重要理论基石。20世纪末，以罗伯特·基欧汉（Robert Keohane）和约瑟夫·奈（Joseph Nye）为代表的自由制度主义，以相互依存学说丰富了现实主义权力政治学说，为自由主义思想的发展进一步提供了空间，也为美国确立在世界范围推广美国信条、以文化外交实现美国价值的长远目标打下了坚实的理论基础。

另一方面，美国移民在北美大陆开疆拓土过程中形成的思想遗产，虽然并不如弗雷德里克·杰克逊·特纳（Frederic Jackson Turner）所认为的那样是形成美国民主的唯一源泉，但却被学术界公认对美国实用主义哲学思想的产生起到至关重要的作用。在实用主义思想影响下，美国一方面注重在制度体系方面维护自由主义思想要义，另一方面也注重美国国家利益，政府的作用得到凸显。从美国独立战争争取殖民地利益、第一次世界大战触发美国领袖梦想到第二次世界大战最终实现领导全球，美国政府以文化方式影响他国民众进而影响他国外交政策，从而实现美国现实利益的案例不胜枚举，美国文化外交成为美国实现利益的重要工具之一，政府在文化外交的实施中扮演了举足轻重的角色。

---

① 康德：《历史理性批判文集》，何兆武译，北京：商务印书馆，2005年，第114页。

第一节　自由主义思想、民主和平论及文化外交

一、美国自由国际主义思想

美国自由国际主义思想的源头可以追溯到17世纪移民时期。欧洲宗教改革的炙热使部分清教徒感觉在欧洲这块被世俗和偏执影响的大地上无法建立上帝的应许之地（Promised Land），北美大陆作为一张白纸，正好可以绘制美妙的图画。搭乘五月花号前往美洲的威廉·布雷德福（William Bradford）在其著作《普利茅斯殖民史》中，即表达了把殖民地建设成为清教乐土的愿望。1630年建立马萨诸塞殖民地的领袖约翰·温斯洛普（John Winthrop），在其前往美洲的旗舰阿拉贝拉号上，就豪情万丈地写下要把北美洲建成《圣经》中描述的"山巅之城"，并使其成为世人模仿的榜样。虽然布雷德福与温斯洛普理想中的乐土在当时不过是空中楼阁，然而其基督教理想国传承后世的理念却已经埋下种子，并影响深远。

然而，美国的国际主义思想发展并非一帆风顺。在殖民地时期及建国初期，殖民者们和美国社会将精力更多地放在自身建设上，其对美国这个弱小国家处于萌芽状态的制度和文化被欧洲列强扼杀的担忧，远远大于其将自己价值观传播出去的愿望。孤立主义思想成为20世纪初以前美国的主流思想。华盛顿总统在其告别词中就认为，把美国卷入欧洲政治的诡谲风雨，与欧洲进行友谊的合作或敌对的冲突都是不明智的。美国国务卿约翰·昆西·亚当斯（John. K. Adams）的言论很好地表达了美国当时的孤立主义观点：

The Role of the Government: A Liberalism Perspective on American Cultural Diplomacy
中华文化走出去背景下美国对外文化交流中的政府角色研究

美国不去国外推翻妖魔。虽然她对所有国家的自由和独立表示衷心祝愿,但她只是自己的斗士和维护者,她深知,一旦云集于其他国家麾下,它将无法解脱地卷入那些充满利益与欺诈以及个人的贪欲、妒忌和野心的战争之中,而这些战争欺世盗名,滥用自由的标准。①

美国的孤立主义思想虽然强大,但国际主义思想也在不断萌芽发展。继清教领袖们立下建立山巅之城的人类社会楷模理想之后,在 18 世纪,美国自由民主主义思想家托马斯·潘恩(Thomas Paine)就指出应该以更加积极的眼光看待国家在社会生活中的作用,强调建立在人权基础上的世界主义的重要性。他在评论法国大革命时就指出,作为人类敌人的君主统治被废除后,政权就应该回归原本属于人民的自然地位,"如果整个欧洲大陆都这样的话,战争的根源就会消除"②。

同时,欧洲自由主义思想下的国际主义也在不断发展。杰里米·边沁(Jeremy Bentham)从个体福利、自由交换和代表制的自由主义原则出发,呼吁为了大多数人的幸福建立国际法体系,确保主权国家之间互不侵害,并由此提出建立基于集体安全与裁军的国际社会政治制度,纠正国与国之间的无政府状态。边沁也因为提出自由主义国际永久和平思想,成为"自由主义历史上最坚定的国际主义者之一"③。英国自由主义思想家理查德·科布登(Richard Cobden)则把天赋权利学说与边沁的功利主义思想

---

① George F. Kennan: "On American Principle", in *Foreign Affairs*, 1995, Vol. 74, p. 118.
② 肯尼思·华尔兹:《人、国家与战争:一种理论分析》,倪世雄等译,上海:上海译文出版社,1991 年,第 86 页。
③ 李强:《自由主义》,北京:中国社会科学出版社,1999 年,第 96 页。

合二为一,并把其主张的放任自由与鼓励自由竞争的思想发展到国际关系领域,认为不干涉主义和国与国之间的自由贸易应该是国际和平体系不可或缺的原则,也是加强国与国利益协调的重要保证。①

欧洲社会18世纪和19世纪的剧烈动荡和民族国家的不断成立,使得自由主义思想被用于解释国与国之间关系成为一种迫切需要,其内容也不断深入和完善。自由主义从过去关注个人的自由以及实现个人自由的政府和社会保障层面,延伸到国与国的关系以及作为整体社会的世界层面对个人自由的保障。在这一过程中,国际合作与国际组织通过调节国家间的关系而塑造着整个世界,并扮演着越来越重要的角色。正如英国自由主义思想家约翰·霍布森(John Hobson)所指出的那样:"国际主义与民主和平休戚相关,人们要通过理性的国际组织控制社会生活。"② 霍布森同时也指出,在理性的国际组织开展的各类活动中,教育可以克服民族孤立主义、扩展人类同情的范围,使人们不再基于狭隘的民族标准来判断广义人类福祉。霍布斯关于人性恶、人与人之间处于战争状态的思想被很多学者反对。由于人的无知而导致的战争,完全可以通过教育使人类成为有世界社会意识的人而得以避免。

国际联盟成为规范世界各国行为的准则以及和谐世界各国秩序的重要国际机构,它也肩负着通过教育建立世界道德体系和统一价值观的使命。早在第一次世界大战后,欧洲理想主义的代表人物,同时也是国际联盟的筹划者阿尔佛雷德·齐默恩(Alfred

---

① Chris Brown: *International Relations in Political Thought: Texts from the Ancient Greeks to the First World War*, Cambridge: Cambridge University Press, 1998, pp. 538 – 550.
② Divid Long: *Imperialism and Internationalism in the Discipline of International Relation*, New York: State University of New York Press, 2005, pp. 71 – 90.

Zimmern)就认识到,西方价值观和共有的权利概念可以产生自然的社会秩序,尽管民族文化在个体认同形成中发挥了重要作用,民族特殊性中还是内嵌了全球共同道德,而进步的观念是把世界各民族在共同的道德平台上团结起来的重要推动力,世界各民族之间的和谐发展是完全有可能的。[1] 但是,基于民族性的多元文化在世界事务中将继续发挥重要作用,以国际联盟为代表的世界组织的存在,就是为了提供一个广泛的国际框架。然而,在欧洲权力政治的客观环境下,国际联盟的发展并不顺利,随着美国在第一次世界大战后的不断崛起,欧洲国际主义只有让位于新兴的美国以及美国自由民主价值观。

美国自由国际主义思想,既源自清教移民的宗教使命观,也源自其政治使命感。威尔逊总统提出的第一次世界大战后建立国际联盟以维护欧洲和平的方案,是美国自由国际主义思想的具体体现。威尔逊在1916年1月发表的题为《持久和平的条件》的演讲,表达了以美国自由民主的理念来改变世界政治格局的观点,"相信理性的无限力量,相信理性通过人民大众的声音表现出来"[2] 是威尔逊思维的特色,而威尔逊思想的核心则是和平、民主以及自由贸易。事实上,早在建国时期,以本杰明·富兰克林为代表的美国政治家们,就深受约翰·洛克自然权利学说的影响,洛克认为,大英帝国的繁荣需要积极的帝国扩张。受此影响,美国一直积极主张建立一个包括加拿大、佛罗里达、西印度群岛甚至爱尔兰在内的美利坚帝国。美国的扩张意识在美国总统詹姆斯·布坎南(James Buchanan)1858年的国情咨文中表露无

---

[1] Divid Long: *Imperialism and Internationalism in the Discipline of International Relations*, New York: State University of New York Press, 2005, p. 103.
[2] 爱德华·卡尔:《二十年危机(1919—1939)国际关系研究导论》,秦亚青译,北京:世界知识出版社,2005年,第32页。

遗:"我们国家的生存法则就是扩张,即使我们想要违背它,也不可能。"①

然而,美国认为自己的扩张与英国的扩张具有本质的区别。在美国人看来,英国的对外扩张是帝国主义式的、掠夺式的扩张,而美国的扩张是站在道义立场上的正义扩张。正如威尔逊所认为的那样,美国不会继续过去欧洲帝国的行为,美国强调和平与正义,尊重民族自决并视其为促进世界和平的关键因素。而民族自决促进国际和平的信念是民主自由主义的变体,其思想来源于卢梭以及约翰·密尔和朱赛佩·马志尼(Giuseppe Mazzni)。②美国史学家肯尼斯·汤普森就认为:"威尔逊主义不是从它成功地解决的现实问题中汲取力量,而是从它的崇高蓝图中汲取力量。它不是建立在系统思想的基础上,而是建立在它所激发的热情上。"③事实上,美国建国后的孤立主义思想,避免了美国过早卷入国际纷争,美国社会埋头建设的结果是发展出了相对优越的政治制度、完善的共和原则以及渗透到社会各领域的民主精神,并让多数美国人深信美国"制度的影响不只是限于现在属于我们的领土,而是在时间流逝中,如果我们的政体持续不变,它将扩大到其他国家"④。

在世界历史上,大国对他国的征服通常伴随文化扩张,而只有在思想上对他国的征服才能实现长治久安,在这一点上,美国也不例外。美国国务院就曾经指出:"政治渗透带有强制的烙印,

---

① 王晓德:《美国文化与外交》,天津:天津教育出版社,2008年,第183-184页。
② Charles Kegley: *Controversies in International Relations Theory: Realism and the Neoliberal Challenge*, Beijing: Peking University Press, 2004, p. 115.
③ 肯尼斯·汤普森:《国际关系中的思想流派》,梅仁毅等译,北京:北京大学出版社,2003年,第125页。
④ 王晓德:《美国文化与外交》,天津:天津教育出版社,2008年,第185页。

经济渗透被认为自私和强迫,只有文化交流才是思想的自然交流。"① 自20世纪30年代以来,随着美国国力提升,走出国门实现国家利益的要求使孤立主义思想走到尽头。美国在与他国的广泛交流中,除了经济、军事和外交等硬实力的使用,文化价值观也成为实现国家利益的有效武器,并在历任总统手中不同程度地使用:富兰克林·罗斯福总统任期内,美国国务院成立文化关系司(Division of Cultural Relations)以及美洲国家间事务协调处(The Office of the Coordinator of Inter-American Affairs),美国政府开始介入文化事务,国际访问者项目开始实施;杜鲁门总统任期内,美国国会通过《富布赖特法案》,在文化外交以法律的方式确定的同时,美国文化外交机制也逐渐完善;肯尼迪总统时期,美国组建和平队(Peace Corps),组织有志增进国与国交流的青年志愿者,把美国文化传播到世界各地,同时提升了美国国际形象;卡特总统时期,美国人权外交被直接用于意识形态领域与敌对势力的斗争,价值观的传播和意识形态的争斗成为显著特色。以文化方式影响他国民众,再通过民众影响目标国政府外交政策,最终实现美国利益,成为文化外交路径。

二、作为文化外交理论的民主和平论

民主和平论的提出和发展,一直面临很多批评与争论。批评和争论的焦点,也就是民主和平论的基本观点:民主国家与民主国家之间很少相互发动战争,即便相互之间出现冲突,也不会诉诸武力或者以威胁的方式解决,而民主国家与非民主国家之间以及非民主国家与非民主国家之间则会发生战争。向民主和平论提

---

① Frank Ninkovich: *The Diplomacy of Ideas: U. S. Foreign Policy and Cultural Relations*, New York: Cambridge University Press, 1981, p. 27.

出挑战的观点首先是如何界定两个交战国一方或双方均不是"民主"国家,即"民主"应该如何定义这一问题。若不能界定参与冲突的双方是否为"民主"国家,民主和平论也就失去了根基。其次,按照西方民主国家的标准,除了西欧和北美少数国家,"民主"国家数量本不算多,西欧国家与美国成立北大西洋公约组织,作为同盟国,为防范前华约成员国以及其他敌对力量的威胁,相互之间开战也基本不可能。最后,民主和平论在很多理论家看来,最多可算作一种设想,而不能上升为理论。

但是,在民主和平论的提出者和捍卫者们看来,民主和平论则是以严肃理论为出发点来认识作为一种安全模式的民主与和平。德国古典哲学家伊曼纽尔·康德(Immanuel Kant)在其《永久的和平》一书中,就有对以宪政为基础的共和主义应对外来威胁和内部稳定的深入思考。康德认为,以三权分立限制政府权力的共和体制国家,可以有效限制政治人物对内的私欲和对外的侵略野心,而非共和政体国家则难以做到这一点。[①] 此外,因为战争会对公民生命和财产带来巨大损失,而洛克自由主义思想在《政府论》一书中就明确了政府的重要职责是维护人民权利,因此,"政府决定是否发动战争必须获得公民的同意,这就决定了政府在发动战争之前必然会非常犹豫"[②]。而专制国家则正好相反,他们卷入战争的几率要高得多。康德同时提出,为了维护世界的永久和平,有必要建立"自由和平联盟",加入联盟的国家缔结永久和平条约,联盟是一个由共和民主国家组成的阵营,共同追求和平,在和平中互利。

康德以后的相当长时期内,学术界对国与国之间战争与和平

---

① Immanuel Kant: *Perpetual Peace*, Indianapolis: Liberal Arts Press, 1957, p. 13.
② Immanuel Kant: *Perpetual Peace*, Indianapolis: Liberal Arts Press, 1957, p. 13.

的原因研究,更多关注的是权力和利益的争夺,并未使国家的民主与否与和平建立直接联系。以汉斯·摩根索和基辛格博士为代表的国际关系现实主义学派,坚信对权力的追求是源自国家安全的根本诉求,其根本原因则是霍布斯所指出的国与国之间的无政府状态。肯尼斯·华尔兹(Kenneth Waltz)也认为,对权力的追求使国家间发生战争与政府是否属于民主政府之间没有必然关系。① 然而,20世纪后半叶的冷战催生了学术界对战争与和平的更多思考,不少学者通过仔细研究发现,民主国家之间发动战争的可能性的确要小得多。② 1983年,迈克·多伊尔(Michael Doyle)发表论文《康德、自由主义遗产和外交政策》,他认为法治、稳定的社会秩序都是基于西方自由主义传统,并正式提出民主意味着和平。在此基础上,1986年他在另一篇论文《自由主义与世界政治》中再次提出,第二次世界大战后民主国家之间没有发生战争,民主国家联盟建立起来的和平成为保障世界和平的基石。③ 20世纪后期,民主和平论的广泛研究及理论构建的不断深入,以自由主义思想为基础的理想主义在国际关系现实主义学派权力政治学说占绝对优势的情况下,开始拥有一小片自己的阵地。

民主和平论的理论基础首先在于自由主义对意识形态的影响。在自由主义思想形成的初期,霍布斯与洛克就对人的自然状态做了描述,霍布斯提出"利维坦"作为社会解决方案,与洛

---

① Kenneth Waltz: *Man, the State, and War*, New York: Columbia University Press, 1959, pp. 120 – 123.
② Melvin Small: "The War-Proneness of Democratic Regime", in *The Jerusalem Journal of International Relations*, Vol. 1, No. 1, 1976, pp. 50 – 69.
③ Micheal Doyle: "Liberalism and World Politics", in *American Political Science Review*, Vol. 80, No. 4, 1986, pp. 1151 – 1169.

克的社会契约论下的政府理论存在较大差异。然而，人们追求自由和对和平的迫切需要在二者的看法中是一致的。在自由主义社会中，人们以不妨害和影响他人权利为前提追求个人利益，并且在相互宽容和遵守法律约束的情况下相互合作，社会中的每个个体在和平的环境中共享利益，而战争只能被看作实现和平的最后手段之一。① 事实上，按照自由主义的概念，并非所有国家都能实现自由民主，也并非所有政府都知道如何最大限度地维护公民利益，民众也需要得到自由主义思想启蒙，才能懂得如何塑造能够维护公平正义的政府。在这个意义上说，如果一个国家的政府和民众没有形成以自由主义为基础的价值观以及以价值观作为改造社会的意识形态，这样的国家就不能称其为自由国家。

其次，自由的政府和自由的人民需要体系化的政治制度来维系世界和平。在很多自由主义思想家看来，国家与国家的关系就如同霍布斯所描述的人与人之间的关系，处于战争状态时，国家之间的利益是不可调和的。但是，国家之间可以通过国际机制进行合作，在合作过程中，政治、经济和军事等硬实力虽然仍然居于主导地位，但是国家的软权力也发挥着重要作用。自由制度主义的代表人物罗伯特·基欧汉和约瑟夫·奈在其著作《权力与相互依赖》中，就通过探讨国际制度的作用与权力政治的关系以及国际合作与国家的获益，对现实主义提出了挑战。同时，斯坦福大学研究员约翰·欧文（John Owen）在其论文《自由主义如何带来民主和平》中也认为，当一个政府把自由主义思想作为主导意识形态时，这个政府就能够与其他自由主义政府保持相对和谐的关系，因为他们具有相同的国内、国际制度体系，这使其在面

---

① Michael Brown: *Theories of War and Peace*, Cambridge: The MIT Press, 1998, p. 139.

对具有战争威胁的另一个自由民主国家时,能够利用自由制度赋予的规则和共同的意识形态来避免战争的出现。①

事实上,民主与和平的实现,并非仅仅由于自由主义及其影响下的意识形态与制度体系这样简单,在其背后,有更深层次的社会机理。人性前提是思想家们追寻战争根源和和平条件的重要因素。由于洛克与霍布斯的学说,人性的善恶分别成为理想主义与现实主义的出发点。康德在其《永久的和平》一书中强调国内体制对实现和平的重要性时,也认为人并非只善或只恶,而是善恶兼备,人性的发展就是由恶到善、由非理性到理性的过程。另一位自由主义思想家边沁也持有相似观点,他认为,虽然个人的行为是自私的,然而其本性却是善良的,人的自私和逐利带来的自由竞争可以推动社会的发展和进步。德国哲学家黑格尔持有的"恶推动历史发展"的观点也广为人知。这样的观点延伸到战争与和平的论争上,康德就认为,人类原初的恶是战争的根源,人们理性向善并不能直接导致和平,从非和平动机中产生的矛盾,迫使人们建立相应的约束机制,才能促使和平的达成。②

国家是个人的集合,国家行为也是人性的直接反映。康德认为:"国家,作为民族来看,他们彼此之间的关系……很自然地处于一种无法律状态。这种自然状态是一种战争状态,强者的权利占优势。"③ 斯宾诺莎也从自然状态中的人性推论出战争是人类缺乏理性的结果。孟德斯鸠和卢梭则相信社会环境,国际体系

---

① John M. Owen: "How Liberalism Produces Democratic Peace", in *International Security*, Vol. 19, No. 2, 1994, pp. 87-125.
② 石斌:《康德国际关系思想刍议》,载《史学月刊》,1999年第2期,第74-82页。
③ 康德:《法的形而上学原理》,沈叔平译,北京:商务印书馆,1991年,第178-180页。

的结构是国际冲突的根源。国家与个人相仿,出于国家利益进行相互竞争,对权力的渴望与追求是导致战争的重要潜在因素。从康德的《永久的和平》到多伊尔的论文《康德、自由主义遗产和外交政策》,学者们认识到寻求国家层面的解决方案是理想途径,而改善各国内部体制是首要因素,其次则是建立外部协调机制。由于自由民主国家之间不会或很少发生武装冲突,让自由民主制度在更多国家建立起来从而实现相互和平,"自由国家帮助非自由国家迈向自由"就成为不二选择,也为美国输出本国文化打下了坚实的理论基础。

三、从民主和平论到文化外交

民主和平论的意义并非仅仅局限于学术方面,而是被自由主义国家作为外交政策的重要依据用于外交实践,从这一点来说,民主和平论的影响十分深远。然而,自由民主国家是否应该竭尽全力把自由民主的政治制度推广到世界其他非民主国家?是以军事手段还是以和平演变的方式进行政体更换?成效如何?事实上,面对这些问题,以现实主义国际关系学派为代表的学者们对民主和平论提出了强烈质疑。学者之间对此展开的论争可以说是针锋相对,讨论的结果对西方民主国家是否需要积极推广自由民主制度以及如何推广自由民主制度产生了重要影响。

对民主和平论的主要质疑之一是,一个国家的非民主机制是否是导致战争的最根本原因。在现实主义者们看来,通过强调国家的政治体制而忽略对权力和利益的争夺等更深层次的原因来分析战争与和平,是没有说服力的。其他学者则对经济增长、国家同盟以及社会财富对战争的影响加以分析,从而指出民主必然导致和平的非必然性。然而,在民主和平论的支持者们看来,上述反驳并未涉及民主和平论的核心,没有深入探讨为何民主的规范性因素和结构性因素不足以解释和平的成因。因此,这些批评意见不足以达成民主不能导致和平这一因果关系,也无法驳倒民主和平论。

另外一个质疑则是针对输出民主以实现和平的效果。有学者研究表明,在输出民主的过程中,外力的介入通常会给目标国带来政权更迭或体制改变,在实现民主和平的同时,也可能付出巨大的社会代价。爱德华·曼斯菲尔德(Edward Mansfield)在杂志《外交事务》上撰文指出,在民主化过程中,一个国家的政治、经济以及公众观念都会发生巨大变化,原有政府的权威以及控制力被削弱,民族主义等激进势力滋生,在此情况下,即使人民向往和平,也很有可能出现"多数人的暴政"而使民主出现巨大倒退,甚至爆发战争。① 曼斯菲尔德的进一步研究则发现,如果民主化过程中的国家的民主制度处于逐渐趋于稳定的状态,会有效避免激化其与周边国家发生冲突。但是这个国家攻击他国的可能性会高于它被别的国家攻击,这种情况在由专制社会过渡到民主社会时极有可能发生。② 然而,支持民主和平论的学者则对曼斯菲尔德的论点进行了反驳。例如,迈克·沃德(Michael Ward)通过梳理历史上处于民主化过程中的国家的数据发现,民主化进程可以减少50%卷入战争的可能性以及75%发动战争的可能性。③ 还有支持民主和平论的观点认为,一个国家的民主程度的高低,与卷入各类冲突的几率呈现正相关,而新成立的威

---

① Edward D. Mansfield, Jack Snyder: "Democratization and the Danger of War", in *International Security*, Vol. 20, 1995, pp. 5 – 38.
② Edward D. Mansfield, Jack Snyder: "Democratic Transitions, Institutional Strength, and War", in *International Organization*, Vol. 56, No. 2, 2002, pp. 297 – 337.
③ 罗艳华:《美国输出民主的历史与现实》,北京:世界知识出版社,2009年,第212页。

权政府被卷入国际争议的比例也很高,但被卷入战争的可能性则很低。与此形成鲜明对比的是,新成立的民主国家,无论是被卷入国际争议还是战争的比例都很低。

对民主和平论的另一种质疑则认为,并非民主导致和平,而是和平导致民主,民主和平论是因果倒置的,因而是站不住脚的。持这类观点的学者们在分析了克里特岛文明、玛雅文明特别是中国古代文明后认为,为了应对恶劣的自然条件,这些地区选择了组织和管控能力最强的集权制度,西方民主在这些地区并无肥沃的土壤生根发芽。而在自然条件较好的地区,由于没有太多安全担忧,在和平的条件下,选择民主则成为一种可能。① 还有学者认为与和平促进民主类似,战争会限制民主的发展。同时也有学者认为民主与和平互为因果关系,因为战争会使民主倒退,还可能增加爆发战争的几率,因此,为加强并稳固民主制度,民主国家之间的冲突,要尽量在其恶化之前加以解决。但是,关于战争会使民主倒退的假设,迈克·墨瑟(Michael Mousseau)通过统计相关数据,发现并不成立。②

民主和平论自其提出以来,就遭遇各种挑战,本节所提到的这几项质疑,也仅是诸多质疑中的少数几项。然而,要彻底驳倒民主和平论似乎并非一件容易的事,也正是因为如此,民主和平论成为具有极强政策指导功能的理论假设,并被以美国为首的西方国家的政策制定者们广泛应用于外交实践中。例如布什父子、

---

① Manus Midlarsky: "Environmental Influences on Democracy: Aridity, Warfare, and a Reversal of the Causal Arrow", in *The Journal of Conflict Resolution*, Vol. 39, No. 2, 1995, pp. 224-262.

② Michael Moussear, Yuhang Shi: "A Test for Reverse Causality in the Democratic Peace Relationship", in *Journal of Peace Research*, Vol. 36, No. 6, 1999, pp. 639-663.

克林顿都明确指出民主和平论为其外交政策依据,从卡特总统的人权外交中也可以找到民主和平论的影子。在民主和平论的支持者看来,增加民主国家数量,扩大民主国家联盟是维护世界和平的最主要途径。然而,尽管武力方式从来不是公认的最佳选项,但美国政府在中东、在北非以及在中美洲国家炫耀并使用武力成为其重要手段。美国这一做法,遭到世界越来越多国家人民的反对,斯宾塞·沃特(Spencer Wart)就认为:

> 美国大兵开进非民主国家,打碎其国家机器,建立选举制度,就以为大功告成,拍拍屁股回家。而他们留下的往往是让一个朝不保夕的不成熟政权去面对国内动荡乃至战乱频仍的局面……美国所做的与其说是建设民主,不如说是打消别人对于民主的信心。①

在很多学者看来,作为世界第一强国的美国,维护世界秩序是其必然的责任,但军事干涉、政治压力以及经济制裁并非绝对有效的手段。军事和政治手段在有些情况下会使局势变得更加动荡,甚至不可收拾。

西方国家通常认为,输出民主、改造非民主国家、把陌生人变成自己人,就可以实现必要的安全环境。这种认识的源头可以追溯到从文艺复兴到工业革命的西方理性主义思想的启蒙及其遗产。在西方启蒙思想传统影响下,"普遍理性最终将战胜情感"的理念逐渐深入西方社会,受进化论影响的历史观使人们普遍相信世界可以依照某种蓝图进行改造,人类前进的终点应该是西方

---

① Spencer Wart: *Never at War*, New Haven: Yale University Press, 1998, p. 289. 转引自罗艳华:《美国输出民主的历史与现实》,北京:世界知识出版社,2009年,第216页。

价值下的自由社会。在这种认知下,美国向世界其他国家输出西方价值观下的自由民主就拥有了坚实的哲学基础。政治家们也普遍相信,在西方价值推动下,所有国家将走向相同的发展道路。① 上一节所提到的民主和平论事实上是对这一认知的强化,民主国家之间很少发生战争或根本不发生战争这一要义,对政治家们以及很多学者而言,不仅从哲学角度无可辩驳,从统计学角度,民主国家之间少有战争这一事实也可以得到明证。因此,在世界范围内推广自由民主,使人们生活在一个由自由民主国家组成的大同世界中,才能获得真正的安全。

在历史发展的实践中,美国也充分认识到,单纯依靠武力或政治强制力来推广美国社会制度,其效果并不能完全达到政治家们的期望值。事实上,从古自今,在历史上威武一时的帝国虽然依靠武力攻城略地,但要实现被征服地区的长治久安,仍然要依靠文化对被征服地区的人民进行心灵上的洗礼。马克思在评价大英帝国在亚洲殖民统治的过程时就有过精辟的分析,他认为,"英国在印度要完成双重使命:一个是破坏性使命,即消灭旧的亚洲式的社会;另一个是建设性的使命,即在亚洲为西方式的社会奠定基础"②。英国工业革命以后,特别是以美国为代表的西方文明发展起来以后,以基督教宗教观改变异教信仰逐渐发展成为用西方的价值观来改变异国文化,使这些国家按照西方的道路发展。正如美国学者加布里埃尔(Ralph Gabriel)所总结的那样,"美国民主制把世界从专制者的压迫下解放出来的使命正是

---

① Rein Mullerson: *Regime Change: From Democratic Peace Theories to Forcible Regime Change*, Leiden: Martinus Nijhoff, 2013, p. 37.
② 中共中央马克思恩格斯列宁斯大林著作编译局编:《马克思恩格斯选集》(第2卷),北京:人民出版社,1972年,第70页。

基督教注定把世界从撒旦统治下拯救出来的世俗表达"。①

以文化的方式实现民主的对外传播,成为军事和政治之外的又一手段,而教育文化交流,成为文化外交的重要选项。19世纪以来,在兴办教育的过程中,美国逐渐认识到通过在目标国培养具有西方价值观的社会精英,进而通过他们广泛影响其所在社会的重要性。美国传教士狄考文(Calvin W. Mateer)1890年指出:"不论哪个社会,凡是受过高等教育的人都是有势力的人,他们控制社会的情感和意见……一个受过高等教育的人,是一支点燃的蜡烛,未受过教育的人将跟着他的光走。"② 进入20世纪,随着美国国力不断提升,教会在海外开办的学校不再局限于传播基督教神学思想,而是通过推广"自由、民主、平等"的美国信条和价值观,达成美国外交政策目标和实现美国国家利益,这一点成为教育文化交流的重要任务。美国伊利洛伊大学校长詹姆斯(Edmund James)1906年在提交给西奥多·罗斯福总统的关于把中国《辛丑条约》赔款(庚子赔款)用于中国教育事业的备忘录中认为:"哪一个国家能够做到教育这一代青年中国人,哪一个国家就能由于这一方面所付出的努力而在精神、知识及商业上获得最大可能的报偿……也就是说,使用那种从知识上与精神上支配中国领袖的方式。"③ 事实证明,用庚子赔款兴办中国教育,不仅建设了包括清华大学在内的著名学府,更培养出胡适、马寅初等一大批留美学者,他们在学习美国制度、促进中国发展方面发挥了重要作用,也使20世纪上半叶中国教育的

---

① Ralph H. Gabrriel: *The Course of American Democratic Thought: An Intellectual History Since 1815*. New York: The Ronald Press Company, 1940, p. 37.
② 狄考文:《如何使教会工作最有效地在中国推进基督教事业》,载陈学恂编《中国近代教育史教学参考资料》(下册),北京:人民教育出版社,1986年,第15页。
③ 清华大学校史研究室编:《清华大学史料选编》(第一卷),北京:清华大学出版社,1991年,第72页。

"美国指向"非常清晰，美国的价值观通过"庚款助学"等一系列教育文化项目，对中国的政治、经济、和文化发展产生了重要影响。

此外，面向大众的信息项目也成为文化外交的重要途径。20世纪上半叶世界局势和美国国内形势的巨变，使自由主义思想的内涵发生深刻变化，古典自由主义关于政府少干预甚至不干预社会事务的思想逐渐让位于新自由主义思想下政府对社会事务的直接干预。在经济领域，1896年，美国颁布《谢尔曼反托拉斯法》，联邦政府彻底放弃过去的放任自由主义经济政策，政府从协调经济发展转变为直接干预国家经济。在从1933年开始的罗斯福新政期间，国会颁布一系列涉及政治、经济和社会的法案，这些法案使联邦政府责任迅速扩大，政府在社会事务中的角色不断强化。威尔逊总统评论政府在适应新时局过程中的作用变化时指出："国民政府对人民的服务必须范围更为广泛，不仅要保护人民免受垄断的危害，而且要便利人民的生活。"[①] 在文化外交领域，应对时局的迫切需要使美国政府突破了古典自由主义思想下政府只能有限介入文化事务这一底线。第一次世界大战期间，为了唤起国内民众对国际事务的热情，使他们支持美国参战并向国外民众宣传美国的外交政策，美国成立公共信息委员会（Committee of Public Information），以爱国主义为旗帜，吸引了一批作家、演说家、剧作家、广告制作人、电影制作商以及出版商，使用图书、传单、电影以及报纸杂志等媒体在国内外讲述美国故事；第二次世界大战期间，为应对轴心国的宣传攻势，美国成立战时信息处（Office of War Information），开展对外新闻和宣

---

① 理查德·霍夫斯塔特：《美国政治传统及其缔造者》，北京：商务印书馆，1994年，第252页。

传活动,对提振盟国信心、打击敌人士气发挥了积极作用。艾森豪威尔在评论信息项目的宣传作用时也认为:"口头语言和书面文字在削弱敌人抵抗意愿方面是一个重要因素。"①

第二节 自由主义思想下的美国文化外交长远目标

美国的国家利益观念深受宗教使命感和国家使命感影响,捍卫和促进自由民主价值观成为国家利益的重要组成部分。很多美国人相信,自由民主制度的安全是国家安全的重要内容,美国通过在全世界传播自由民主制度,建立基于民主制度的国际体系,就可以维护美国的安全,促进世界的繁荣。因此,在世界范围内促进民主价值观和理想就成为国家目标的一部分。也正是基于此,文化关系的建立以及文化项目的开展与美国实现国家利益的总体目标一致。在自由主义思想影响下,在实现国家利益目标的驱动下,美国积极推进各种不同方式的文化交流,以文化关系影响其他国家接受美国价值观,实现美国政策目标,美国教育和文化项目所寻求的就是通过使来自其他国家的人们充分了解美国文化生活的多样性,获得对美国社会文化的更好包容,进而实现美国战略目标。

一、从宗教使命到政治使命

美国文化外交折射了美国文化扩张传统。17世纪初开始的宗教使命逐渐演变为把西方价值推向全球的政治使命,与共产主

---

① Thomas Sorensen: *The Word War: The Story of American Propaganda*, New York: Harper and Row, 1968, p. 20.

义为马克思主义最终目的相仿,建立以西方自由民主价值观为意识形态的自由社会,成为其最终目的。新教领袖约翰·温斯洛普1630年在其乘坐的阿拉贝纳号帆船(Arrabella)跨越大西洋前往美洲途中的豪言壮语成为这一传统的标志之一,他在船上写道:"我们必须考虑我们将作为山巅之城。所有人的目光都注视着我们。"① 新教徒们要在美洲建立能够实现自己宗教梦想的理想国度,建立《圣经》中的"山巅之城",成为世人的榜样。由此,继承英国新教思想的美国文化价值观表现出特殊的宗教使命感,并在其后的三百余年中,持续显现其影响力。正如美国历史学家朱利叶斯·普拉特指出,美国人始终"认为有一种天命在主宰和指导着美国扩张,这种思想根植在我们的民族意识里面,简直很少有不存在的时候"②。无论是美国领土从大西洋沿岸向太平洋沿岸扩张过程中传播以天定命运(Manifest Destiny)为主的宗教思想,还是美国为把更多国家吸引到自己怀抱而输出"优越的"政治制度,以及近年连续发动海湾战争,向伊拉克等中东国家输出自由民主价值观,美国都把主动传递美国文化思想作为重要手段,文化外交成为美国武器库中的重要兵器,成为实现美国国家利益的重要工具。

源自清教移民的宗教使命感,其关于个人、国家和社会的思想与现代自由主义内涵并非一脉相承。首先,清教徒们并不接受人人生而平等的天赋人权论,而是相信上帝给予的原罪说。个人最终进天堂还是入地狱,只能虔诚地接受上帝的选择。也正是基于此,北美殖民地时期公民的政治权利也并不平等,"个人参与

---

① John Winthrop: "A Model of Christian Charity", in J. A. Leo Lemay ed. *An Early American Reader*, Washington D. C.: United States Information Agency, 1993, p. 23.
② A. E. Campbell, *Expansion and Imperialism*, New York: Harper & Row, 1970, p. 23.

The Role of the Government: A Liberalism Perspective on American Cultural Diplomacy
中华文化走出去背景下美国对外文化交流中的政府角色研究

政府活动以必须拥有教会成员资格为前提，牧师和长老们才拥有政治优先权"①。其次，政教合一，国家从属教会，基督教思想控制政府，也与自由主义关于个人思想自由和政府不干涉公民思想的基本观念相左。在清教徒看来，他们在北美建立的"山巅之城"，基督教思想是灵魂，需要对个人和政府的行为进行绝对的掌控。因此，"山巅之城"是政教合一之城。第三，个人信仰自由是没有保障的。18 世纪北美殖民地思想家托马斯·哈钦森（Thomas Hutchinson）曾经记载，"教会的信徒才能获得永久公共权力，同样也可以认为，只有教会成员才能获得在自治区的自由"②，而异教徒在最初的社区活动中不被接受，甚至会被驱逐。清教对思想的禁锢，与自由主义的主张实在是大相径庭。最后，清教徒建立的"山巅之城"，是要实现一个宗教集体梦想，他们更关注的是集体的利益，而非个人权利，因此是非个人主义的。

然而，宗教使命感最终演进为政治使命感，是北美历史发展以及社会环境的一种必然。首先，抵达美洲大陆时签订的《五月花号公约》标志着对欧洲契约精神的传承，也为天恩之约、教会之约以及公民之约的宗教约定转为建立契约社会打下坚实基础。北美殖民地一些开明的清教人士也认为，应该以国家契约取代天赋神权，国家和上帝应被视为不同的权威，不能混为一谈。人们需要一份真正的契约保障自由的、为民众着想的基本法律。③ 其次，北美殖民地政教合一的政体，也延续着欧洲自由民主的精神。五月花号移民们建立的普利茅斯殖民地，每年选举并产生殖

---

① Raymond Gettell：*History of American Political Thought*，New York：The Century Co.，2000，p. 56.
② Thomas Hutchinson：*Hutchinson Papers*，New York：Burt Franklin，1967，p. 125.
③ 庞金友：《美国社会核心价值观的形成：清教传统与自由主义精神》，载《教学与研究》，2015 年第 3 期，第 95－101 页。

民地的领导人，选举政治深入人心。北美13个殖民地成为民主政治的发源地，清教徒在北美的政治实践，其核心实际上是反对教会和欧洲封建君主制。北美殖民地早期政治生活为美国建国后的自由民主发展提供的借鉴，也成为宗教使命和政治使命的纽带。最后，清教思想也含有个人主义萌芽以及对个人发展的必要约束。欧洲宗教改革中，《圣经》被翻译成各国文字，打破了教会对《圣经》解释的绝对掌控，教徒们对《圣经》的独立阅读和理解，客观上推动了个人思想的发展以及个人在教会以及社会中发挥的作用，而继承欧洲自由主义传统的清教徒在北美大陆衍生出新的个人主义，并引起社会结构的巨大变化。另外，清教徒们坚持"简单、纯净"的生活方式，不占有、欲求更多物质财富的准则强化了对自己的约束和管理，随着北美社会的不断发展，这一宗教准则使人们在实现自己权利的同时不侵犯他人利益成为一种行为模式，为自由主义传统在北美的延续打下了根基。

宗教使命感演进为政治使命感，也是源自清教改造社会的强烈天命意识。欧洲宗教改革运动中加尔文教派对清教思想影响至深，除了教徒的命运天定以及崇尚勤劳节俭是上帝选民的信号等神学思想，加尔文主义也认为荣耀上帝和光照世人是基督徒的使命，变革教会浮华体系并改良社会结构也是新教职责。基督教千禧主义思想则认为，基督的千禧世界需要不断改造更新，以迎接基督的千年统治。受此影响，"美国是上帝祝福的国度""美国要将世界引向善"成为自五月花号抵达美国后深深根植于美国人脑海里的思想传统，宗教的信念与社会的实践有机结合在一起。这种结合，就如德国社会学家马克斯·韦伯（Max Weber）对资本主义精神与新教伦理的评论，得到学术界的广泛认可。自由、民主及实现自由民主的意识形态和社会制度等美国文化外交中极力推崇的内容，在欧洲基督教改革中萌芽，体现了北美新教的信念，作为符合上帝意旨的仁爱的典范，帮助世界其他国家去分享并实现，就理所当然成为美国人的使命和义务。

最后，宗教使命感演进为政治使命感，是美国人具有强烈的民族、文化和制度优越感的必然结果。哈佛大学教授约翰·菲斯克（John Fiske）就直接指出："经过自然选择，美国已成为优胜国家，已表明适合生存的美国人自然合乎逻辑地应统治弱者，即不适合生存的人。"① 新教思想支配下的美国教育也极力灌输二元论下的美国民族优越论，认为世界只有黑白之分，没有中间的灰色，黑色象征邪恶，白色象征圣洁。在这样的教育背后暗含的意思就是：只有以盎格鲁－撒克逊为代表的白人文化，才是圣洁的文化。这样的教育使美国人认为自己的文化才是最优秀的文化，而以自己的文化价值观去审视其他文化时，其结果必然是对其他文化的抑制和贬低。当然，不可否认的是，美国人强烈的制度优越感源自美国作为实行共和制并拥有完整的民主制度的国家这一事实。自美国建国之后，没有出现大规模社会动荡，政权的平稳更迭表明美国政治制度的进步性。基于此，美国民众、学者和政治人物都对美国制度充满信心。威尔逊总统在总结杰斐逊以来所形成的美国传统思想后，积极宣扬拯救世界的意识形态，认为应该使美国特殊使命高于外交常态并使它有义务成为人类自由的典范。② 克林顿总统也认为，美国是"自由的灯塔、民主的堡垒、是世界上自由能给人们带来前景的活生生的例证"③。正是由于这种对民族、文化以及制度的优越感，美国在宗教使命的驱

---

① 转引自丁则民：《美国内战与镀金时代》，北京：人民出版社，1990年，第356页。
② 亨利·基辛格：《大外交》，顾淑馨等译，海口：海南出版社，2012年，第30页。
③ 转引自纪荣仁：《谁来打败美国》，北京：新华出版社，2000年，第64页。

使下,以自己的价值观衡量世界其他国家,试图把民主自由的新边疆推进到亚洲、非洲和拉丁美洲等在美国看来不民主的国家,并以把美国体制输出到这些国家作为自己的重要使命,这成为文化外交的终极目标,文化外交成为实现这一目标的重要手段。

二、推广自由民主价值观与美国战略目标

弗雷德里克·杰克逊·特纳(Frederic Jackson Turner)19世纪末发表的《边疆在美国历史中的重要性》一文提出边疆假说,指出美国边疆在向西推进过程中对美国民主产生了重要影响。虽然不少学者质疑其理论忽视欧洲文化对美国文化的影响,但美国文明从大西洋沿岸扩展到太平洋沿岸,再被推向非民主或专制的亚洲、非洲国家的新边疆理论,是在宗教使命感和政治使命感基础上,美国对外开展文化外交的新动力。美国人深信,"自由、民主与平等"既是美国的立国根基,也是国家繁荣的奥秘。在全球推广美国价值观,以自由主义思想辐射其他国家和地区,符合美国国家利益,而文化外交在美国全球战略中发挥着不可替代的作用。

首先,推广自由民主价值观为美国的全球战略合法性提供了充分依据。美国建国之后,自由主义关于政府有限干预社会的思想,客观上对美国建立创新型国家创造了有利条件。第二次世界大战以后,美国政治制度的红利开始显现,美国也借由其庞大的政治、军事实力,以强权直接或间接开始承担管理世界的任务。在论述美国强权的逻辑时,我国学者王缉思教授就认为,正是美国的国内民主给其在世界上的霸权行为提供了支持。① 换句话说,美国国内政治的优越性是美国强权的源头。要否定美国在世

---

① 王缉思:《美国霸权的逻辑》,载《美国研究》,2003年第3期,第7-29页。

界的强权,最需要做的就是否定美国强权的国内根基,而这一点却正是美国人引以为豪之处。美国人深信,以自由、平等和民主为核心的美国信条(American Creed)是美国政体之本,与美国经济的巨大成就有必然的因果关系,美国的成功,证明了美国价值观对社会进步的巨大推动力。美国清教移民先驱们(Pilgrim Fathers)在上帝的感召下,在北美洲这片应许之地(Promised Land)开始建造的"山巅之城",经过四百年的努力,在20世纪的美国成为现实,这进一步反证了美国价值观的价值所在。基于此,美国人相信,美国的价值观即是普世价值观,美国的政治使命,就是要把美国价值观传播到世界各地,承担起普渡众生的宗教使命。美国通过文化外交输出美国价值观的行为,是美国救世主心态的反映,也是美国试图把世界多元文化归于美国文化统治下的一种努力。正如哈佛大学历史教授入江昭所表述的那样,"美国的梦想将在全球范围内实现,美国的经历将成为世界的经历,只有当美国的理想和制度坚定地移植到全球各部分时,美国才不是独特的,整个世界将成为一个伟大的美国"①。由此不难看出,美国文化外交是实现美国一统天下的梦想的一种手段。文化手段与政治、经济、军事手段一样,都是美国外交政策的重要组成部分。在当今世界大国间政治和军事手段不能完全发挥作用的情况下,文化手段成为美国穿越障碍,实现外交目标的重要工具。

另外,通过文化外交推广美国信条的根本目的是帮助美国实现其战略目标。美国实现其战略目标的手段包括军事打击、经济制裁、政治施压以及文化渗透。在军事、经济以及政治手段并不

---

① 入江昭:《文化之间的关系》,转引自王晓德《美国文化与外交》,天津:天津教育出版社,2008年,第231-232页。

能完全发挥作用的情况下,文化手段往往扮演着关键角色。美国政治家塞缪尔·亨廷顿(Samuel Huntington)在其著作《文明的冲突与世界秩序的重建》中就指出,在这个新世界里,"最普遍的、重要的和危险的冲突不是社会阶级之间、富人和穷人之间,或其他以经济来划分的集团之间的冲突,而是属于不同文化实体的人民之间的冲突……在冷战后的世界,文化既是分裂的力量,又是统一的力量"①。亨廷顿的文明冲突论虽然因为其突出文化分裂和对抗、忽视文化融合与协调而饱受学者们的批评,然而其提出的文化是冷战后国际秩序的基础以及强调文化在大国博弈中的地位及在国际事务中发挥的作用却受到学术界一致肯定。事实上,20世纪以来的美国历任政府,都对文化外交给予了不同程度的重视。古巴导弹危机后,肯尼迪政府在拉丁美洲建立"争取进步联盟",其目标是通过在拉美地区推广美国的观念和体制,让拉美人民接受人民自决原则,改善和加强南美国家的民主机制。尼克松总统在其著作《1999:不战而胜》中也认为,自由与民主对全世界人民都有极大的吸引力,美国的自由欧洲之声和自由之声广播电台项目,是对东欧国家最有效的文化传播项目之一。② 众所周知,尼克松任期内,美国积极推动乒乓外交,以文化活动的方式启动了与中国关系正常化的流程,而政治、经济以及军事方式,在当时都不合适。中美关系正常化,美、苏、中三足鼎立的世界格局开始形成,在战略上缓解了美国所承受的来自苏联的压力。

以文化的方式推广美国价值观,在卡特总统提出并实施"人

---

① 塞缪尔·亨廷顿:《文明的冲突与世界秩序的重建》,周琪等译,北京:新华出版社,2002年,第7页。
② 尼克松:《1999:不战而胜》,杨鲁军等译,北京:世界知识出版社,1989年,第96-97页。

权外交"时期达到顶峰。人权的概念起源于洛克《政府论》下篇的相关论述，是自由主义思想的核心内容之一："他们在自然法的范围内，按照他们认为合适的办法，决定他们的行动和处理他们的私人财产和人身，而无须得到任何人的许可或听命于任何人的意志。"① 威尔逊总统就把人权作为一张牌，用以弥补美国20世纪初期在军事和政治方面的不足。威尔逊的理想主义思想可以被看作是美国政治使命感的直接反映，因为他认为，美国在世界上承担着特殊的使命，美国的利益不是财产权，而是人权，美国是西半球民主自由和独立主权的斗士。② 威尔逊虽然带着遗憾离开政坛，但是其利用美国道义的力量实现美国战略利益的谋略，成为美国文化外交的重要遗产。此后罗斯福总统的"四大自由演说"以及上文提到的肯尼迪总统的"争取自由联盟"无不是利用意识形态武器，实现美国战略利益的例证。卡特总统上任后提出人权外交，主要是基于如下考虑：首先是以共同的价值观，强化与西方盟国的纽带；其次是巩固南北关系，特别是巩固与所谓民主国家之间的关系；最后则是重塑美国在世界的形象。正如卡特所言："我们是自由的，因此，我们不可以对其他地区熟视无睹。我们的道义和信念使我们需要明确表达支持与我们一样尊重人权的社会。"③

对日文化关系是美国以文化手段实现战略目标的一个成功案例。20世纪30年代之前，美国基本上遵循不干预思想领域的自

---

① 洛克：《政府论》（下篇），叶启芳等译，北京：商务印书馆，1964年，第5页。
② Arthur Link: *The Papers of Woodrow Wilson*. Vol. 36, Princeton: Princeton University Press, 1982, p. 43.
③ Jimmy Carter: "Address at Commencement Exercises at University of Notre Dame", May 22nd, 1977, http://www.presidenc.ucsb.edu/ws/index.php, 访问日期：2015年12月9日。

由主义文化外交路线,在"守夜人"理论下,政府不过多干预文化宣传领域。30年代法西斯德国以及日本咄咄逼人的军事和文化攻势,使美国政府被迫成立相关机构对德、日等轴心国进行文化对抗。① 第二次世界大战之后,美国为了彻底改造日本,在政治上与日本签订《美日媾和条约》,并通过主导日本宪法制定过程而在政治上对日本加以约束;在军事上,签订《日美安全保障条约》,在日本长期驻军的同时,确立了日本非军事化目标。美国也充分认识到,日本国民思想的转变是确保对日本政治与军事管控的长久之道。杜鲁门总统任命约翰·洛克菲勒(John D. Rockefeller)参加"杜勒斯媾和使团",专门负责美日关系中文化、教育和信息等相关政策文件的起草,为美日两国间文化交流的制度化做准备。

事实上,美国政府对美日文化关系相当重视。美国国务卿杜勒斯(Dulles)当时就认为,双方国民通过文化交流可以产生相互理解和尊重,这种理解就是对对方的生活方式和文化表达敬意的态度。杜勒斯希望美日两国国民通过文化交流,能够理解彼此的想法、理念和目标。② 美国国务院人才交流部负责人弗朗西斯·科里根(Francis Colligan)也指出:"只有共享利害关系的共同体,才是自由人类能够构筑安定秩序的心理基础。"③ 艾森豪威尔总统也曾说:"彼此之间对文化、问题和愿望若没有深入

---

① 自由主义思想下的美国文化外交机制相关问题,详见本书第三章。
② Japanese. American Cultural Relations. Council on Foreign Relations Study Group, July 27, 1953, Folder 447, Box 50, Series 1 – OMR files, RG 5 (John D. Rockefeller 3rd), Rockefeller Family Archives.
③ Francis Colligan: "The Fulbright Act: An Opportunity and a Challenge to American Educatiors", August 10, 1949, Bureau of Education and Cultural Affairs Historical Collection, U. S. Department of State, Manuscript Number 468, Box 296, File 29, Special Collections Division, University of Arkansas Libraries, Fayetteville, Arkansas.

的理解,经济、政治和军事合作在面临危机时就有可能崩溃。"①洛克菲勒本人也认为,文化交流对世界和平而言是不可或缺的,虽然仅仅依靠文化关系无法达成和平,但是没有文化关系,世界和平也是无法构筑的。②

1951年6月,洛克菲勒提交的《美日文化关系报告》确定了美国对日文化关系的长远目标,成为美国对日文化交流战略指针。《美日文化关系报告》提出了三个具体目标:(1)通过深化美日两国人民相互理解,促进双方对彼此生活方式的认同,形成两国紧密关系;(2)以文化交流丰富彼此文化;(3)为解决共同面对的问题,促进美日两国相互帮助。在具体实施方面,以美国为首的盟军驻日司令部成立民间情报教育局,专门负责对日精神、风俗、教育和宗教等事务。1953年美国新闻署成立后,继续通过英语教育、图书馆、展览会、音乐会以及建立文化中心的方式加强对日文化交流。③ 除了上述文化交流方式外,《美日文化关系报告》也明确了对日交流策略,把日本国民分为精英阶层和包括工人、农民在内的普通公民。对于精英阶层,美国主要通过教育文化交流和人员交流,以长期性的文化累积来感化日本知识分子领导阶层;而对于普通大众,则通过报纸、电台以及广播等"快速传播"媒介加以影响。哈佛大学历史教授埃得温·赖绍尔(Edwin Reischauer)在仔细研究日本社会的基础上也指出:"在东亚地区……知识分子阶层占据着特殊地位……如果我们利用学者、也就是这些地区的知识分子群体的特权地位,那样我们

---

① 转引自 Francis J. Colligan: "The Government and Cultural Interchange", in *Review of Politics*. No. 4, 1958, p. 564.
② 松田武:《战后美国在日本的软实力》,金琮轩译,北京:商务印书馆,2014年,第112页。
③ 美国对日文化交流详见渡边靖:《美国文化中心——美国的国际文化战略》,金琮轩译,北京:商务印书馆,2013年。

的宣传活动，也就是以这群人为主要目标人群的信息活动，才能得到最有效的开展。"①

美国第二次世界大战后的对日文化外交，其结果是有目共睹的。在政治上，美国主导下的日本新宪法帮助日本脱离军国主义，实现了西方民主；在军事上，《日美安保条约》在美军协防基础上，达成了抑制日本军事发展的目标，战后的日本没有动过一枪一弹，严守了"非战"的规定；在文化上，经过数十年的努力，日本社会在保持大和民族传统的基础上，接受了以自由、民主和平等为核心的西方价值观。日本首相安倍晋三在会见印度尼西亚总统苏西洛时，明确日本要在东南亚扩大民主与人权等价值观，推进价值观外交②，就是日本与西方融为一体的明证，也是美国文化外交最成功的实例。

三、引导国际舆论并控制国际话语权

引导国际舆论并控制国际话语权，是美国开展文化外交的重要目标之一，而以自由主义思想为核心价值观的美国"国际道义"是达成目标的重要支撑。在美国文化外交中，官方话语的使命不仅传递着美国国家政策，也承担着输出美国意识形态的重任。乔治·W. 布什（George W. Bush）总统任职期间，就非常注重把其宗教信仰与政治使命结合在一起，在辩护其外交政策的同时，传播美国价值观。2003 年，布什政府在华盛顿早餐祷告会上说道：

---

① 转引自渡边靖：《美国文化中心——美国的国际文化战略》，金琮轩译，北京：商务印书馆，2013 年，第 136 页。
② 新华网：《日媒：安倍推价值观外交对抗中国》，http://news.xinhuanet.com/world/2013-01/20/c_124253346_2.htm，访问日期：2016 年 2 月 7 日。

信仰还向我们展示了善良的现实和邪恶的现实。今世的一些行为和选择有着永恒的后果。无论在哪里,瞄准和杀害无辜的人们,残酷和憎恨,奴役和压迫,总是错误的。无论在哪里,仁慈和公正,保护他人的生命和为朋友付出生命,总是正确的。①

布什总统是虔诚的基督徒,在其竞选总统过程中,其关于基督信仰的言论就在国内引发热议,他引证被民众广泛接受的基督信仰来论证美国出兵阿富汗和伊拉克以及打击"邪恶轴心国"的合理性,是以价值观使美国政府占领舆论高地的一个策略。2010年,奥巴马总统公布其任期内首份《美国国家战略安全报告》,在强调政治、经济及军事在确保国家安全重要性的同时,也强调价值观所发挥的作用,"我们对普世价值的支持,也促进了安全与繁荣,……我们通过在国内践行这些价值观促进其在国外的推广"②。

在"国际道义"的支撑下,历届美国政府均把掌握国际舆论作为美国官方对外话语的重要目标,通过文化外交的各种不同形式,非常巧妙地把美国价值观和意识形态打造成国际舆论的化身。例如第一次世界大战后,威尔逊总统以维护世界和平为口号,在巴黎和会抛出十四点计划,谋求建立"国联",虽然威尔逊的计划最后因孤立主义思想受困于国会,美国未能如愿加入国联,但美国站在舆论制高点的目的已然达成。罗斯福总统任职期

---

① 艾克敏:《布什总统的信仰历程》,姚敏等译,北京:社会科学文献出版社,2006年,第210页。
② 《奥巴马政府首份国家安全战略报告全文》,http://www.cetin.net.cn/cetin2/servlet/cetin/action/HtmlDocumentAction?baseid = 1 & docno = 423145,访问日期:2016年2月9日。

间，其若干次"炉边谈话"成为影响美国乃至世界舆论的途径。其中，在1940年12月29日的第12次"炉边谈话"中，罗斯福谈到，美国不能姑息残忍的行为，强制的和平也绝对不是真正的和平，美国必须成为民主与和平的伟大加工厂。时间不长的谈话，通过美国新闻媒体传遍全世界，在纳粹法西斯阴云密布的当口，美国俨然成为全世界的希望所在，舆论的高点不可谓不高。

美国在建国时期杰斐逊主张思想的自由，汉密尔顿主张政府适度管控以利于政府运作。之后的美国政府，则非常注重两者的结合，以对舆论的有效利用实现美国国家长远利益。"9·11"事件后，美国认识到注重经济和军事硬实力难以有效征服伊斯兰世界，布什政府开始加强对伊斯兰国家的文化攻势，为缓和美国社会与伊斯兰国家的矛盾，布什曾说道：

> 我不谈论某一宗教。我相信上帝可以借着诸多宗教来做工，无论是基督教、犹太教、伊斯兰教还是印度教。当我谈到信仰时，我说的是所有宗教信仰，因为有个普世的召唤，而这一主要的普世的召唤，就是去爱你的邻居，它贯穿了所有的信仰。①

这表明美国政府希望拉近与非基督教世界在思想上的距离。与此同时，布什政府也注重美国国务院负责公共外交事务的管理机构建设，把思想交流置于政府控制之下，以实现美国国家利益。进入奥巴马时代，美国政府一方面投入经费加强对伊拉克、

---

① 艾克敏：《布什总统的信仰历程》，姚敏等译，北京：社会科学文献出版社，2006年，第209页。

阿富汗以及巴基斯坦的文化交流和英语教学，强化双边文化交流①，另一方面也注重政府在信息时代对新媒体的应用。正如美国国务院负责公共外交事务的助理国务卿朱迪斯·迈克黑尔（Judith Mchale）所认为的那样，美国必须与外国民众建立并保持友好、牢固和持久的关系，将传统交流与信息技术结合起来，向他国人民提供有帮助的信息和服务。② 2010年《美国国家安全战略报告》也指出："美国与中东国家交往必须是全面而且战略性的，我们不应该仅仅局限于应付短期威胁，而应该通过公平的教育和机会来赢得民心，并寻求美国与中东国家的积极而持久的合作关系。"③

美国在占据国际道义制高点和获取国际舆论支持的同时，也努力通过教学、科研及各类文化交流，获得并保持学术话语权，而且将其转换为国际话语权。在英国伯明翰学派文化研究专家斯图尔特·霍尔（Stuart Hall）眼中，话语就是"一组陈述……控制着话题能被有意义地谈论或追问的方式"④。在这个意义上，文化外交的实质就是通过某种政治哲学的劝诱，以话语体系的力量实现对人心的征服。控制话语权就意味着将政治实力建立在正当性之上，这也成为文化外交的最高目标之一。美国各类智库以及高等院校教育机构通过不断研究，总结并提炼出美国成功之道

---

① 颜琳、李开盛：《评奥巴马政府在中东伊斯兰世界的公共外交》，载《现代国际关系》，2012年第3期，第61－65页。

② Judith Mchale："Public Diplomacy: A National Security Imperative"，http://www.state.gov/r/remarks/2009/124640.htm，访问日期：2016年2月9日。

③ The White House: "National Security Strategy of the United States of America"，http://www.whitehouse.gov/sites/default/files/rss_view/national_security_strategy.pdf，访问日期：2016年2月9日。

④ 斯图尔特·霍尔：《表征》，徐良等译，上海：商务印书馆，2003年，第44－45页。

背后的思想理论基础及价值观源泉,形成具有说服力的劝诱陈述。本书稍早提到的迈克尔·多伊尔的论文《康德、自由主义遗产和外交》,就是在对19世纪及20世纪欧洲政治哲学及西方国家民主实践基础上,提出"民主和平论",形成比较完整的理论假设。这一理论假设在美国政府看来具有理所当然的政治正确性,因此,在世界范围内推进自由民主成为必然的逻辑推论。美国学术界的学术话语,在这里转变成为美国官方话语,成为美国文化外交的推动力量。学术研究是推动人类不断进步的阶梯,学术也是国家实力的一个重要指标,也可以说,谁掌握了学术话语,谁就控制了整个社会的思维框架。如何建立具有中华文化底蕴的中国学术话语体系,扩大国际话语权值得我们深思。

学术话语权的掌握,帮助美国以国际话语应对潜在的挑战。福柯在研究话语存在法则时认为:话语始自于克服矛盾,话语产生于矛盾。[①] 美国建国以后就以天赋使命神话扩张领土和文化,在把自由民主传播到世界各地的同时,实现美国国家利益。然而,美国的话语也不断受到各种挑战,在此情况下,美国学者和政府也不断从矛盾冲突中寻求话语,劝诱国内外民众加以信任。一个良好的例证就是美国提出的"中国威胁论"。随着中国的和平崛起,美国国力不断下降,特别是海湾战争和金融危机以后,美国政府财政赤字巨大,债务负担沉重,美国越发感到中国在各领域对美国的挑战,于是相应出现"中国军事威胁论"、"中国经济威胁论"、"中国文化威胁论"以及"中国网络安全威胁论"。仔细分析,美国在担心自己世界领导权受到挑战的同时,也担心中国社会主义市场经济的发展模式会对以美国为代表的西

---

① 福柯:《知识考古学》,谢强等译,北京:生活·读书·新知三联书店,2007年,第167页。

方自由主义经济模式造成威胁,在此背景下,"中国威胁论"自然蔓延至整个西方世界,西方世界团结在美国的周围,对抗中国的发展,自然成为顺理成章的事。

美国政府非常擅长创造官方话语,从"天赋使命"、"天定命运"(Manifest Destiny)、"美国例外论"到上文提到的"民主和平论""中国威胁论",美国不断推出符合美国价值标准的官方话语,牢牢掌握着在世界事务上的话语权,迫使与美国有冲突的国家按照美国的思路处理相应问题,美国的官方话语在表面上顺应国际舆论的同时,谋取并获得了国际话语权,也谋取并实现了美国的国家利益。

第三节 现实主义国际关系思想与美国文化外交现实考量

一、自由主义与现实主义思想下的文化外交

源自欧洲资产阶级革命的自由主义思想,对个人主张自由、对财产主张私有、对社会主张平等以及对政府主张有所管有所不管,其中对个人、国家与社会之间关系的探讨是其核心内容之一。洛克、霍布斯以及卢梭、密尔等的思想,不仅阐述了一个国家内部人与人自由、平等的诉求及对自由、平等的实现途径的设想,也建构了国与国之间关系的理论基础,自由主义由此也成为国际关系理论的思想源泉之一,对文化外交也产生了不可忽视的直接影响。

然而,在以自由主义思想影响国家政策和行为方面,现实主义思想家们却并不以为然。一方面,现实主义者们认为,相较于

意识形态的驱动力,对权力和利益的追求是国家行为更根本的考虑①,不管一个国家的意识形态如何,在追求国家利益和安全方面并无两样。摩根索则进一步指出:"全部政治,无论是国内政治还是国际政治,其种种基本表现常常没有显示出政治的实际状况——权力斗争的表现,这正是政治的特别之处。"② 另一方面,现实主义者们认为,意识形态的作用更多地是对政策进行合理化解释。维纳·李维(Werner Levi)认为:"意识形态在决定一个国家目标和实现这一目标的计划时,起从属和次要作用,而在决策形成后论证这一决策时,发挥更重要作用……在公众面前,外交政策总是被论证为与道义是一致的,虽然实际上并不是,甚至不是追求道德目标。"③ 美国著名历史学家小阿瑟·施莱辛格也呼吁人们在考虑国际政治时要"从意识形态的陶醉中清醒过来,回到建国之父们老练的现实主义"④。

与上述现实主义者的观点相反,自由主义者们则认为意识形态对外交政策有实质影响,现实主义者所谓的国家利益也包括国家在国际世界中的希望和愿望。一个国家的希望和愿望都是通过人的行动来实现的,而价值观则影响人的行为准则,这也是意识形态影响决策过程的原因。美国学者约翰·加迪斯(John Gaddis)在对冷战进行研究后表示:"意识形态指示着历史运动的方向……形形色色的意识形态吸引着各国领导人,以它们来指

---

① George Schwab: *Ideology and Foreign Policy: A Global Perspective*, New York: University of Columbia Press, 1978, pp. 103 – 104.
② 汉斯·摩根索:《国家间政治——寻求权利与和平的斗争》,徐昕等译,北京:中国人民公安大学出版社,1990年,第123页。
③ Werner Levi: "Ideology, Interest, and Foreign Policy", in *International Studies Quarterly*, Vol. 14, No. 1, 1970, pp. 5 – 8.
④ 转引自罗伯特·基欧汉:《新现实主义及其批判》,郭树勇译,北京:北京大学出版社,2002年,第300页。

导行动。"① 文明冲突论的提出者塞缪尔·亨廷顿更明确指出意识形态的重要性："社会被意识形态或历史环境统一在一起，却又被文明所分裂……建立在具有文化共同性的国家基础上的国际组织，远比那些试图超越文化的国际组织成功。"②

对意识形态实质性影响外交持有异议的现实主义者们，面对实质性影响外交的自由主义，处于十分尴尬的境地。自由主义在美国的社会地位决定了其对政治文化的巨大影响。托克维尔在其《论美国的民主》一书中就指出没有封建传统的美国，自由主义自然就成为一种传统。路易·哈茨则断言，在美国，欧洲思想上"左"的或"右"的意识形态都没有成为对自由主义的挑战，自由主义已经深入人心、根深蒂固，甚至成为一种思想专制。现实主义者对其影响的批判，反证了作为意识形态的自由主义对外交的实质影响。提出对苏联采取遏制战略的美国外交学者乔治·凯南（George Kennan）就在其著作《美国外交》中指责美国政府的决策受"道德主义"和"法制主义"思维方式影响，认为是美国制定外交政策中的严重错误。③ 另一位美国现实主义大师亨利·基辛格博士在批评威尔逊理想主义在巴黎和约谈判中不甚实际的同时，也不得不承认"美国在世界舞台上的主要梦想具体表现在威尔逊思想中：美国的意识形态从某个角度而言，一直相当具有革命性，虽然在内政上美国人也一直自认为满足于现状"④。

---

① 雷迅马：《作为意识形态的现代化》，牛可译，北京：中央编译出版社，2003年，序言页。
② 塞缪尔·亨廷顿：《文明的冲突与世界秩序的重建》，周琪等译，北京：新华出版社，2002年，第7页。
③ George Kennan：*American Diplomacy*，Chicago：University of Chicago Press，1984，p. 25.
④ 亨利·基辛格：《大外交》，顾淑馨等译，海口：海南出版社，2012年，第39页。

现实主义者这种对自由主义思想或意识形态既否定又嫉恨的态度，客观上证实了思想对政策的实在影响。而文化外交是思想外交，其作用自然不容否定。

从政治哲学的角度看，自由主义是顶层思想，理想主义与现实主义可以被看作实现顶层思想的方法和途径。自由主义、理想主义及现实主义体现在文化外交上，其实质是思想和方法的问题。文化外交传递的是自由民主思想，是美国价值观，其源头是以洛克和霍布斯为代表的自由主义思想家们的思想，而文化外交也受理想主义与现实主义影响，反映出文化外交需要兼具长远目标与短期考量。现实主义国际关系理论关注的重点与文化外交目标相互交织、互相影响。首先，个人自由是自由主义的核心内容，而实现国家安全则是保障个人安全的必由之路。为了实现并保障人的自由，洛克提出社会契约论，而霍布斯认为人与人处于相互战争的自然状态中，个人安全必须依靠相互达成的和平契约。洛克与霍布斯关于个人自由的主张相似，但霍布斯认为信约只是没有利剑的合约，根本无力保证个人安全，基于此，一个拥有绝对和至高无上主权的国家，才是国内法律和道德秩序的保障，因为只有权力才能保证安全，也才能实现利益。

其次，国际权力的均势达成，是国家安全的重要保障。洛克对国际关系持积极态度，认为以自愿原则和人的理性，可以构建和平的国际秩序。受洛克影响，美国人认为，既然人是理性的，人与人之间的分歧就可以通过理性的讨论加以解决，国与国的关系也是如此，和平是自然的正常状态，战争则是非正常状态。霍布斯则认为，一国为了保障安全，与他国结盟是必要的，只有保持均势，才能维持相对和平。现实主义国际关系理论则认为，任何盟约或协议只有在符合国家利益的情况下才有效，此种灵活性

The Role of the Government: A Liberalism Perspective on American Cultural Diplomacy
中华文化走出去背景下美国对外文化交流中的政府角色研究

对均势非常重要。通过均势可以限制国际权力斗争,同时协调国际冲突和矛盾。

最后,道义和公正让位于权力和利益。在洛克的自然状态中,人人遵守法则和正义准则,是社会契约下的理性社会。受此影响,杰斐逊认为,国际法应该由道德、各国的惯例以及国与国之间的特别约定来达成。威尔逊也认为:"国家间的行为标准应该需要以文明国家公民个人需要遵守的标准和为过错承担责任的标准来制定。"① 在霍布斯看来,国家与个人一样,都要谋求生存,强权即公理成为冷酷现实。而美国现实主义国际关系理论在强调权力和利益的同时,忽视对意识形态作用的研究,甚至指责道德主义和法制主义。正如美国学者韩德(Hunt)所指出的,当前的研究"几乎全部把注意力聚焦于战略思想的变化、经济体系的需求、精英集体的利益及影响、总统的作用以及国际国内政策与外交的互动"②。

受现实主义思想影响,美国文化外交在着眼实现国家根本利益的长远目标的同时,也非常注重现实客观利益,关注短期目标的达成。现实主义国际关系学派认为,外交政策背后最根本的动力是对权力和利益的追求,而美国最重要的国家利益包括四个方面:第一是安全利益;第二是意识形态利益;第三是保护和促进商业;第四是维护有利的世界权利均势。③ 纵观美国文化外交史,在不同历史时期,文化外交表现出对国际形势的精确估算和

---

① Arthor Roy Leonard: *War Addresses of Woodrow Wilson*, Boston: Ginn and Company, 1918, p. 39.
② Michael H. Hunt: *Ideology and U. S. Foreign Policy*, New Haven and London: Yale University Press, 1987, p. xiii.
③ John L. Chase: "Defining the National Interest of the United States", in *The Journal of Politics*, Vol. 18, No, 1956, pp. 721-723, 转引自王立新著:《意识形态与美国外交政策》,北京:北京大学出版社,2007年,第185页。

对此做出的灵活反应，文化外交对所追求的短期目标的频繁调整始终围绕美国现实客观利益。

二、维护国家文化安全

美国文化对世界各国文化的影响和渗透最为深远。然而，无论是按照约瑟夫·奈的软实力理论，还是按照塞缪尔·亨廷顿的文明冲突论，美国文化都必须面对爱德华·萨义德在《东方学》中所论及的西方文化的"他者"。美国文化在成为最强势文化的今天，也不断创造出诸如"中国文化威胁论"、"伊斯兰文化威胁论"以及"美国衰落论"等危机论调。这反映出美国客观存在的对自身文化安全的一种潜在焦虑，而这种对文化的焦虑，或者称之为文化危机意识，置于历史的视野下，是一种长期存在。

美国文化安全危机意识的起源，可以追溯到美国清教移民先驱们（Pilgrim Fathers）在荷兰遇到的文化冲击。17世纪初，因提倡宗教改革而受到英国国教（Anglican Church）迫害的部分清教徒，被迫离开英国。据史料记载，乘坐五月花号抵达美洲大陆的第一批清教移民，在前往美洲之前，选择前往以对各种宗教思想容忍著称的荷兰，在那里居住了11年。荷兰是多元神学思想汇聚的地方，各种神学思想的碰撞直接撼动了部分移民先驱们的价值观。荷兰的阿米尼乌斯派虽然也信仰加尔文主义，但它认为人类对未来应该充满希望，他们相信全人类都能得到上帝救赎。全人类都能得到救赎的主张，对不少信众产生了很强的吸引力，但却与清教宿命论的观点相去甚远。虽然清教领袖约翰·罗宾逊（John Robinson）积极参加反对阿米尼乌斯派的论战，然而荷兰多元神学思想对坚守清教信仰的移民先驱们价值观的冲击却是客观存在的。① 除了神学思想的冲击，荷兰世俗文化给移民先驱带来的威胁，无论是阿姆斯特丹的重商环境还是莱顿的宗教自由氛围，都与苏格兰的乡村生活以及清教刻板的信仰形成强烈反差，正如清教领袖布雷德福（Bradford）在《普利茅斯殖民史》中所说，移民先驱们在荷兰"听到的是陌生而粗犷的语言，看到的是人们不同的习俗和奇异的服饰，……就仿佛来到了一个新的世界"②。此外，很多清教下一代放弃了他们父辈严苛的清规戒律，转而寻求自己独立的生活道路。看到自己后代处于堕落腐化的危险之中，"他们的父辈极度忧伤，这也让上帝为之蒙羞"③。

清教徒们在荷兰经历的思想文化冲击，叠加登陆北美大陆后面对的陌生自然环境以及后来与大英帝国的抗争，这一切使得美国的文化安全意识十分浓厚。早期美洲殖民地的人们辛勤劳作，在新大陆成就斐然。然而，他们对获得成果的喜悦难掩其对外来势力侵入的担心。美国建国以后，为了把来自外部对其新生制度和文化可能造成的冲击降到最小，孤立主义情绪油然而生。美国人"从心底里认为欧洲在堕落，欧洲在沉沦，而对美国自己的制度和价值观念却感到自豪，因此他们感情上不愿与欧洲为伍"④。杰斐逊曾认为，如果他能自主行事，他就愿意采取中国那样的闭关锁国政策，与外部世界隔离。诚然，美国在建国之初国力有限，军队弱小，无力抗衡欧洲列强，美国国民担心自己努力建立起来的优越制度与文化被取而代之，采取孤立主义也是不得已而

---

① Joke Kardux: *Newcomers in an Old City*, Leiden: Uitgeverij Burgersdijk & Niermans, 1993, pp. 37 - 40.
② William Bradford: *Of Plymouth Plantation*, in J. A. Leo Lemay ed. *An Early American Reader*, Washington: Uniteds States Information Agency, 1993, p. 195.
③ William Bradford: *Of Plymouth Plantation*, in J. A. Leo Lemay ed. *An Early American Reader*, Washington: Uniteds States Information Agency, 1993, p. 200.
④ 庄锡昌：《二十世纪的美国文化》，杭州：浙江人民出版社，1993年，第93页。

为之，但是这种孤立主义思想客观上催生了美国的文化安全忧患意识，并延续至今。

以文化外交维护美国文化安全，成为美国政府的重要目标。美国著名非营利研究机构"美国艺术文化中心"对美国1938年以来70余年文化外交历程进行了深入研究，并完成阶段性成果报告《美国政府的文化外交》。报告指出，美国文化外交最明显的特点之一是，每当"外来威胁"或"危机"来临时，美国联邦政府便会积极介入并支持文化外交①。例如，罗斯福总统实施"好邻居政策"，以应对第二次世界大战期间德国对拉丁美洲的文化渗透，国务院也成立文化关系司，以文化攻势对抗轴心国的心理战；冷战期间，美国对苏联和东欧地区开展文化宣传，以解开所谓"铁幕"作为文化宣传的重要内容；"9·11"之后，为赢得伊斯兰世界对美国的认同，布什政府在文化外交领域采取多项措施提升美国国际形象等，这些都是美国文化外交服务现实利益的例证。在中国高校建设美国文化中心，同样是美国感到中国孔子学院所带来的"中国文化威胁"的必然结果。② 在2011年一份由美国驻北京大使馆提交的美国参议院外交关系委员会题为"美国另类赤字：互联网时代中国与美国公共外交"的报告里，美方认为在美国文化中心成立之前，美国在中国只有包括由北京大使馆运作的"美国中心"和位于四个驻华领事馆内的文献信息中心总共五个官方文化机构，相比在美国的70余个孔子学院，美国在文化外交领域处于"赤字"状态，因此建立美国文化中心势在必行。

---

① 金元浦：《美国政府的文化外交及其特点》，载《国外理论动态》，2005年第4期，第33-36页。
② 美国文化中心作为当代美国文化外交的重要举措之一，将在第五章详细讨论。

在自由主义思想影响下,美国社会不赞成政府对文化进行干预,然而这并不意味着美国政府没有体系化的文化政策。为了美国文化安全,美国在制度上有一系列安排,并有明确的政策导向。例如,1950年美国加入联合国教科文组织《教育、科学和文化物品进口协定》时,就坚持保留拒绝进口有可能对美国文化发展构成威胁的文化商品权利的条款。此外,美国国家安全委员会在2000年发表的《美国国家利益报告》中,国家利益被划分为"致命利益、极端重要利益、重要利益和次要利益",在"极端重要利益"中与文化安全相关的有一条:促进西半球的民主、繁荣和稳定。在"重要利益"中,有两条与文化安全相关:在具有战略重要性的国家,促进多元、自由和民主的发展;在全球信息传播中,保持领先地位,确保美国价值观积极地影响其他国家文化。在"次要利益"中,也有一条:促进民主制度在全世界的发展。① 美国在2002年的《国家安全战略报告》中也明确提出,要充分利用"9·11"后的机遇扩展民主,积极地把民主、自由市场和自由贸易在全球进行推广。正如美国首任国土安全部部长汤姆·里奇(Tom Ridge)所说的那样,"在文化领域,安全问题十分重要,我们要从另外一个角度考虑安全问题,恐怖分子不仅是怀揣炸弹的人,思想与文字同样会对我们的安全造成严重影响"②。

事实上,随着第二次世界大战后美国成为世界头号强国,美国文化安全策略已经由殖民地时期和建国时期的防御性演变为扩张性。德国学者哈夫多恩(Helga Haftendorn)认为,安全是一

---

① 黄旭东:《美国文化安全战略及其对我国的启示》,载《贵州师范大学学报》,2009年第3期,第41—46页。
② 张玉国:《国家利益与文化政策》,广州:广东人民出版社,2005年,第107页。

个时间段内对价值和体系的维护，其中包括政治体系、经济体系、军事体系、文化体系等。① 约瑟夫·奈也认为，一个国家的软实力包括文化吸引力、意识形态和国际化机制等三个方面。② 文化安全则表现为维护一个国家的民族文化特质免受外来文化侵犯。如果说第二次世界大战之前美国尚需防范自己的文化体系遭受法西斯德国意识形态的侵蚀以及共产主义思想渗透，冷战结束后美国则已经成为全球文化超级大国，在当今世界没有任何一个国家的文化力量可以对美国意识形态构成实质性威胁。美国文化安全战略的核心，已经聚焦于把异质文化纳入美国主导的国际文化秩序，谋求建立以美国文化观念为主导的西方价值观，以消除其他文化对美国文化安全可能带来的潜在威胁。在这一文化策略中，美国已经不像过去以孤立主义拒他国文化于国门之外，而是通过强调相互沟通，对他国文化加以同化。

三、维护意识形态利益

探讨意识形态利益，先要弄清楚意识形态及其种类。虽然给意识形态下准确定义不是件容易的事情，但学术界对其基本内容已有共识：它是一种系统严密的思想体系，可以帮助解释社会现实的本质并提供如何改变现实以实现某种社会理想和价值观的行动纲领。③ 北京大学历史学者王立新教授认为，意识形态的突出特点包括：强烈的行动指南、可以简单化现实、排他性以及对理

---

① Helga Haftendorn: "The Security Puzzle: Theory-Building and Discipline-Building in International Security", in *International Studies Quarterly*, No. 35, 1991, p. 5.
② 约瑟夫·奈：《软实力》，马娟娟. 译，北京：中信出版社，2013 年，第 8－12 页。
③ Steven Levine: "Perception and Ideology in Chinese Foreign Policy", in Thomas Robinson eds. *Chinese Foreign Policy: Theory and Practice*, Oxford: Clarendon Press, 1994, p. 33.

想世界的设计。① 意识形态并不局限于思想领域，它作为人们看待世界的方法和观念的集合，对人们在社会中的行动有非常强的指引作用，因此，意识形态也可以被看作联系思想与行为的桥梁。马克思清楚地意识到，与经典哲学家们更倾向用理性的方式说服他人相信自己的理念不同，"哲学家们只是用不同的方式解释世界，而问题在于改变世界"②。从政治领域来看，意识形态提供社会运行的方式和原则，并描绘了一张社会秩序的美好蓝图。20世纪以来，对世界产生重大影响的意识形态包括自由主义、共产主义、纳粹主义以及民族主义，如果细分，自由主义又包含社群主义、自由制度主义以及保守主义，共产主义也包括西方马克思主义和社会主义等。

　　自由主义在20世纪打了两场仗：对轴心国的第二次世界大战以及对苏联的冷战，在历史学家们眼中，这两场冲突绝不只是单纯的势力范围和地缘政治之争。1941年罗斯福总统在竞选第三任期时，面对日益迫近美国的战争，发表了著名的"四大自由"演说：言论自由、信仰自由、免于匮乏的自由以及免于恐惧的自由。四大自由的实质是美国自由主义思想与纳粹法西斯独裁专制体系的针锋相对。冷战期间，共产主义由于在个人自由、自由经济制度以及私有财产等政策方面与美国价值观截然对立，以共产主义思想为核心价值观的社会主义国家在第二次世界大战后不断建立，在以美国为首的西方世界造成"红色恐慌"，"反共主义"成为冷战期间美国的主流观点。在美国驻莫斯科大使馆外交官乔治·凯南发回国内长达7 000字的对苏联分析报告的基础

---

① 王立新：《意识形态与美国外交政策》，北京：北京大学出版社，2007年，第3页。
② 中共中央马克思恩格斯列宁斯大林编译局编：《马克思恩格斯选集》第一卷，北京：人民出版社，1995年，第57页。

上，美国国家安全委员会正式出台著名的《国家安全委员会第68号文件（NSC68）》，确立对苏遏制战略，其中一段话，反映了两种意识形态你死我活的斗争：

> 没有任何一个价值体系像苏联的体系那样是与我们的价值体系如此地完全不能调和，在消灭我们价值体系这一目标上如此地毫不留情，利用我们自己社会内最危险的分裂倾向如此巧妙，没有其他价值体系能如此娴熟地和如此强有力地激起世界各地人性中非理性的成分，也没有其他价值体系获得一个庞大的日益壮大的军事力量中心的支持。①

在自由主义者看来，无论是法西斯主义还是共产主义，它们在本质上是专制、强权、非民主和反自由的。两者与强大的军事实力相结合，开展激进的社会革命甚至征服世界的计划，对自由主义来说，关乎生死存亡，属于意识形态利益在最根本层面的争夺。

在以军事力量征服德国以后，美国的文化外交在思想上征服德国的做法取得了巨大成功。在政治上，取缔德国社会主义国家工人党的同时，成立德意志联邦共和国，颁布《德意志联邦共和国基本法》（《波恩法》）；在军事上，对德国进行分区占领，限制德国军事力量；在经济上，以"马歇尔计划"援助德国并促使德国加入欧洲共同体，尽快重新融入美国主导下的欧洲大家庭；在文化上，盟国充分利用教育宣传机构，对联邦德国灌输自

---

① 转引自王立新：《美国的冷战意识形态：内容与作用》，载《史学集刊》，2011年第5期，第4页。

由主义价值观，同时强化对德国的人员交流项目。例如，美国国际访问者项目在1952年给予德国的人员交流名额是1058人，同年法国是67人，英国46人。① 国际访问者项目的主要目的是邀请目标国有可能成为领导者的社会精英，强化他们对美国文化以及制度体系的认知，使他们回国后影响他们身边更多的人。② 此外，美国也按照美国模式，培养德国人民的参政意识和政治上的独立思考能力，避免再次被独裁专政愚弄。美国的种种举措成功地把联邦德国纳入西方阵营，使美国在欧洲的利益最大化成为可能。

在冷战中，美国除了在经济上对苏联严格限制，在军事上开展军备竞赛，以实力拖垮苏联之外，文化攻势也发挥了不可或缺的作用。在上文提到的NSC68号文件中，美国明确了需要采取战争之外的手段，以心理战使苏联的国际体系崩溃，使其人民认识到"铁幕"的真正本质。1950年，杜鲁门总统正式开展被称之为"意识形态领域的马歇尔主义"的"真理运动"，其主要目的包括：展示美国并纠正对美国的错误认识；营造一个健康的国际社会；以动摇苏联的意志和鼓励其他力量的方式，削弱苏联的国际影响力。③ 在"真理运动"中，美国开展了一系列文化外交活动，国会也通过增加拨款的方式给予经费保障（见表1）。

---

① Giles Scott-Smith: *Net Works of Empire: The US State Department's Foreign Leader Program in the Netherlands, France and Britain 1950－70*, Brussels: Peter Lang, 2008, p. 40.
② 国际访问者项目作为美国文化外交案例之一，将在第五章详细讨论。
③ John W. Henderson: *The United States Information Agency*, New York: Frederick A. Progress, 1969, pp. 44－45.

表2-1 "真理运动"拨款表①

项目	1950年经费（万美元）	1951年经费（万美元）	增幅
广播	890	1 610	80%
新闻出版	270	680	151%
人员交流	260	620	138%
电影	250	1 180	372%
文化活动	220	370	68%
总额	1 890	4 460	135%

艾森豪威尔总统期间，美国新闻署成立，专门负责美国对外文化外交。1953年，《国家安全基本政策》（NSC162/2）取代NSC68号文件，成为国家安全和外交政策的基本文件，确定以"秘密的和公开的措施，削弱苏联的国际威望及意识形态，削弱苏共和其他亲共国家的实力"。1955年，NSC5505/1号文件《利用苏联和东欧卫星国弱点》获批，标志着美国对苏联"和平演变"的正式开始，明确提出以文化渗透的方式，达成改变苏联社会性质的目的。② 美国一系列文化外交活动的结果也非常明显，在内因和外因综合作用下，美国不费一枪一弹，彻底瓦解了以苏联为核心、以华约为组织体系的世界上最大的社会主义国家。难怪弗朗西斯·福山在苏联解体之后的1992年在其著作《历史的终结与最后一人》中，欢呼"后历史部分"的和平共处的来临。

---

① 韩召颖：《美国新闻署与美国公众外交》，南开大学博士学位论文，1999年，第39页。
② 范帆：《美国对苏联的宣传政策演变》，载《人民论坛》2014年，第17期，第182-184页。

四、维护美国权力均势

均势外交的目的是主权国家通过自己或盟友的力量来遏制潜在或现实的对手，达成双方力量的基本均衡，进而达到维护国家根本利益的目的。为达成均势，惯常采用的手段包括建立军事同盟、组建经济共同体以及参加政治性国家团体。利用文化外交进行文化交往或展开文化对抗，是达成权力均势的辅助手段之一。均势理论的起源，可以追溯到自由主义所指称人与人的自然状态所延伸的国与国之间的无政府状态。在无政府状态中，对权力的追求成为维护国家安全的基本准则，而一个国家权力的扩张就意味着对更多利益的追求，这也势必导致各国之间利益的冲突。而国家为了追逐权力，就会出现或者维护现状，或者推翻现状的局面发生，这也就必然导致权力均衡的态势或者维护某种现状的政策。均势理论实际上是自由主义权力制衡思想的反映，因为无论是洛克的政府论还是霍布斯的利维坦，其保护自由的解决方案，无不是对个人的权力加以制约。有学者就此指出："人本恶的品性，使权力制约权力成为一种必然。"[1] 摩根索也认为，无论是美国权力制衡体系还是国家间权力制衡体系，都是在同一种动力驱动下寻求各自组成要素的稳定，由此达成相对的均势，而均势生成的逻辑则依次为：人性恶、对权力的追逐、个人哲学上升为国家哲学、国家对权力的追逐、国家间权力再平衡、均势的达成。

然而，基于国与国追逐利益目的而达成的均势，其作用和效果饱受争议。美国学者詹姆斯·多尔蒂（James Doherty）在其著

---

[1] Reinhold Niebuhr: *Christianity and Power Politics*, New York: Charles Scribner's Sons, 1940, p. 4.

作《争论中的国际关系理论》中就认为，如果均势能够如政治家们所希望的那样完全奏效，如果现有的国际权力分配现状不会威胁他们的国家安全，则均势作为一种规则或体系必然已经促成了持久的和平，但是，当前的国际格局既没有永久的和平与安宁，也缺乏让政治家做出明智决定的环境。① 实际上，即便是在毫无私欲的国家利益前提下，基于世界主要国家的实力对比，也很难确保相互之间形成一个均势体系，在此体系下各国不为利益相互争斗，大国达成相互制衡，小国能够和平生存。在这种无政府的国际体系下，一个国家在追求自身利益和安全的同时，必然会加重其他国家的恐惧和不信任感。因此，对权力追求的恶性循环，必然不利于国与国之间保持良好的相互关系。

美国文化外交的的重要任务之一，就是缓和美国在追求国际利益并寻求相关均势过程中与他国产生的安全困境。除了政治、经济和军事领域，文化也一直是考察国际关系的一个重要因素。由于文化自身的包容性，作为软实力核心要素的文化以及国际制度对增进国与国之间的认同感具有积极的促进作用。美国充分认识到，公众舆论对一个国家的对内对外政策发挥着极大的作用，而文化价值观是公众舆论的基础。此外，无论全球范围还是区域范围的国际合作，文化的共识与认同都应该被看作合作的基础，基于此，美国也认识到本国的价值观或文化力的全球普及性以及其在构建均势过程中对规则与制度建立的影响力，都构成美国实际权力的真实来源。正如约瑟夫·奈所说的那样，如果一个国家"支持鼓励其他国家根据主导国家的利益开展和限制自己的行为，那么在发生争端的形式下他就无需过多地行使代价高昂的强制权

---

① 詹姆斯·多尔蒂等：《争论中的国际关系理论》，阎学通等译，北京：世界知识出版社，2003年，第43页。

力或者硬实力"①。以文化外交缓和利益争端，争取目标国民众的认同并形成影响当局的政策形成，达成美国希望的均势或利益格局，成为美国文化外交的目的之一。

20 世纪七八十年代的中国，是美国达成世界权力均势的争取对象，也是美国文化外交的重点实施目标。美国对苏遏制政策的设计师乔治·凯南也把文化外交纳入其能够利用的方式："我们要采取各种手段来扩大文化交流，要与美国在海外的负面形象作斗争，因为这些负面形象主导了世界舆论。"② 以乒乓外交恢复正常关系的中美两国，在 20 世纪 80 年代进入关系蜜月期，使美国有机会拉拢中国，作为形成对苏联力量均势的重要砝码，而美国对华教育文化交流，成为美国文化外交的重要手段。1978年，美国政府与中国签订《中华人民共和国和美利坚合众国互派留学生和学者的谅解》；1985 年，美国与中国签订《中华人民共和国与美利坚合众国政府教育交流合作议定书》。随着两国政府间教育文化协定的签署，富布莱特项目得以在中国大陆恢复，双方高水平学者互访增多，中美两国高等院校的交流数量也在短时间内达到了较高水平。③

通过这一时期中美双方开展的各项文化教育交流，美国对中国在朝鲜战争后的负面形象大为改观，对中国持有好感的公民从 1972 年的 23%，上升到 1985 年的 71%。④ 而中国在这一时期由于迫切希望走出 1966 年至 1976 年十年动乱的阴影，在邓小平

---

① 约瑟夫·奈：《注定领导世界》，刘华译，北京：军事译文出版社，1992 年，第 108 页。
② George F. Kennan： "International Exchange in the Arts", in *Perspectives USA*, No. 16, 1956, p. 8.
③ 粟高燕：《中美教育交流的推进》，济南：山东教育出版社，2010 年，第 59－84 页。
④ Harry Harding： *A Fragile Relationship: The United States and China since 1972*, Washington： the Brooking QS Institutional, 1992, p. 208.

"教育要面向现代化、面向世界、面向未来"的方针下，中美合作可以说是各取所需，互利共赢。在此基础上，中美在苏联入侵阿富汗、抵制莫斯科奥运会以及中国对越南自卫反击战等一系列政治、经济和军事领域达成默契，美国部分实现了其利用中国在国际舞台上形成均势、与以苏联为首的华沙条约组织进行对抗的目的。随着苏联解体，美苏两极对抗消失，美国成为唯一的超级大国，旧有的国际格局消亡。进入21世纪，中国经济强劲发展下的和平崛起，开始逐渐挑战美国的世界利益。美国对华文化外交也由过去的"争取中国"演变为"对抗中国"，中美两国除了在政治、经济和军事领域展开角力外，文化领域也成为新的战场。

小 结

本书在第一章指出了自由主义的欧洲起源，探讨了以霍布斯和洛克为代表的自由主义思想家们为实现个人自由和社会平等所提出的不同主张，力图勾勒出自由主义思想内涵在美国的变迁路径，说明美国政府角色在由弱变强过程中，古典自由主义思想对政府不过度干预思想自由和文化事务的期盼。

然而，在自由主义思想和现实主义思想的双重影响下，美国文化外交体现出既注重长远目标，又兼顾现实利益，长远目标为现实利益服务的格局。一方面，清教思想和自由主义在美国的发展，使宗教使命感与政治使命感相结合，使美国社会普遍相信自由民主制度是世界繁荣的重要基石。因此，在世界范围内推广基于自由主义的美国政治制度成为文化外交的主要内容，实现世界自由、民主和平等成为美国文化外交的长远目标。以文化关系影响他国接受美国价值观，从而获得对美国社会文化的更大程度的包容，成为美国文化外交的根本出发点。

另一方面，文化外交长远目标服务于美国现实国家利益的倾向也十分明显。亨廷顿明确指出："美国官员表现出毫无掩饰的行为让人觉得，世界似乎是单极的。他们吹嘘美国的实力和道德，他们欢呼美国是善良的霸权国家，他们给别国上课，要他们学习普遍适用的美国原则、实践和体系。"① 在这里，亨廷顿以形象的语言描述了美国把其价值观推广到世界各地，希望其他国家效仿美国模式的迫切心情。此外，在否认现实主义者驳斥"道德主义"和"法制主义"的基础上，自由主义思想在维护国家文化安全、维护美国意识形态利益以及维护美国权力均势方面也发挥了积极作用。

在长远目标与美国现实国家利益的交织下，美国政府为迎合美国社会对思想自由的期待，实现在世界其他国家推广西方价值观的目标，在20世纪30年代对文化外交原则进行了仔细研究和精心设计。为了高效达成文化外交目标，美国对法律体系的规划、政府部门的设置、职责的调整以及非政府机构的配合进行了完善，并逐渐形成了完整的文化外交体系。

---

① 转引自王晓德：《美国文化与外交》，天津：天津教育出版社，2008年，第588页。

第三章

自由主义思想下的美国文化外交机制

　　17世纪来到美洲大陆的清教移民们,除了带来欧洲基督教改革的梦想,也带来了希腊罗马的民主理念与法制思想。为欧洲资产阶级革命进行思想准备的自由主义精神,深入美洲大陆民心。洛克的社会契约论及《政府论》的自由主义理念,成为美国独立宣言的理论基础和美国政治体系的基本指南。"宗教使命感"和"国家使命感"深刻地影响着美国的政治、经济与文化生活,使美国人普遍形成了公民宗教意识与参与文化外交的自觉性。在18世纪和19世纪,对外文化交流主要以个人、教会或民间社团的形式把美国价值观传播到世界其他地区。随着美国国力的逐步强盛,宗教使命感逐渐演变为展示政治文化的优越感,这一趋势与实现美国国家利益的现实需求相结合,促使美国官方机构从20世纪上半叶开始参与并与民间组织共同开展对外文化交流工作,美国国会、政府、高等院校、各类基金会、民间社会团体以及美国民众共同构建了美国相对成熟的文化外交机制。

The Role of the Government: A Liberalism Perspective on American Cultural Diplomacy
中华文化走出去背景下美国对外文化交流中的政府角色研究

第一节 美国文化外交的法律保障机制

一、美国文化外交立法概览

审视美国文化外交的发展历史,1917年威尔逊总统签署第2594号行政命令成立"公共信息委员会"①,标志着美国政府开始介入对外文化事务②,在持续至今100余年的文化外交立法过程中,一系列涉及文化外交的法律相继颁布,形成了比较完整的文化外交法律体系。这一法律体系的主干由以下几部专门法构成:1946年,具有里程碑意义的《富布赖特法》在国会获得通过,依据这部法律实施的富布赖特项目,使教育文化交流成为美国对外人文交流的重要方式之一,该法也成为美国文化外交的"基本法";1948年,国会通过《信息与教育交流法》,在《富布赖特法》基础上进一步确立了把"加强美国民众与他国民众交流"作为文化外交的基本目标,这部法律也明确了以基于人文交流的文化外交与基于媒体的宣传活动作为美国对外交流的两种主要途径,此外,这部法律也禁止政府机构在美国国内开展宣传活动;1961年,美国颁布《教育与文化交流法》,授权私营机构对外开展文化交流,弱化政府操控文化外交的负面影响;同年,《和平队法》颁布,美国招募志愿者组建和平队,以教育、医疗及文化活动等方式,促进他国对美国的深入认知,改善美国国际

---

① Woodrow Wilson: "Executive Order 2594 – Creating Committee on Public Information," The American Presidency Project Online, http://www.presidency.ucsb.edu/ws/?pid=75409. 访问日期:2017年3月13日。

② Richard Arndt: *The First Resort of Kings: American Cultural Diplomacy in the Twentieth Century*, Washington: Potomac Books Inc., 2005, pp. 24 – 35.

形象；1966年《国际教育法》颁布，对外教育交流成为文化外交的主渠道之一。上述五部法律不仅对文化外交的目标、机制和策略做出了明确规定，也对文化外交具体项目的运作做出规划，构成了美国文化外交法律的基本框架。

除了文化外交专门法，美国部分法律所包含的文化外交条款，成为文化外交法律框架的必要补充。1944年的《剩余物质法》，提出了文化外交的经费解决方案；1956年的《国务院基本授权法》规定由国务院一位助理国务卿（Under Secretary）负责文化外交事务，并授权国务院教育与文化事务局为文化外交主管机构，这部法律为文化外交明确了政府归口管理单位；2004年《情报改革与防止恐怖主义法》包含多项对中东伊斯兰国家开展教育援助、文化交流以及经费安排的条款，是"9·11"后美国对中东地区开展文化外交的纲领性文件。此外，《国家安全法》（1947）、《公共安全法》（1954）、《外交关系授权法》（1972）、《印度支那移民和难民援助法》（1975）、《全国民主基金会法》（1983）、《国际广播法》（1994）、《外事改革与重组法》（1998）、《促进自由法》（2002）、《科学使节议案》（2009）和《外交关系授权法》（2010）等法律也都有相应条款涉及文化外交。据不完全统计，从1946年至今，美国国会总计颁布了17部涉及文化外交的法律，构成了比较完整的文化外交法律体系。

美国总统依据上述法律签署的总统行政命令（Executive Order）和政府改组计划（Reorganization Plan），在执行层面成为文化外交法律体系的组成部分。肯尼迪总统依据《公共安全法》于1961年签署第10924号总统行政命令（Executive Order 10924），组建和平队，这一行政命令的内容主要包括和平队的目的、机构构架以及经费保障，和平队能够延续至今，《和平队法》以及第 10924 号总统行政命令发挥了关键作用①;1977 年,卡特总统在充分考虑斯坦顿委员会、审计署以及其他专家意见的基础上,签署政府改组计划,把国务院教育与文化事务局整体并入美国新闻署,新闻署更名为"美国国际交流署"(United States International Communication Agency),其使命为"向世界介绍我们的社会和政策,特别是美国所信奉的文化多样性以及个人自由"②;1982 年,里根总统恢复"美国新闻署"的称谓;1998 年,克林顿总统依据《外事改革与重组法》签署政府重组计划,撤销以开展对外宣传为主的美国新闻署,把美国新闻署负责教育文化交流的部门并入国务院教育文化事务局,美国之音则划归美国广播协会。上述总统行政命令与改组计划均具有法律效力,对美国文化外交的发展和走向产生了重大影响。

二、兼顾现实利益与长远目标的文化外交立法

与其他法律一样,美国文化外交法律的内涵也是对美国社会主流思潮的综合反映。一方面,传播"自由、民主、平等"这一自由主义核心要义成为文化外交的主要内容,并在相关法律中得到充分体现;另一方面,在现实主义国际关系思想居于主导地位的美国,对权力与利益的追求又使理想主义色彩浓厚的文化外交服务于国家利益成为事实。在实践过程中,美国文化外交立法从未放弃理想主义所体现的基本内容,而是把理想与现实结合起来,一方面显示美国社会的文化优越感,另一方面则在一定程度上掩盖了政府对现实利益的渴求。

---

① 刘国柱:《和平队与美国文化外交》,载《学海》2009 年第 3 期,第 159 - 164 页。

② Gifford Malone,*Political Advocacy and Cultural Communication: Organizing the Nation's Public Diplomacy*,Lanham:University Press of America,1988,p. 50

首先，以人文交流维护美国现实利益，成为美国文化外交立法的重要出发点。"9·11"后，美国国家利益面对恐怖主义威胁，在此情况下，2001年众议院连续举行了"公众外交与反恐"、"公众外交"以及"中东反美宣传与美国利益"三场听证会，检讨美国公众外交的不足①；2002年，参议院举行"美国公众外交"听证会；2003年，参议院又连续举行"外交与反恐"以及"美国公众外交与伊斯兰"听证会；2004年，参议院再次举行"公众外交与自由媒体听证会"，在本次听证会上，奥巴马时期的美国副总统、时任参议员的约瑟夫·拜登（Joseph Biden）引用皮尤调查中心关于2003年海湾战争后世界主要国家人民对美国好感度急剧下降的相关数据，呼吁布什政府加强包括教育与人员交流以及国际广播在内的文化外交经费投入，以扭转美国的负面国际形象。② 参众两院这一系列听证会在督促政府履行文化外交法律义务的同时，也促成了2004年《情报改革与防止恐怖主义法》（"Intelligence Reform and Terrorism Prevention Act of 2004"）的通过。这部法律在对美国国土安全相关机构进行重大调整重组的同时，对文化外交也给予了相当的重视，从其第7108条款"促进自由媒体传播美国价值观"，第7111条款"通过国际组织促进民主和人权"，第7112条款"在伊斯兰世界扩大奖学金和人员交流项目"，第7113条款"向在伊斯兰国家的美国资助学校开展奖学金项目"以及第7114条款"国际青年基金"

---

① 国内外学者对公众外交与文化外交的定义在理解上尚存分歧。总的看，公众外交强调"公众"作为目标受众，文化外交强调"文化"作为实施手段。美国政府主要以"Public Diplomacy"作为其称谓。笔者注。

② Joseph Biden："Statement of Senator Joseph Biden Jr. Hearing on Public Diplomacy"，见美国参议院网站：http：//www.foreign.senate.gov/imo/media/doc/BidenStatement040226.pdf. 访问日期：2017年5月9日。

的标题就能清楚看出①，美国政府在以政治和军事手段与恐怖主义进行斗争的同时，也在文化领域对伊斯兰国家开展工作，试图以文化力化解伊斯兰世界对美国的敌对情绪。在《情报改革与防止恐怖主义法》的授权下，美国增加了对伊斯兰世界的交流项目，同时在健康、教育和财政方面给中东地区提供援助。由此可见，以法律确定文化外交目标、维护美国现实利益，成为"9·11"后美国政府的重要措施之一。正如美国艺术文化中心在其研究报告《美国政府的文化外交》中所指出的那样，每当外来威胁或危机来临之时，美国政府便会积极介入并支持文化外交。②这一点在《情报改革与防止恐怖主义法》中表现得淋漓尽致。

其次，以人文交流输出美国自由民主制度，其核心是通过理想主义思想维护现实国家利益，而文化外交立法则为其保驾护航。纽约外交学会在研究报告《美国外交政策的基本目的》中就指出："保持和维护美国的自由制度，是国家目标的中心内容。"③ 新自由主义代表人物罗伯特·基欧汉（Robert Keohane）也把自由、生存以及经济繁荣并列为美国三大"不能减缩的国家利益"（irreducible national interests）④。从 20 世纪初美国逐渐走出孤立主义的藩篱开始，文化国际主义者们就相信自由民主制度是国家安全的重要内容，美国在世界范围内传播自由民主制度，

---

① "Intelligence Reform and Terrorism Prevention Act of 2004". U. S. Code, Public Law 108 - 458. Washington: Office of the Law Revision Counsel, 2005, Section 7108 - 7114.

② 金元浦：《美国政府的文化外交及其特点》，载《国外理论动态》，2005 年第 4 期，第 33 - 35 页。

③ 《美国外交政策的基本目的——纽约外交学会研究报告》，北京：世界知识出版社，1960 年，第 49 - 50 页。

④ Alexander George, ed.： "Presidential Decision-Making", in *Foreign Policy: The Effective Use of Information and Advice*, Boulder: West View Press, 1980, p. 224.

建立基于美国价值观的国际制度体系，不仅在道义上使人文交流拥有充足的理由，更可以维护美国安全、促进世界繁荣。基于此，1948年颁布的《信息与教育交流法》（Information and Educational Exchange Act of 1948）开章明义地指出这一法案的目标是使"美国政府能够促进其他国家对美国的深入了解，加强美国人民与其他国家人民的相互沟通"①。此外，1961年颁布的《教育与文化交流法》（"Mutual Educational and Cultural Exchange Act"）中也规定，美国政府要"通过教育与文化的交流，增进美国人民与他国人民的相互了解；通过展示美国与他国在教育与文化领域的共同兴趣、社会发展以及成就来增进美国与他国的联系……以促进美国与他国建立相互理解、和平以及友好的关系"②。尽管以上两部法律都强调"相互沟通与交流"，但由于美国拥有绝对话语权以及语言优势，美国自然就获得了价值观输出的非对称优势。正如美国学者詹特尔森（Jentleson）所指出的那样："美国对外关系从未仅局限于传统的政治战略和经济利益，从建国初期开始，在全球推广民主价值观就成为美国国家目标的组成部分，同时也表明了美国在全球事务中需要扮演的角色。"③

最后，无论是维护美国现实利益还是输出价值观，巩固美国世界领导地位这第一次世界大战战略目标，才是文化外交的根本出发点，文化外交法律也清楚地表述了这一点。1966年的《国际教育法》（"International Education Act of 1966"）就写道，美国

---

① "Information and Educational Exchange Act of 1948". U.S. Code, Public Law 80-402. Washington: Office of the Law Revision Counsel, 1973, Section 1.
② "Mutual Educational and Cultural Exchange Act of 1961". U.S. Code, Public Law 87-256. Washington: Office of the Law Revision Counsel, 1975, Section 2451-2462.
③ Jentlson, eds.: *Encyclopedia of U.S. Foreign Relations*, New York: Oxford University Press, 1997, Vol. 1, p. XII.

The Role of the Government: A Liberalism Perspective on American Cultural Diplomacy
中华文化走出去背景下美国对外文化交流中的政府角色研究

"应该确保当代和未来世代的美国人在其最大智力限度内了解属于他国、他民族和他文化的知识……联邦政府也需帮助提供必要的资源和在学术或专业领域经过培训的人员,协调现有的或将来的联邦国际教育项目,以满足美国作为世界领导者的必须要求"①。从这一法律条文中关于"满足美国作为世界领导者的必须要求"的表述,可以清晰地看出,美国投入资源增进对他国的了解,出发点就是为了更好地实现美国领导世界这一目的。《国际教育法》的立法背景正值冷战高峰时期,美国通过对年轻一代美国人的国际化教育以及扩大他们的国际交流,一方面加强了美国教育资源建设,增强了年轻人自身竞争力;另一方面,扩大国际交流合作对介绍和输出美国政治体系和价值观、强化与苏联的文化竞争,确保美国在文化领域的世界领导地位,也具有重要意义。

三、限制政府角色的文化外交立法

美国建国之初,杰斐逊"小政府大社会"与汉密尔顿建立"强大中央政府"两种不同观点的对立,是欧洲自由主义思想家约翰·洛克(John Locke)关于对政府"限权"与托马斯·霍布斯(Hobbes)希望政府"集权"这两种不同主张在美国的延伸。美国宪法以及第一修正案,集中体现了自由主义对政府"限权"的思想和对"言论自由"的维护,是美国社会对政府管理文化事务抱持不信任态度的根源,也是美国政府以慎重态度参与文化外交的理论出发点。自由主义思想影响下的美国社会对政府干预文化事务普遍持负面态度,也使美国通过立法对政府在文化外交

---

① "International Education Act of 1966". U. S. Code, Public Law 89 - 698. Washington: Office of the Law Revision Counsel, 1967, Section 101 - 401.

中的角色加以限制，形成对文化外交机制与策略的规约。①

首先，为避免政府过多直接参与文化外交，相关法律鼓励非政府组织在文化外交中发挥积极作用。《信息与教育交流法》第501条款要求国务卿以新闻、出版、电台和动画等方式对外传播美国信息，在第502条款中，"国会认为，（1）在本法案授权开展的信息活动中，在私营部门的相关活动数量已经足够丰富情况下，国务卿应该减少政府组织的同类信息活动；（2）本法案相关内容不能解释为给予国务院在制作或资助短波节目或其他媒体节目中的垄断地位"②。501、502条款表明国会要求政府在开展文化外交的过程中，能够由私营部门开展的活动，就无须政府过度介入，约束政府的意味非常明显。《信息与教育交流法》第1005条款进一步要求"国务卿通过合约或其他方式最大程度地利用私营机构的服务和设施，包括现有的美国新闻、出版、电台以及其他中介机构；国会也希望国务卿鼓励最大数量的各类私营机构，在与其提供服务一致的现有或潜在市场国家实现本法案的目标"。设置1005条款，表明国会希望文化外交依赖私营部门的民间交流，弱化政府操纵文化活动的负面影响，从而提高文化外交效率。除了《信息与教育交流法》，1961年颁布的《教育与文化交流法》第2452B（b）条款也鼓励外国政府、国际组织、私营公司、协会及代理机构参与美国的各类文化事业活动。

其次，美国通过立法区分文化外交的实施路径，确立以教育文化交流，而不是开动宣传机器的方式，达成提高美国文化外交公众接受度的目的。早在1948年，《信息与教育交流法》就把作

---

① 杨光：《美国政府在文化外交中的角色探析及启示》，载《教学与研究》，2015年第12期，第27－34页。

② "Information and Educational Exchange Act of 1948". U. S. Code, Public Law 80－402. Washington: Office of the Law Revision Counsel, 1973, Section 1.

为文化外交实施方式的教育文化项目与信息项目做了严格区分。该法案第一条第二款列出了美国开展文化外交的两条基本路径：(1) 信息项目；(2) 教育项目。信息项目主要基于新闻媒体，特点是由政府操控的"宣传"意味比较明显，而教育文化项目以民间人员交流为主，政府参与度相对较低。《信息与教育交流法》限制美国政府参与文化外交，是总结第一次世界大战后期公共信息委员会教训的结果。第一次世界大战期间，威尔逊总统为了向美国和世界人民宣传参战的合理性并支持美国参战，于1917年4月13日签署第2594号行政命令（Executive Order 2594），成立公共信息委员会。① 然而公共信息委员会通过报纸、杂志、电影以及传单等媒体宣传美国的方式，并未得到广泛认可，其对媒体发布经过新闻审查的信息的行为也饱受诟病，被认为是政府干预思想自由的不良举措。美国学者沃尔特·李普曼（Walt Lippmann）更是认为公共信息委员会在欧洲开展的宣传活动"完全是伴随着彻头彻尾谎言的彻头彻尾的吹牛"②。第一次世界大战一结束，国会立即通过相关法案解散了公共信息委员会，以终止其不受欢迎的宣传活动。可以说，美国立法限制政府操纵文化外交，也是美国自由主义思潮下，反对政府过度操纵文化外交的一种必然结果。

最后，相关法律条文强调文化外交要充分倚重双向交流、避免信息的单向传输，从而抑制政府对文化外交的过度操纵。第二次世界大战结束后，在参议员富布赖特的大力倡导下，美国对以人员交流为主要方式的教育文化项目重视有加，1946年的《富

---

① Woodrow Wilson：Executive Order 2594 - Creating Committee on Public Information，http：//www.presidency.ucsb.edu/ws/?pid=75409. 访问日期：2017-05-13.

② Ronald Steel：*Walter Lippmann and the American Century*，Boston：Little Brown，1980，pp. 141-147.

布赖特法》和1948年的《信息与教育交流法》均有相应条款表明教育文化交流应该作为文化外交的主渠道。1961年，美国参众两院批准的《教育与文化交流法》则是对文化外交的再次强化。此法案开篇第一条，不仅明确提出要增进美国与世界的相互了解这一文化外交的基本目的，而且还规定了需要通过"教育与文化交流"以及"展示美国及世界人民通过对教育文化的兴趣、发展及成就所带来的成果丰硕的和平生活"等方式达成这一目标。① 值得注意的是，此法案在授权总统开展多达12项细化的各类教育文化交流的基础上，专门设置了针对"集权国家"开展文化外交的相应条款。这些条款的出现，说明美国政府在弱化文化外交政府属性的同时，文化外交作为一项实现外交政策目标的工具，其政治属性依然十分明显，弱化政府在文化外交中的角色，只是为了更加有效地实现政治目标。

四、确立政府主导地位的文化外交立法

尽管在古典自由主义"小政府、大社会"思想下，美国通过立法对政府直接参与文化事务进行了一定程度的限制，但随着1929年大萧条的开始，胡佛总统所坚持的"守夜人"型政府迟迟无法恢复遭受重创的美国社会经济，罗斯福总统的"积极政府"理念登上舞台，政府开始加强对社会的管理力度，古典自由主义开始向现代自由主义过渡。② 在文化外交领域，罗斯福政府也逐渐突破政府不直接介入文化领域这一底线，组建一系列机构

---

① "Mutual Educational and Cultural Exchange Act of 1961". U. S. Code, Public Law 87-256, Washington: Office of the Law Revision Counsel, 1975, Section 2451-2462.

② 钱满素：《美国自由主义的历史变迁》，北京：生活·读书·新知三联书店，2006年，第85-95页。

应对德国的文化攻势,政府开始从文化外交的幕后走上前台。在此之后,为应对苏联的"威胁"以及伊斯兰世界的"敌意",美国不断调整机构设置,政府始终牢牢把握着文化外交的主导权。同时,按照美国文化外交"百分之五原则",美国政府努力把直接参与文化外交活动的总数控制在大约5%的水平。①

首先,美国通过立法,落实了作为责任主体的政府相关单位和人员,确立了政府在文化外交中的主导地位。按照1956年《国务院基本授权法》("State Department Basic Authority Act of 1956")第六十条规定,国务院被授权负责公众外交事务,要求国务卿把公众外交作为美国正在计划和执行的外交政策的有机组成部分。此外,依据该法案第1条(b)(3)条款,国务院设置6位助理国务卿(Under Secretary),其中一位专门负责公众外交事务,其职责是"协助国务卿和副国务卿执行美国公众外交政策,包括国际教育与文化交流项目、信息项目及国际广播业务"②。另外,《教育与文化交流法》第2452条款授权美国总统在其认为必要时加强国际合作。在此法案中,总统被授权的活动包括:为教育与文化交流提供资金、合约及其他必要条件;提供参与国际博览会的必要条件;提供图书、期刊及政府出版物的交流、复制及翻译;培育国外的美国研究以及鼓励美国参与非政府组织在教育、科学和技术方面的研讨会。③

其次,美国通过颁布总统行政命令和政府重组计划,组建或

---

① Richard Arndt: *The First Resort of Kings: American Cultural Diplomacy in the Twentieth Century*, Washington: Potomac Books Inc., 2005, p. 60.
② "State Department Basic Authority Act of 1956". U. S. Code, Public Law 84 - 885. Washington: Office of the Law Revision Counsel, 1956, Section 1 (B) (3).
③ "Mutual Educational and Cultural Exchange Act of 1961". U. S. Code, Public Law 87 - 256. Washington: Office of the Law Revision Counsel, 1975, Section 2451 - 2462.

调整政府文化外交管理机构，提升政府的文化外交执行效率。20世纪50年代初，美苏冷战愈演愈烈，美国亟需在政治、军事、经济以及文化宣传领域与苏联展开对抗。美国对外宣传特别调查委员会向艾森豪威尔总统建议，成立专门机构把负责信息项目的宣传部门从国务院独立出来，由国务院保留教育与文化交流项目，从而避免文化外交的宣传色彩。① 作为1948年《信息与教育交流法》的修正案，艾森豪威尔总统于1953年签署"第8号改组计划"（Reorganization Plan No.8 of 1953），正式组建美国新闻署（United States Information Agency）②，目的是通过开展以信息项目为主的对外交流，达成对国外公众的影响，实现美国国家利益。冷战结束后，苏联解体，信息项目的紧迫性不复存在，参众两院通过《外事改革与重组法》，于1999年撤销美国新闻署。这一合并案主要基于三点考虑：一是美国已经赢得意识形态领域的冷战，一段历史已经终结；二是信息项目与教育文化项目独立于国务院之外，也不利于统筹规划，不利于实现美国外交政策目标；三是美国需要整合相关部门，在投入最小的情况下实现资源利用的最大化。撤销美国新闻署，使美国对外宣传项目的人员和经费投入跌入谷底，而教育文化项目的生命力却得到凸显。

最后，美国涉及文化外交的法律均有相关条款做出经费安排，明确政府作为文化外交经费来源主渠道的同时，也进一步表明政府在文化外交中的主导性。美国在1944年颁布《剩余物资法》（Surplus Property Act of 1944），规定变卖战争物资的经费用

---

① Panel on International Information: *International Information, Education and Cultural Relations: Recommendations for the Future*. Washington: Center for Strategy and International Studies, 1975, p. 63.

② Alvin Snyder: *Warriors of Disinformation: American Propaganda, Soviet Lies, and the Winning of Cold War*, New York: Arcade Publishing Inc., 1995, p. 3.

于资助美国开展国际教育文化交流;1948年颁布《信息与教育交流法》专设第7条"关于拨款",其中第702条款规定,"国务卿可以授权将经费划拨到政府部门用于支付为实现本法律目标在国内及国外的相关开支,包括直接开销和工作酬金"①。《国际教育法》第1条101(a)款也"授权卫生、教育和福利部长安排拨款,供高等教育机构或高校联合机构用于建设、强化和运作作为国内或国际资源中心的研究机构,开展国际或相关专业领域国际层面的研究或培训"②。美国国务院教育与文化事务局每年都会按照开展项目的实际需要编制预算,纳入国务院总预算,由国会批准并拨付经费。

在经费使用上,为了贯彻政府主导、非政府组织主办的文化外交原则,美国政府通常把资金划拨给具有合作关系的非政府组织。例如具有悠久历史的富布赖特项目,其资金主要由美国政府提供,而运作则由非政府组织"美国国际教育交流协会"等机构负责。此外,美国国际访问领导者项目(IVLP)等其他人员交流项目,也大多以这种方式运作。③ 除了与其他非政府组织开展合作,美国政府自己也成立了非政府组织,曲线使用政府资金,以掩盖政府直接参与文化外交活动的事实。里根政府时期,美国国会于1983年通过《全国民主基金会法案》("National Endowment for Democracy Act"),成立美国全国民主基金会,并

---

① "Information and Educational Exchange Act of 1948". U. S. Code, Public Law 80 - 402. Washington: Office of the Law Revision Counsel, 1973, Section 702.
② "International Education Act of 1966". U. S. Code, Public Law 89 - 698. Washington: Office of the Law Revision Counsel, 1967, Section 101 (a).
③ 杨光:《美国文化外交思想及"文化力"的运作——从国际访问者项目审视非政治化策略》,载《太平洋学报》,2014年第6期,第32 - 39页。

在当年投入1800万美元开展输出民主的相关活动。① 民主基金会以政府资助、非政府组织运作的方式，通过民间交流促进目标国"自由民主进程"。近年来在若干国家的颜色革命中，都能见到民主基金会的身影。由民主基金会这一非政府组织出面，一定程度上掩盖了美国政府干预他国内政的事实。

第二节 国务院教育与文化事务局

自1948年美国颁布《信息与教育交流法》开始，美国文化外交的实施方式就分为以人员交流和教育文化合作为主的教育文化项目以及以媒体宣传为主的信息项目。为了保证文化外交的顺利实施以及优化文化外交效果，美国文化外交机构经历了频繁调整。从文化外交的运行机制上看，负责教育文化项目的机构也从最早的国务院文化关系司变为目前的国务院教育与文化事务局，其变化历史在反映古典自由主义和现代自由主义关于政府对文化外交干预程度不同的同时，也反映了美国政府对教育文化项目与信息项目在不同历史时期的不同重视程度。本节主要关注教育文化项目运行机制的历史流变。

一、公共信息委员会：宣传及其代价

20世纪以前，在古典自由主义思想影响下，美国政府遵循宪法相关规定，为保持思想自由，没有成立相关机构专门开展文化外交。直到1917年4月13日，威尔逊总统签署第2594号总统行政命令（Executive Order 2594），成立公共信息委员会

---

① 刘国柱：《全国民主基金会与美国民主援助》，载《浙江大学学报》（人文社会科学版），2010年第4期，第27－35页。

The Role of the Government: A Liberalism Perspective on American Cultural Diplomacy
中华文化走出去背景下美国对外文化交流中的政府角色研究

(Committee on Public Information)①,并任命新闻出身的乔治·克里尔（George Creel）为委员会主席。委员会一方面负责向美国民众说明美国参加第一次世界大战的原因，呼吁民众支持美国参战；另一方面也向国外民众介绍美国国情及开展文化活动，以求得对美国政策的理解。该机构被命名为"信息委员会"是为了避免"宣传"（Propaganda）一词的出现，正如克里尔后来回忆时所讲的那样："我们之所以不用'宣传'一词是因为那个词在德国人手里与欺骗和堕落联系在一起，而我们自始自终都是教育性的（educational and informative），因为我们有信心提供简单明了的事实而不需要其他论据。"②

美国突破古典自由主义思想的制约，设立公共信息委员会，以政府机构开展宣传的重要原因之一是为了突破孤立主义思想的约束，其目的是为了实现美国国家利益，是实现美国领导全球梦想的重要步骤。自 1796 年华盛顿总统在其《告别词》中系统阐述孤立主义基本准则，直到第二次世界大战之前的一个半世纪中，美国一直奉行不卷入欧洲事务的政策。究其原因，一是美国国力尚弱，无力与欧洲列强发生冲突；二是美国的精力主要集中在在国内事务；三是北美扩张是美国的当务之急。19 世纪末 20 世纪初，美国社会、政治和经济正处于大变动时期，伍德罗·威尔逊（Woodrow Wilson）在就职美国总统之前出版的 5 卷本《美国人民史》中，就预言美国不卷入欧洲事务的孤立主义原则已经结束，美国已经"成为一个殖民帝国，在国际政治领域中获得了自己的权力位置，正在研究美国历史进程的人无不对已经发生的

---

① Committee on Public Information, 见维基百科：https：//en.wikipedia.org/wiki/Committee_on_Public_Information. 访问日期：2016 年 3 月 29 日。
② George Creel: *How We Advertised America*, New York: Harpers & Brothers, 1920, pp. 4 - 5.

事情感到合理的惊叹"①。威尔逊出任总统后,正值第一次世界大战爆发,美国借战争充分发挥自己影响力的机会近在咫尺,不容错过。然而,无论是在国会还是在民间,美国孤立主义传统势力依然十分强大,在国内,威尔逊需要说服美国民众支持政府参战,直接干预欧洲事务;在国外,威尔逊希望充当交战双方的仲裁者,然后以战胜国的身份,扮演战后世界秩序安排者的角色。而这一切都离不开国内外民众的理解与支持,这正是公共信息委员会诞生的背景。

公共信息委员会一成立,便成为美国政府的宣传机器。在美国国内,公共信息委员会通过拍摄电影、举办展览、制作卡通以及开展"4分钟演讲"等方式向美国民众宣传美国参战的必要性。此外,由于委员会主席克里尔的传媒背景,新闻媒体被广泛用于向美国民众介绍美国外交政策的实施背景以及会带来的益处,以取得民众的接受。克里尔本人憎恶新闻审查,但为了统一宣传口径和压制反对美国参战的声音,克里尔创造了"自我审查"方式,由编辑们担负起对新闻稿件内容审查的责任。美国战争部也对士兵邮件开展审查并禁止反战作家作品出版。美国政府由此把战争信息牢牢控制在自己手里。②

在国外,公共信息委员会与美国驻各国使领馆合作,通过文化交流与信息传输等方式塑造美国国家形象。公共信息委员会发布政治卡通片、组织巡回演讲、开设公共阅览室以及举办免费语言学校,开展各种宣传活动。其在海外的宣传点被称为美国信息中心(USIS),主要建立在美国盟国或一些中立国家,目的是让

---

① 转引自王晓德:《美国文化与外交》,天津:天津教育出版社,2008年,第141页。

② Richard T. Arndt: *The First Resort of Kings: American Cultural Diplomacy in the 20th Century*, Washington: Potomac Books, Inc., 2005, p. 30.

中立国家远离德国等敌对国家,甚至成为美国的支持者。公共信息委员会的宣传手段综合了新闻、广告以及公众关系的特点,给非英语国家的公众提供尽可能简明的信息,辅之以图片报道;公共信息委员会也利用美国跨国企业的海外分支,使其成为美国海外信息中心的组成部分,使威尔逊的理想主义与美国资本有机结合在一起。正如美国文化国际主义专家入江昭教授(Iriye)所指出的那样:"资本、技术、生产力以及效率,将决定国内和国际事务。"① 在公共信息委员会安排下,好莱坞电影扩大了其国际市场,增加了受众面;美国无线广播电台经由海军信号开始在南美地区进行广播,拉开了稍后成立美国之音的帷幕;美国劳工联合会也极力说服国外对应组织相信这是一场"人民战争";提供美国出版物的阅览室在拉丁美洲地区如雨后春笋般建立起来。

然而,公共信息委员会以政府操弄宣传的方式受到广泛诟病。一些批评人士认为,作为美国的第一个"宣传部",公共信息委员会过于注重讲述美国实际情况,忽视了更有深度的知识;而另外一些批评则认为,公共信息委员会就是战时的新闻审查机构,是藏匿真相和进行压迫的国家机器,它以战争为借口,试图控制法律并压制言论和新闻自由。同时,批评的声音也指向委员会主席克里尔。威尔逊的顾问沃尔特·李普曼在给总统的备忘录中就指出,克里尔在担任丹佛警察总长期间就有侵犯公民权利的先例,因此"审查权不应该放心地给予那些自己就不宽容的人,也不应被授予那些对长期荒唐的压迫记录知之甚少的人"②。甚至克里尔自己1930年在斯坦福大学面对学生组织回顾公共信息

---

① Akira Iriye: *Cultural Internationalism and World Order*, Baltimore: Johns Hopkins University Press, 1997, p. 59.
② Ronald Steel: *Walter Lippmann and the American Century*, Boston: Little, Brown, 1980, pp. 125 – 126.

委员会开展的宣传活动时也认为,公共信息委员会愚弄了学生的父母,希望学生不要被再次愚弄。①

鉴于公共信息委员会对新闻自由的干涉及其宣传活动中出现的争议,也由于克里尔利用公共信息委员会所开展的一些不当活动,威尔逊总统签署第3154号总统行政命令(Executive Order 3154),终止了公共信息委员会的活动。

二、文化关系司:文化外交原则与模式

公共信息委员会由克里尔任主席,国务卿、战争部长以及海军部长作为成员,从架构上,并不属于国务卿领导的国务院。美国国务院介入文化外交,起始于20世纪30年代。在第一次世界大战结束后,大国之间的政治、经济、军事以及文化博弈愈加剧烈。在文化领域,法国1920年成立法语著作司,隶属外交部,负责督导对外文化传播活动。② 1934年,在英国外交部指导下,英国成立对外关系委员会,后更名为英国文化委员会(British Council),外交部内部也成立对外文化关系司,显示了大力推进文化外交的决心。③ 德国也早在19世纪末,威廉二世即把俾斯麦局限在欧洲的外交策略扩展为面向世界④,文化宣传的触角在20世纪30年代进一步延伸到拉丁美洲。

面对欧洲国家的国际竞争,美国不得不放弃古典自由主义心态,改变过去政府不参与文化与教育事务的做法。1938年,美

---

① Richard T. Arndt: *The First Resort of Kings: American Cultural Diplomacy in the 20th Century*, Washington: Potomac Books, Inc., 2005, p. 30.
② 彭姝祎:《试论法国的文化外交》,载《欧洲研究》,2009年第4期,第109页。
③ 胡文涛等:《英国文化外交:提升国家软实力的成功之路》,载《太平洋学报》,2010年第9期,第30页。
④ 郭原奇:《德国文化外交政策的历史变迁》,载《国外理论动态》,2012年第10期,第96页。

国国务院成立文化关系司（Division of Cultural Relations），负责美国对外文化事务。而在这之前的1933年，在罗斯福总统就职后不久，美国就针对南美洲国家实施"好邻居"政策，以文化关系保持美国对南美国家的政治影响力，延续门罗主义关于"美洲是美国人的美洲"思想。在组织机构上，美国设立"与美洲国家合作部际委员会"，后更名为"科技与文化合作部际委员会"。为进一步抵御德国对南美的经济与文化渗透，由美国政府策划的"泛美维持和平会议"于1936年在阿根廷首都布宜诺斯艾利斯召开，与会国家签署了《推进美洲国家间文化关系条约》（Convention for the Promotion of Inter-American Cultural Relations），条约明确了通过推进美洲国家间教育交流，加强各国教授与学生互访，并通过非政府组织举办的各类文化活动，形成对各国公众的影响力。

美国国务院在参与文化外交并制定文化外交原则的过程中，充分吸取了公共信息委员会的教训。一方面，罗斯福总统在处理文化关系时，继承了威尔逊的理想主义思想，主张以文化国际主义加强北美洲与南美洲的联系，强调相互理解，并通过相互理解达成对双方观点的一致赞赏。就此，罗斯福为美国文化外交理念定下了基调。另一方面，国务院在制定文化外交原则时，参考英国和法国以文化和教育的手段进行对外交流的做法，刻意避免德国的宣传模式。当时负责文化外交的副国务卿韦尔斯（Samner Welles）也赞成通过双方长期文化交流达成相互理解，而透明的交流可以抵消轴心国宣传机器的负面影响。韦尔斯的国务院文化外交团队也开始考虑更多利用大学的资源，以较小的政府参与程度组织严格意义上的教育文化交流。

以文化教育交流作为主要手段，尽量避免政府的宣传活动，是国务院制定文化外交原则的首要考虑。时任国务卿科德尔·赫尔（Cordel Hull）对罗斯福的理念做了具体化阐释，他认为，美国的文化外交政策目的"就是要从各国内部控制各国政府，而方式则是塑造基于友谊和理解的各国民众的基本民意"①。在此基础上，美国积极推进与南美洲国家的"好邻居"政策，并积极筹划1936年"泛美维持和平会议"。有学者在评论此次会议时指出："发展同他国的文化关系第一次作为一种手段，成为美国政府外交政策的有机组成部分。"② 在机制的构建上，美国政府参考了英国的做法，即由政府投入资金，由公私合营的拨款委员会负责英国文化委员会运作。与英国政府不同的一点做法是，对即将成立的国务院文化关系司在外交政策方面加以最低限度的控制，文化关系司需要在不与他国开展竞争性宣传的基础上，与他国逐渐建立起稳固的文化交流基础。

以政府为主导、非政府组织为主体开展文化外交，是美国国务院文化关系司开展文化外交的原则。1938年5月23日，为落实"泛美维持和平会议"关于加强美国与南美国家教育文化交流的精神，美国正式成立文化关系司。参加成立仪式的人员既有国务卿赫尔、副国务卿韦尔斯等政府高官，也有卡耐基基金会、洛克菲勒基金会、美国图书馆协会以及约翰·霍普金斯大学等非政府组织的代表。文化关系司的具体任务是在拉丁美洲推介美国文化，同时也让美国人更加了解拉丁美洲。文化关系司"依靠非政府组织作为合作伙伴"③，以教育活动为主要方式。副国务卿韦尔斯明确地提出了"百分之五"原则，即政府参与的活动总

---

① Murray Lawson: *The United States Information Agency: A History*, Washington: USIA Archives, 1970, p. 85.
② J. Manuel Espinosa: *Inter-American Beginnings of U. S. Cultural Diplomacy*, Washington: Department of State Publication, 1976, p. 85.
③ J. Manuel Espinosa: *Inter-American Beginnings of U. S. Cultural Diplomacy*, Washington: Department of State Publication, 1976, p. 96.

数不超过所有文化外交活动的百分之五,其余百分之九十五的活动,要依靠非政府组织开展。正如美国副国务卿飞利浦·库姆斯(Philip Coombs)回忆当年情形时所说:"美国利用其教育与文化力量加强其国际地位的时代已经来临。争论仅停留在如何达成这一目标而不破坏政策所竭力保护的美国价值观不受破坏。"①

然而,第二次世界大战硝烟的迫近以及德国对拉丁美洲的不断渗透,使得专注教育文化交流的文化关系司无法满足战时美国外交政策的需要。1940年,美国成立美洲间国家事务协调员办公室(The Office of Coordinator of Inter-American Affairs),罗斯福任命洛克菲勒三世(Nelson Rockefeller)为负责人,协调员办公室与国务院文化关系司为相互独立的部门。洛克菲勒重视教育文化交流,在办公室成立的当年,就组织了130位南美国家教育文化精英人士赴美国访问,寄望通过访问,使他们在深入了解美国的同时,接受美国价值观,成为美国友好人士。此次访问铸就了持续至今超过70年的美国国际访问者项目的开端。但是,对洛克菲勒而言,艺术与教育作为高尚文化,也是很好的宣传工具,在战时,仅有教育文化交流并不足以抵挡纳粹德国的宣传攻势,美国开动电台和报刊等宣传工具势在必行。第二次世界大战期间,为了满足战时宣传需要,政府相继成立战略信息服务办公室(Office of Strategic Services)、战争信息办公室(Office of War Information)以及对外广播信息处(Foreign Broadcast Information Service)。上述机构的成立,使第二次世界大战期间政府的重心重新回到信息项目上。

战时文化外交机构的设置及国家利益的需求,使文化外交的

---

① Philip H. Coombs: *The Fourth Dimension of Foreign Policy: Educational and Cultural Affairs*, New York: Harper & Row, 1964, p. 27.

两种模式日趋清晰。国务院文化关系司以两国对话、双边交流以及基于教育方式形成的文化模式为主;战争信息办公室、美洲间国家事务协调员办公室则通过单边输出和基于媒体的信息模式为主。两种模式的特点也十分鲜明:文化模式以教育交流为主,内容深度和可信度优势明显,对美国价值观和政治体系的输出效果也比较明显,但时间周期较长;信息模式覆盖面广,信息量大,短期效果突出,但信息的接受度及可持续性较差。

经过第二次世界大战,两种模式在美国对外文化关系中的作用都得到认可,完全放弃公共信息委员会信息项目不可取,完全依赖教育文化项目也不能达成美国外交政策目标。第二次世界大战的经历强化了美国政府对文化教育项目的重视。在对文化关系司开展的文化项目与外交政策关系的研究中,耶鲁大学历史学家拉尔夫·特纳(Ralph Tuner)就认为:"文化项目是调节国际关系的基本工具,也具有维系一个更加稳定世界秩序的功能……美国在文化领域的国际行动的领导地位与在政治和经济领域一样,将是一种绝对的必须"。① 第二次世界大战末期,以富布赖特参议员为代表的国际文化主义者进一步强调文化关系的重要性,国会也通过《剩余物资法》和《富布赖特法》,以法律形式确保文化项目的有效开展,国务院文化关系司的努力,使教育文化项目在战后得到延续。

三、教育与文化事务局:专注教育项目70年

自美国政府以公共信息委员会开展宣传活动开始,崇尚教育文化交流的理想主义者与主张开展信息宣传的现实主义者之间的

---

① Allen Weinstein: *The Haunted Wood: Soviet Espionage in America—The Stalin Era*, New York: Random House, 1999, p. 20.

争论就始终贯穿美国文化外交的发展。在不同历史时期,美国政府使用哪种模式开展文化外交,主要基于对实现美国外交政策目标效果最大化的考虑。教育文化项目能够发挥的作用包括:营造相互理解的氛围,支持思想与信息的自由交流以促进美国与他国的文化发展,塑造一个和平、安全以及能够相互合作的世界秩序。① 富布赖特参议员也认为,通过教育交流可以培养一种风尚,"这种风尚概括起来讲就是相信必须造就——特别是在大国——一代代领导人,他们有了教育交流的亲身经历后,必然对其他国家人民的文化有些感受和了解,懂得他们为什么要那样工作、那样想事、遇事有那样的反应,也会懂得这些文化之间的差异。这样,国际关系就可以得到改善,战争危险就可以大幅度减少"②。

在自由主义思想和理念的支撑下,美国国务院以持续的教育文化项目,配合实现其外交政策目标,并在机构设置上不断优化调整。为满足战时需要,1938年成立的国务院文化关系司的职能1942年归入战争信息办公室。1946年,战争一结束,杜鲁门总统即中止战争信息办公室,成立国际信息与文化事务办公室(Office of International Information and Cultural Affairs),负责管理富布赖特项目以及遍布世界各地的67个信息图书资料中心。③ 富布赖特项目在1946年《富布赖特法》以及1948年《史密斯-蒙特法》的保障下和国务院的精心管理下,至今已经整整70年,

---

① Richard T. Arndt: *The First Resort of Kings: American Cultural Diplomacy in the 20th Century*, Washington: Potomac Books, Inc., 2005, p. 30.
② 赵学功:《富布赖特:美国冷战外交的批评者》,北京:北京大学出版社,2015年,第23页。
③ "History and Mission of ECA",见美国国务院教育与文化事务局网站:http://eca.state.gov/about - bureau/history - and - mission - eca,访问日期:2016年4月3日。

按照肯尼迪总统的评价，该项目是改善美国与其他国家和地区关系的最为重要的手段之一。① 1948年，源自南美洲人员交流项目的国际访问者项目正式立项，也由国务院负责管理运行，且一直延续至今。富布赖特项目与国际访问者项目成为美国教育文化交流的旗舰项目，为传播美国思想发挥了重大作用。

1953年，为了遏制苏联的政治和文化影响力，艾森豪威尔政府成立美国新闻署（United States Information Agency），重新开启电台、报刊等宣传工具，对华约国家开展大规模宣传攻势。然而，为了避免教育文化项目过分受到政府操控，国务院没有将其划归美国新闻署管理，而是保留在国务院公共事务局（Bureau of Public Affairs）。1959年，人员交流项目划归国务院新成立的教育与文化关系局（Bureau of Educational and Cultural Relations）。1961年，按照《富布赖特－海斯法》，美国国务院成立教育与文化事务局（Bureau of Educational and Cultural Affairs），负责管理富布赖特项目、国际访问者项目、汉弗莱项目以及学校交流项目等相关教育文化项目。1978年，卡特总统把教育与文化事务局和美国新闻署进行重组，建立美国国际交流署（United States International Communication Agency）。虽然教育文化项目合并到以信息项目为主的国际交流署，但在国际交流署内部，教育文化项目与信息项目分别由教育与文化事务局与信息事务局等两个相对独立的部门管理。里根总统于1984年恢复了美国新闻署的名称。1999年，随着冷战的结束，克林顿总统撤销美国新闻署，新闻与文化事务局重新回归国务院，在信息项目一蹶不振的情况下，教育文化项目继续发挥着其应有的作用。

---

① 赵学功：《富布赖特：美国冷战外交的批评者》，北京：北京大学出版社，2015年，第27页。

四、"9·11"后的文化外交：美国的反思与措施

"9·11"之前，美国学术界就对文化冲突有深入研究。耶鲁大学历史学家拉尔夫·特纳在对文化关系司的工作评估时就指出了文化与文化之间冲突的可能及利用教育文化交流加以缓冲的必要性。此一看法远早于塞缪尔·亨廷顿的文明冲突说。秉持自由主义外交关系思想的学者们认为："美国外交政策的结构和功能不仅要反映自由价值观，也应该在外部世界促进这些价值观。"① 美国学者克拉斯纳（Stephen Krasner）则进一步认为："美国的外交政策需要从意识形态的角度进行理解，领导人受世界秩序本应该是什么样的观念支配，这一观念是美国自由主义的具体化。"②

然而，冷战的结束以及随之而来美国新闻署的撤销，使美国文化外交在一段时间内处于刀枪入库的状态。直到"9·11"事件爆发，美国才不得不重新反思其文化外交政策。负责文化与教育事务的助理国务卿海伦娜·费伊（Helena Finn）于2003年在《外交事务》杂志撰文指出，文化外交是美国武器库中的重要武器之一，然而美国却热衷炫耀武力，忽视了它的重要性。③ 美国反恐问题专家理查德·克拉克（Richard Clarke）也强烈批评美国政府没有利用自己的软实力去有效遏制针对美国的暴力行

---

① Samuel Huntington: *American Politics: The Promise of Disharmony*, Cambridge: Belknap Press of Harvard University Press, 1981, p. 240.
② Stephen Krasner: *Defending the National Interest: Raw Materials Investments and US Foreign Policy*, Princeton: Princeton University Press, 1978, p. 355.
③ Helena Finn: "The Case for Cultural Diplomacy", in *Foreign Affairs*, Vol. 82, No. 6, 2003, p. 20.

为。① 基于此，布什政府除了对情报分析、国土安全等部门进行重新整合外，也对伊斯兰世界与美国的文化差异、价值观以及文化软实力应用方面进行了综合分析，对美国文化外交进行了一系列变动。

首先，在机制上强化文化外交。除本章第一节提到的美国国会针对文化外交立法及举行一系列听证会，督促政府开展文化外交外，布什总统还依据《国务院基本授权法》任命一位助理国务卿负责文化外交，强化人选安排。2001年、2003年和2005年，先后任命比尔斯、塔特怀勒和休斯担任该职务。走马换将，除了表明政府对该职位的重视，也反映了文化外交面临的严峻挑战。

其次，美国强化了文化外交的实施计划，以中东为主要地区，开展包括政治、经济和教育文化在内的一揽子计划。其中的教育方面包括为中东地区国家人民提供更多教育机会，帮助他们提高教育质量。继2002年提出"美国中东伙伴计划"后，2004年又提出"大中东计划"，构成美国在中东推进自由行动的战略计划。

最后，美国逐年加强文化外交经费投入。2003年增加到6亿美元，之后逐年增加，到2010年达到10亿美元左右，已经数倍于2001年的经费投入。2004年，美国国会通过《情报改革与反恐怖主义法》，增加对伊斯兰世界的交流项目，同时在健康、教育和财政方面给予中东地区妇女大力援助。布什总统也鼓励美国人"积极加入学生、教师、学校以及专业协会中去，重新确认

---

① 转引自胡文涛：《美国文化外交的复兴》，载《现代国际关系》，2008年第1期，第14页。

美国对教育交流的义务"①。由此可见,美国对教育文化项目的重视程度在不断增加。但是,在布什政府的先发制人战略下,美国从总体上仍然信奉现实主义权力至上的外交策略,信奉实力是决定外交政策的基本方针,信奉政府的直接干预。古典自由主义关于政府不干预或少干预思想自由的基本理论,在现代社会已经十分暗淡了。

第三节 美国新闻署:现代自由主义思想下的文化外交

自由主义传统对美国政治、经济、文化和教育影响深远。自由主义思想随着时代的变迁,其内涵也不断变化,虽然其保证私有财产、市场经济、个人自由和民选政府的基本理念没有改变,但在实现这一理念的方式方法上,古典自由主义与现代自由主义的主张却大相径庭。从亚当·斯密主张自由经济到杰斐逊的"小政府,大社会"、"守夜人"式的政府,美国宪法第一修正案对思想自由的保障,是对古典自由主义的最好诠释。然而自由放任的缺点在一次次社会和经济危机中不断显现,从凯恩斯经济理论到罗斯福新政,政府对社会的有限干预成为现代自由主义的核心。在文化外交领域,如果说国务院坚持扮演幕后角色,通过教育文化项目来影响目标群体是古典自由主义思想的体现,那么美国新闻署以电台、报刊等媒体直接开展宣传,则是对现代自由主义思想最好的映照。

---

① 转引自胡文涛:《美国文化外交的复兴》,载《现代国际关系》,2008年第1期,第12页。

一、现代自由主义在美国的发展

美国自由主义思想从古典到现代的演变,其标志是自由放任的终结和政府在社会、经济和文化领域整体干预的开始,而罗斯福新政则是这一变化的开端。面对1929年开始的大萧条,胡佛总统坚持社会自身调节,政府不直接干预经济,也不直接参与救济的政策彻底失效。罗斯福新政彻底完成了政府职能的转变,从两个方面改变了美国自由主义的内涵:一是政府直接参与协调经济;二是政府承担起对人民福利的责任。① 在美国以及欧洲面对"国会民主+经济混乱"以及"政治独裁+经济集权"二选一的困境之时,罗斯福选择了自由主义与社会主义的中间道路,也向"偏左"的方向迈进了一步。

美国有"左"的历史经历。早在18世纪初,佐治亚殖民地就设计了一份"具有彻底利他主义的宏大事业"的蓝图,依据该蓝图安排了土地、生产、供给等一切细节,禁止土地流转和交易,全力开展养蚕和生丝产业。然而这一乌托邦式的人间乐园在运行20年后,以失败告终。布尔斯廷指出,佐治亚的失败就在于其计划过于周密,违背了当时的客观条件,"托管制失败的启示也就是其他形式的社会在北美洲取得成功的关键"②。此外,美国20世纪30年代的左派运动以及60年代的新左派运动,都对美国社会产生了较为深远的影响。

综观美国社会的发展,政府干预社会的程度大起大落。建国初期,以汉密尔顿为代表的联邦党人不信任人民的自治能力,希

---

① 钱满素:《美国自由主义的历史变迁》,北京:生活·读书·新知三联书店,2006年,第91页。
② 丹尼尔·布尔斯廷:《美国人:开拓历程》,北京:生活·读书·新知三联书店,1993年,第108页。

The Role of the Government: A Liberalism Perspective on American Cultural Diplomacy
中华文化走出去背景下美国对外文化交流中的政府角色研究

望以中央权威发挥政府稳定社会的作用,亚当斯任职总统期间通过的《客籍法》和《反颠覆法》就是政府干预社会的典型例证。林肯担任总统期间摧毁奴隶制、倡导公民人权以及实施放任主义的经济发展,使自由主义发展到一个高峰。其后的西奥多·罗斯福和伍德罗·威尔逊使自由主义进一步发展,威尔逊理想主义是自由主义发展的一个高潮。20世纪30年代的经济大萧条,拉开了罗斯福新政全面干预经济的序幕,也开始了现代自由主义思想在美国作为主流意识形态的时期。从30年代到60年代的30余年间,美国在"偏左"的道路上飞奔,及至约翰逊总统提出建立消除贫穷的"伟大社会"政治纲领,由政府保障人民基本生活水准,美国现代自由主义思想发展到最高潮,政府干预社会经济的程度也发展到了极致。

二、信息项目与文化项目的博弈

政府对文化事务的干预也在20世纪五六十年代走向高峰。第二次世界大战的结束,也是美国与苏联对抗的开始。在北约和华约积极开展军备竞赛的同时,双方都没有忽视在意识形态领域的交锋。苏联开动宣传机器,发动了"和平攻势"。而美国为了戳穿其"虚假宣传",美国国家安全委员会第68号文件(NSC68)在确定对苏联实施全面"遏制战略"的同时,也把以心理战说服苏联民众放弃社会主义思想列为实现美国国家安全策略的重要组成部分。美国政府积极实施NSC68文件的战略安排,在国外通过广泛讲述美国故事或传播美国信息,在目标国能够对舆论发挥影响的群体中传播美国观点和看法,进而使更多的民众成为引导其他民众舆论的成员。美国新闻署正是美国专门成立的用于实现上述目标的政府机构。

然而,在组建美国新闻署的过程中,对于是否将文化项目与宣传项目同时归并新闻署，美国政府内部也有激烈讨论。美国国务院因为长期负责美国人员交流项目，对于开展教育文化交流情有独钟，而对短期的宣传带有一种传统的蔑视。时任美国国务卿杜勒斯（Dulles）就认为，宣传不过是通过海报、传单和广播开展的心理战，其目的是从观念上解放东欧民众的思想。① 国务院下辖的国际新闻署（International Information Administration）很大程度上也重视文化与教育层面的交流，从艾森豪威尔任命圣殿大学（Temple University）校长罗伯特·约翰逊（Robert Johnson）为国际新闻署第二任署长这一点来看，国际新闻署与高等学校以及教育的联系紧密度不言而喻。罗伯特·约翰逊本人对教育与文化项目也重视有加，对以宣传为目的的信息项目则十分小心。他认为，美国人不喜欢宣传，外国人同样不喜欢宣传。在展望未来时，他也认为，即便苏联会垮台，美国也需要教育外交，因为世界的革命性发展已经准备就绪。前哈佛大学校长、美国战后驻德国高级专员、战后驻德国首任大使詹姆斯·柯南特（James Conant）也赞同约翰逊关于文化外交重要性的看法。② 事实上，美国战后对德国的成功改造，很大程度上归功于教育文化在改变德国纳粹价值观上发挥的至关重要的作用。

　　从人员构成来看，尽管美国新闻署的主要从业人员多数具有长期的新闻工作背景，但这并不意味着美国新闻署就是一个纯粹的宣传机构，其对外宣传策略也在不断调整。斯特伯特在谈到其使命时就认为："美国新闻署摆脱宣传色彩后，将集中开展客观、真实的报道，并进行适当的评论……目的是为了让有说服力的道

---

① 郭又新：《从国际新闻署到美国新闻署——美国对外宣传机构的演变》，载《东南亚研究》，2004年第5期，第58-62页。
② Richard Arndt：*The First Resort of Kings: American Cultural Diplomacy in the 20th Century*, Washington：Potomac Books, Inc., 2005, pp. 267-268.

理能够被人们所接受……美国新闻署的活动将集中在较少的、但更关键的项目上。"① 乔治·爱伦（George Allen）接替斯特伯特后，英语教学、图书翻译出版等文化项目得到加强。爱伦多年的美国驻外大使经验使其了解此举可以避开宣传可能带来的争议，从而更好地帮助他国民众了解美国人的观念与理想。美国新闻署为此特别加强了在世界各国的图书馆建设，翻译并编辑出版了《富兰克林自传》《亚伯拉罕·林肯》《自由与文化》《美国地理与美国的发展》等大量反映美国精神和美国体制的书籍。英国议会一位议员在评论新闻署的图书项目时也认为："美国教科书在各地大学图书馆十分常见，这主要归功于美国政府的对外援助和宣传活动。"②

然而，教育文化项目与信息项目同时存在于国务院下辖的国际新闻署，由于两类项目在性质以及目标上的差异，导致争端一直不断，而预算则成为矛盾爆发的导火索之一。第二次世界大战结束后，美国国会预算委员会对削减国际新闻署的预算进行评估，前华盛顿大学政府管理学院院长威廉·约翰斯顿（William Johnston）在国际新闻署负责教育交流项目后，转任信息项目负责人，具体管理包括美国之音在内的对外宣传，同时负责领导国际新闻署相关团队配合国会预算委员会的拨款评估工作，希望国会保持对国际新闻署信息项目的相关拨款。然而，预算委员会对国际新闻署信息项目的评估为：扩张速度过快，同时缺乏充分的

---

① Thomas Sorensen: *The Word War: The Story of American Propaganda*, New York: Harper & Row, 1968, p. 50.
② Thomas Sorensen: *The Word War: The Story of American Propaganda*, New York: Harper & Row, 1968, p. 108.

集中政策管控机制。① 获知此消息后，约翰斯顿愤然辞职。然而，事情并未就此结束。美国之音的相关官员认为对美国之音经费的削减是"一位认为自由世界不需要美国之音的人士的计划，他认为美国之音应该被关闭……这位人士就是威廉·约翰斯顿，虽然他上周辞职了，但是却让我们陷入困境，让美国陷入困境，让我们损失了201个中继站，还有我们的信誉与朋友"②。预算事件从一个侧面反映出，出身大学并负责交流项目的约翰斯顿，在以媒体为基础的信息项目中并不受待见，而且成为预算削减事件的替罪羊。国际新闻署内部教育文化项目与信息项目的拼争激烈程度，可见一斑。

美国政府在第二次世界大战结束后，也在考虑把分散在不同部门之间的文化外交项目进行整合。1945年，美国撤销了战时新闻局（Office of War Information），之后，文化外交分散在包括国务院、国防部以及负责执行马歇尔计划的经济合作署。美国分散在世界各国的美国新闻处（United States Information Service）虽然划归国务院，但也要为包括经济合作署在内的其他政府部门提供服务，因此部门之间的冲突无法避免。艾森豪威尔入主白宫后，组建了政府组织咨询委员会，由纳尔逊·洛克菲勒担任主席，专门为提高政府运行效率提供意见和建议。洛克菲勒委员会建议整合美国对外宣传渠道，根据《国家安全法》，在国家安全委员会领导下成立一个新的常设机构。在此构架下，美国信息顾问委员会以及美国教育交流顾问委员会向新设机构提出建议，也

---

① Richard Arndt: *The First Resort of Kings: American Cultural Diplomacy in the 20th Century*, Washington: Potomac Books, Inc., 2005, p. 268.

② Alexander Kendrick: *Prime Time: The Life of Edward R. Murrow*, New York: Little Brown, 1969, p. 113.

不再接受国务卿领导。① 在洛克菲勒看来，最好能把信息、文化关系、人员交流、图书项目、英语教学及美国研究等文化外交项目都整合在新成立的机构中。但是，以富布赖特为代表的文化主义者们，坚持教育文化项目与宣传项目分离。国务卿杜勒斯也同意把国务院下属的大部分宣传部门分离到新成立的机构。美国参议院于1952年任命富布赖特参议员为主席，成立特别调查委员会，对美国对外宣传活动的目的、活动、效果进行调查研究。委员会在提交的报告中建议："国际新闻署在一年的试验期里，可以在国务院获得更大的自主权，也可以将其确立为一个单独的机构，但人员交流项目保留在国务院。"② 特别委员会在给艾森豪威尔总统的信件中也指出："本委员会认为将所有国际宣传活动和教育活动都完全从国务院中分离出来是不可取的，会使教育交流活动带有宣传色彩。不过，如果把对外宣传活动从国务院中分离出来将其置于内阁之下一个新的、独立的新闻宣传部门，行政部认为这种做法可行，本委员会极力建议教育交流活动应仍留在国务院。"③ 最终，美国之音、图书项目、美国新闻处（USIS）、英语教学以及美国研究等多数部门归并新机构，国务院只保留人员交流项目。

1953年6月，依照艾森豪威尔总统递交国会的美国政府第8号改组计划，美国新闻署正式成立。按照美国国家安全委员会165-1号文件（NSC165-1）：（1）美国新闻署的目标是利用媒

---

① U. S. State Department. *Foreign Relations of the United States*, 1952 – 1954, Washington D. C.：U. S. Government Printing Office, 1979, pp. 1692 – 1694.
② John Henderson：*The United States Information Agency*, New York：Praeger, 1969, p. 52.
③ 转引自韩召颖：《输出美国：美国新闻署与美国公众外交》，天津人民出版社，2000年，第75页。

体向他国民众说明,美国的政策目标与他们追求自由、进步与和平的理念是一致的,将为他们实现目标发挥促进作用;(2)美国新闻署主要通过如下方式实现上述目标:向国外民众阐明美国政府的目标与政策;描绘美国政府政策与世界各国民众合理预期之间的相互关系;反击任何扭曲美国政策与目标的敌对措施;对有助于他国民众理解美国政策和目标的美国生活或文化的重要方面开展描述;(3)美国新闻署可以利用包括美国之音在内的项目与他国民众沟通他国政府设想的关于其归属的事件。①

三、美国新闻署:从高峰到谷底

美国新闻署在政府中的地位能够直接反映美国政府对文化事务的干预程度。依据第8号政府改组计划,总统通过国家安全委员会部署美国新闻署的对外宣传,新闻署执行国家安全委员会的决策,自身不参与制定对外政策。因此,在新闻署成立初期,其在政府中的地位不高。1955年,新闻署署长成为美国政府工作协调委员会成员并开始列席国家安全委员会的相关会议。1956年,新闻署署长被艾森豪威尔总统批准参加内阁会议,参与讨论并执行美国外交政策。虽然此时新闻署署长的地位仍然无法与国务卿、国防部长以及总统国家安全顾问等相提并论,但是美国政府对新闻署的重视度极大提升。为降低苏联发射世界第一颗人造卫星对美国民众造成的恐慌,国务卿杜勒斯也邀请第三任署长乔治·爱伦参加每周召开的决策会议,协同国务院与美国新闻署在外交政策方面的步伐。② 肯尼迪总统则不满足于美国新闻署仅作

---

① U.S. State Department. *Foreign Relations of the United States, 1952 – 1954*, Washington D.C.: U.S. Government Printing Office, 1979, pp. 1753 –1754.
② Thomas Sorensen: *The Word War: The Story of American Propaganda*, New York: Harper & Row, 1968, p. 104.

为执行对外政策的工具，还赋予其向美国政府决策部门提供国外对美国政策的舆论反应、积极参与对外政策的制定等职能，新闻署不必再通过国家安全委员会向总统负责。肯尼迪经常通过阅读新闻署的周报或直接电话联系时任署长默罗，以获取对时局的看法。历史学家小阿瑟·施莱辛格就此评论道："没有任何一位政府负责宣传事务的官员堪比肯尼迪对默罗的信赖，……以及与总统保持如此密切的关系。"①

从国务院国际新闻署到成立新的美国新闻署，美国文化外交的侧重点发生了明显变化。首先，国务院国际新闻署重视人员交流项目，而美国新闻署注重利用媒体开展宣传。这一点从两个机构的负责人的从业背景就可以看出。国际新闻署是第二次世界大战后美国合并文化关系司（1938年成立）与战时新闻局（1942年成立）而来的。在文化关系司司长爱德华·巴雷特（Edward Barret）离任后，继任者是华盛顿州立大学校长、经济学家威尔逊·康普顿（Wilson Compton）。康普顿之后，艾森豪威尔总统任命圣殿大学校长罗伯特·约翰逊接任第二任署长。两位署长的高等学校背景，强化了国务院旗下的国际新闻署与教育文化项目的特殊关系。1953年美国新闻署成立后，第一任署长为西奥多·斯特伯特（Theodore Streibert），他在就任美国新闻署长之前，曾长期担任美国广播系统委员会主席，同时兼任美国之音顾问。其新闻从业背景使美国新闻署的宣传性更加突出。肯尼迪时期的第三任署长爱德华·默罗（Edward Murrow）则拥有在哥伦比亚广播公司服务20余年的经历，堪称阅历丰富的新闻人。而与默罗同期的国务院教育文化事务局负责人飞利浦·库姆斯

---

① Arthur M. Schlesinger: *A Thousand Days: JFK in the White House*, Boston: Houghton Mifflin, 1965, pp. 611–612.

(Philip Coombs)出身福特基金会,非政府组织的经历使其更看重政府在文化外交中的幕后角色。①

其次,美国新闻署的工作紧紧围绕历届美国政府外交政策目标,以文化外交帮助实现国家利益。艾森豪威尔时期,正值冷战初期,遏制共产主义在世界其他国家的发展是美国的国策,美国新闻署的任务是使用通讯手段向他国民众提供证据,证明美国的目标和政策与他们对自由、进步与和平的追求是一致的。② 肯尼迪时期,美苏就核试验以及古巴导弹等问题针锋相对,这两个问题也成为美国新闻署的关注重点。借助1958年的《美苏文化交流协议》,美国新闻署开展了包括"美国艺术""美国医疗""美国科技图书"在内的一系列展览。正如时任美国新闻署署长默罗所指出的那样:"我赞同十年前杰克逊众议员的观点'政府经费设立的任何项目,只能按照它是否有助于国家目标的实现来判断其合理性',这就是当今美国新闻署的目标,也是其唯一目标。"③ 然而,美国新闻署围绕国家目标开展的宣传活动,并非全都奏效。越战期间,美国新闻署试图鼓舞南越士气,说服越南民众积极参加美国支持的南越政府开展的经济和社会发展计划,同时争取其他国家政府和民众对美国越南政策的理解和支持。虽然新闻署为越战开展的宣传做了周全的策划,但是收效甚微。美国新闻署的越战经历,印证了时任署长乔治·艾伦的判断:"美国的国外印象90%取决于美国的国家政策,不到10%取决于我

---

① Philip H. Coombs: *The Fourth Dimension of Foreign Policy: Educational and Cultural Affairs*, New York: Harper & Row, 1964, pp. 6-22.
② Gifford D. Malone: *Political Advocacy and Cultural Communication: Organizing the Nation's Public Diplomacy*, Lanham: University Press of America, 1988, p. 20.
③ Thomas Sorensen: *The Word War: The Story of American Propaganda*, New York: Harper & Row, 1968, p. 144.

们对它如何解释。"①

美国新闻署在成立之后,由于其定位和宣传效果等多方面原因,对其的改组贯穿了美国新闻署发展的始终。20世纪50年代和60年代是美国现代自由主义发展的高峰期,政府积极介入社会生活的各个方面。在文化外交领域,美国政府考虑更多的是如何强化文化外交,通过遏制苏联的发展来实现美国利益。因此,强化美国新闻署成为这一时期的重点。肯尼迪上任不久即成立佛里·戴维森特别调查委员会,对包括新闻署在内的美国对外关系进行调研。在其提交的报告中,委员会建议为了强化美国的对外宣传,将国务院的教育文化项目以及商务部的国际展览项目移交美国新闻署。②尽管肯尼迪总统考虑到富布赖特参议员的强烈反对而没有把教育文化项目合并到新闻署,但是他却通过允许新闻署长列席内阁会议而提升了新闻署的实际地位。

在约翰逊总统提出的"伟大社会"把美国现代自由主义思想推向高潮之后,尼克松时期开始反思国家对社会的过度干预。在经济上,尼克松的"新联邦主义"主张把集中到政府的权力回流到州政府③;在外交上,美国对苏联的遏制政策转向"均势外交";在文化外交领域,由过去的单向宣传为主转而开始注意双向交流。1968年,尼克松入主白宫后不久,众议员但丁·法赛尔(Dante Facsell)主持国会听证会,建议成立美国对外宣传调查委员会,审查美国政府的对外宣传,包括教育文化以及开展

---

① Thomas Sorensen: *The Word War: The Story of American Propaganda*, New York: Harper & Row, 1968, p. 105.
② Panel on International Information, Education, and Cultural Relations: Recommendations for the Future. 转引自韩召颖:《输出美国:美国新闻署与美国公众外交》,天津:天津人民出版社,2000年,第91页。
③ 钱满素:《美国自由主义的历史变迁》,北京:生活·读书·新知三联书店,2006年,第214页。

的其他项目的目的、运行和策略,以及这些活动的意义和作用。委员会提交的报告也同时认为,美国不能单向对外讲述美国故事,同时也应该注重了解国外社会的观念及其成因。1974年,美国对外宣传教育文化委员会成立(又称斯坦顿委员会),委员会建议对国务院以及美国新闻署进行机构调整,把国务院负责的人员交流项目以及新闻署负责的英语教学、图书馆以及海外文化中心归并到国务院以外的专门机构,而为了更好地配合执行国务院外交政策,对外宣传部门应该归并到国务院,并设立负责对外宣传的助理国务卿。虽然由于美国新闻署与国务院均反对斯坦顿报告的建议,尼克松和福特总统也因经济等事物而无暇顾及文化外交,但斯坦顿委员会关于教育文化项目与信息项目的调整,依然反映出古典自由主义与现代自由主义对两类项目的不同观点,也反映出对政府在文化外交中应该扮演的角色的分歧。

  卡特总统的"人权外交"及对"理想主义精神"的倡导,使政府对文化外交的重视度再次提升。政府在对斯坦顿报告进一步评估后认为,美国国务院并不适合从事宣传以及文化活动,美国新闻署也需要换一个弱化宣传的机构名称,并且任命负责教育文化交流的人士担当要职。这一思想符合20世纪30年代美国确立文化外交原则时弱化政府角色的设想。然而此时政府对文化外交的参与,已经与古典自由主义思想的设想相距千里。卡特总统在充分考虑斯坦顿委员会、审计署以及其他专家意见的基础上,决定实施政府改组,把国务院教育与文化事务局整体并入美国新闻署,新闻署更名为"美国国际交流署"(United States International Communication Agency),其使命为"向世界介绍我们的社会和政策,特别是美国所信奉的文化多样性以及个人自由"①。在谈到国际交流署开展文化外交的具体方式时,署长约翰·莱因哈特(John Edward Reinhardt)指出:"我们想说服别人,但我们不想操纵舆论,……美国国际交流署不是一个操纵性的机构。"②

事实上,随着美苏对抗的缓和,除了卡特总统强调人权外交而注重美国新闻署的文化外交活动以外,美国新闻署再也无法回到艾森豪威尔和肯尼迪时代的巅峰期。及至20世纪90年代,随着美苏对抗的消失,美国新闻署的历史作用也到了尽头。虽然美国新闻署的经费拨款等现实因素是美国撤并新闻署的重要原因,但是美国朝野对文化战略的分歧也不可忽视。不少美国人认为,美国的生活方式、价值观的优越性不言而明,不需要美国政府刻意对外宣传,而民间机构应该成为输出美国价值观的主力军。加州大学伯克利分校政治学家乔伊特就认为,美国政府"输出民主的努力可能会削弱美国的力量"③。塞缪尔·亨廷顿甚至认为:"要求非西方国家的民众接受西方观念、制度和文化,是违背西方自决、民主的价值观念的。"④ 1999年10月,克林顿政府正式撤销美国新闻署,相关文化外交机构及项目并入美国国务院。虽然美国新闻署的撤销会减少并弱化美国文化外交的力度,也不会再有冷战时期两个阵营的激烈文化对抗,但是,美国对伊斯兰地

---

① Gifford D. Malone: *Political Advocacy and Cultural Communication: Organizing the Nation's Public Diplomacy*, Lanham: University Press of America, 1988, p. 50
② Fitzhugh Green: *American Propaganda Abroad*, New York: Hippocrene Books, 1988, p. 44.
③ 韩召颖:《输出美国:美国新闻署与美国公众外交》,天津:天津人民出版社,2000年,第143页。
④ Samuel Huntington: "The West: Unique, But not Universal", in *Foreign Affairs*, Nov/Dec, 1996, p. 41.

区、对俄罗斯、对中国以及对古巴等国家，也包括对欧洲地区国家的文化外交努力不会终止，只是方式和执行机构有所变化而已。

第四节　非政府组织与文化外交

按照20世纪30年代美国政府制定的文化外交原则，非政府组织是美国文化外交运行机制的重要环节，美国文化外交95%的活动都应该由非政府组织承担，政府承担的部分不超过5%。审视美国文化外交，不难发现其"政府－民间"多行为体的运作特征。因此，如果只研究政府在文化外交中的作用，而忽视非政府组织的角色，就无法了解美国文化外交的全貌。约翰·霍普金斯大学的兰普顿教授也认为："非政府组织及个人在文化外交中的作用是政府无法比拟的。"[①] 事实上，美国数量庞大的非政府组织承担了教育、科研、宗教、商业服务、音乐艺术以及慈善等大量政府不方便承担的工作，在美国社会中发挥着极其关键的作用，文化外交只是非政府组织承担的诸多工作之一。在众多非政府组织中，协助政府开展文化外交的主要包括以福特基金会为代表的各类私营基金会、参与教育文化交流的美国高等院校以及开展宗教思想传播的教会组织。本节通过梳理美国自由主义思想影响下上述非政府组织介入文化外交的动因及各类非政府组织发挥的作用，探讨非政府组织在美国文化外交中不可或缺的地位和重要意义。

[①] 胡文涛：《美国文化外交及其在中国的运用》，北京：世界知识出版社，2008年，第66页。

一、自由主义思想下的美国非政府组织

美国的非政府组织数量众多。据统计，1989年非政府组织数量为99万个，1990年发展到114万个，1994年超过140万个，2000年达到150万个，2008年进一步发展到179万个。① 如此多的非政府机构涵盖了众多的社会领域，包括科研机构、教育机构、慈善机构、医疗机构、各类基金会、专业协会、体育组织、青年协会以及老年组织等。早在19世纪，托克维尔就在其《论美国民主》中描述过美国各类社会团体，"美国人不论年龄多大，无论处于什么地位，不论志趣是什么，无不时刻在组织各类社团。在美国，不仅有人人都可组织的工商团体，而且还有其他成千上万种团体，既有宗教团体，也有道德团体，有认真和无聊的团体，有一般和特殊的团体，也有规模庞大和规模甚小的团体"②。

非政府组织在美国的发展，与美国自由主义传统密不可分。在政治哲学意义上，美国人主张国家只是保护公民自由的工具，保护公民能在不侵犯他人利益的情况下自由从事自己愿意做的事。美国宪法修正案第一条对包括结社、言论和出版的自由都有明确规定。同时，美国社会也深受基督教神学思想的影响，源自《圣经》的教友互帮精神以及教会扶弱济贫的组织性的慈善行为，也鼓励人们无论是以个人还是以团体方式，持久参与公益事务。美国著名神学家科顿·马瑟（Cotton Mather）在谈到美国慈善行为时也说道："如果有人问，一个人为何必须做好事？我的

---

① 戴昌桥：《论美国的非政府组织》，载《求索》，2009年第11期，第55页。
② 托克维尔：《论美国的民主》，董果良译，北京：商务印书馆，1996年，第635 - 636页。

回答是，这个问题就不像是好人提的。"① 对个人自由的追求以及帮助社会共同发展的愿望，使美国非政府组织的发展有了思想原动力。本杰明·富兰克林（Benjamin Franklin）是非政府组织建设的先驱之一。富兰克林强调美德，鼓励以个人的知识和财富服务社会。他在宾夕法尼亚州建立了第一家公共图书馆，建立了美国哲学学会、宾州大学以及宾州医院，在其去世后，以其所捐赠的基金建立了波士顿第一所理工学院。富兰克林作为建国先驱也担任过美国政府高官，但是其建立的相关机构并无政府分毫投入，完全是服务社会的非政府组织机构。

非政府组织在美国的发展，也是美国"志愿精神"的结果。自由主义思想作为美国核心价值观，在注重个人对自由、民主和平等的追求的同时，不可避免地促进了对私利的追求，而投身公益则是对利益驱动的市场经济的一种平衡。非政府组织则是美国公民积极参加公益事业、弥补政府在此方面不足的一个重要渠道。美国各类非政府组织在其机构章程或宣言中，大多以不同方式表达了志愿精神。这种精神反映了公民在自我发展取得一定成就后，对社会的一种回馈，是一种个人发展促进社会发展、社会发展进一步促进个人发展的良性循环的体现。美国著名企业管理家彼得·德鲁克（Peter Druker）的行为进一步发展了志愿精神。他在支持自由市场经济的同时，也感受到其产生的社会不平等，同时他也认识到了美国现代自由主义政府过度干预社会的不可持续性，因此提出在绝对的政府管理与纯粹的自由市场之间，走出由以基金会为主体构成非营利的第三部类，帮助解决包括学费、医疗和公共服务在内的各种社会需求。据统计，目前大约有一半

---

① Robert H. Bremner: *American Philanthropy*, Chicago: The University of Chicago Press, 1998, p. 5.

美国人每周有4小时参与各类社团。而德鲁克的基金会则每年表彰一个在某项社会工作中有突出业绩的志愿组织,给予奖励并推广。①

基金会是最能体现志愿精神的美国各类非政府组织之一。并非只有像福特这样的富豪才捐助资金投身公益,美国社会大众也通过数额不等的捐款,表达自己的社会责任感。美国的自由主义价值观及其社会环境,使美国适宜私人出资的各类非政府机构成长,并成为把社会各界的私人资金纳入公共用途的桥梁,作为政府的补充,满足社会在不同领域的各种需求。由于这类组织的非政府性质,其效率和结果是政府不可比拟的,对社会的影响力非常大。福特基金会在1936年成立之初,定下的宗旨就是"接受和管理资金以用于科学、教育与慈善目的,一切为了公众福利,此外无其他目的"。1947年,福特基金会在美国征集关于基金会发展的最佳途径,研究基金会如何最明智有效地利用资源造福人类。经过三年努力,提出《关于福特基金会的政策和规划报告》。报告体现出以天下为己任的勃勃雄心,指出当今"最关键的问题是社会的,而不是物质的——是来自人与人的关系,而不是人与自然的关系"。基于此,基金会的宗旨调整为"加强民主价值观,减轻贫困和不公,促进国际合作,推动人类成就"②。福特基金会的这一报告,使福特基金会更加关注社会科学和国际大社会,也使福特基金会从国内走向国际,成为美国文化外交领域最重要的基金会之一。

非政府组织在美国的发展,是政府与社会关系的一个缩影。

---

① 资中筠:《财富的责任与资本主义的演变:美国百年公益发展的启示》,上海:上海三联书店,2015年,第331页。
② 资中筠:《财富的责任与资本主义的演变:美国百年公益发展的启示》,上海:上海三联书店,2015年,第124-126页。

美国建国之初，制定宪法的两个根本目的，一是建国，二是限权。源自欧洲社会对王权滥用的担心，在美国表现为对政府权力膨胀的忧虑。建国先驱们对美国政体的考量，体现在宪法条文中所呈现的洛克权力三分观念。在此文化大背景下，美国社会在应对出现的各类问题甚至灾难时，传统观念主要是依靠个人或互助，对政府特别是联邦政府指望不多。这一观念成为非政府组织在美国得以长足发展的社会文化基础。在罗斯福新政以前，美国政府除了颁布《谢尔曼反托拉斯法》，政府不介入对企业发展的管理，基本上采取放任发展的自由经济政策。在教育文化领域，由于宪法修正案的约束，美国政府更是不能直接参与文化事务，这也是美国至今未设立文化部的根本原因，与其他国家以文化部积极管理文化事业的做法大相径庭。

美国的非政府组织与政府之间，体现出一种补充和配合的关系。从杰斐逊时代开始，美国一直主张"小政府，大社会"的基本社会结构，直到罗斯福新政开始后，政府才开始逐渐加大社会福利，"小政府"的格局才开始改变。政府不过多介入教育文化事务的原则，客观上需要更多非政府组织填补政府的空缺。非政府组织与政府机构人员的相互流动，以及美国主流意识形态的相对一致，保持了政府机构与非政府机构在实现国家利益和社会利益上的一致性，从而实现了政府与非政府组织之间的互补，建立起实现国家目标和利益的完整框架体系。例如，艾森豪威尔时期的国务卿杜勒斯，在其上任之前曾担任洛克菲勒基金会董事长，卸任国务卿后又担任卡耐基国际和平基金会董事长；杜鲁门总统时期副国务卿腊斯克（Dean Rusk），担任国务卿前和卸任后，均任职洛克菲勒基金会会长；霍夫曼（Paul Hoffman）在担任福特基金会董事长的同时，还主持马歇尔计划，帮助战后欧洲重建。以上仅罗列了有代表性的政府机构和非政府组织之间的人

The Role of the Government: A Liberalism Perspective on American Cultural Diplomacy
中华文化走出去背景下美国对外文化交流中的政府角色研究

员流动,其他非政府组织与政府之间的人员流动也很频繁。这些核心人员的流动,充分表明非政府组织在思想上与政府施政方针不可分割的联系,双方互补关系十分明显。

社会科学是以基金会和高等院校为代表的非政府组织关注的重点领域之一。美国从殖民时期即重视教育,富兰克林在宾州开启的世俗高等教育,发展至20世纪,社会达尔文主义与进步主义相结合,美国社会相信优胜劣汰的同时,也相信通过教育可以提高个人素质,相信教育平等是机会平等和自由竞争的基石。正如福特基金会会长盖瑟所指出的那样,"归根结底,只有对人的教育(对新知识的获得、传播和应用)才能消除人自己设置的对进步的障碍"①。

二、基金会与美国文化外交

美国各类基金会参与文化外交,文化动因明显。首先是宗教慈善精神的影响。源自清教传统的"山巅之城"以及"上帝选民"的宗教情怀,使美国人坚信其帮助其他落后民族和国家的宗教使命,此乃其一;基督教有着浓厚的慈善传统,此乃其二。从中世纪开始,教会就有组织地开展扶弱济贫活动,及至17世纪,英国通过《济贫法》("Poor Relief Act"),从法律上规定教区负责辖区内一定数量济贫对象,更使教会慈善成为传统。普通百姓也乐于把资金捐赠给教会而不是直接捐赠给受助对象,这使慈善成为有组织的活动。这一传统随着移民来到美洲。因为美洲经济的快速发展,庞大的捐助人群和巨额的资金需要超越教会的专门基金组织管理并实施"授人以渔"的扶助方案,从而使塞奇

---

① 转引自资中筠:《财富的责任与资本主义的演变:美国百年公益发展的启示》,上海:上海三联书店,2015年,第348页。

(Russell Sage Foundation)、卡耐基（Carnegie Corporation）以及洛克菲勒（Rockefeller Foundation）等基金会如雨后春笋般建立起来。

美国的文化潮流和部分有影响力的基金会的负责人的理想主义精神，是基金会投身文化外交的一个重要动因。盖瑟在20世纪50年代担任福特基金会负责人，其对政治和社会实际的重视使福特基金会非常关注社会发展；弗雷德里克·盖茨作为洛克菲勒基金会会长，其以医学救助人类的理想，奠定了洛克菲勒基金在医学领域的主攻方向。上述基金会负责人在理想主义精神驱动下，其负责的基金会的工作目标具有前沿性和开创性，其目光也不再局限于美国国内，放眼全球成为这些基金会的共同追求。

此外，美国从建国之初就出现的"反官方文化"传统，使社会对政府介入文化思想领域产生抵触，也使非政府组织在文化领域以及文化外交领域有了更广泛的活动空间，特别是社会科学研究领域，成为一些基金会着眼的目标。而社会科学研究成果要发挥其实际效用，政府的作用又不可或缺，因此，在"反官方文化"存在的同时，基金会与政府的合作与功能的互补，在美国成为一道奇观。这一情况的最明显体现，就是美国各类"思想库"。例如美国布鲁金斯学会成立之初，卡耐基基金会就捐款127万美元，福特基金会在1955—1967年捐赠了超过4000万美元。[1] 布鲁金斯学会也为包括罗斯福新政及美国国际关系政策提供了大量咨询报告和建议。洛克菲勒基金会也在外交政策、教育以及社会事务等诸多方面为美国政府出谋划策。福特基金会开展的中国学研究，为美国政府对华政策及文化外交做好了思想和理

---

[1] 资中筠：《财富的责任与资本主义的演变：美国百年公益发展的启示》，上海：上海三联书店，2015年，第373页。

论的准备。①

虽然基金会与政府交织的关系以及功能互补的情况客观存在,且在进入 21 世纪后这种特殊关系还有进一步发展的趋势,但是基金会的独立性依旧,它并没有完全沦为政府的工具。从资金上看,基金会的资金主要来自各类捐赠,基金会的运作需要参考捐赠人的意愿,虽然政府对基金会的款项获取方式及管理有严格规定,但是基金会的资金投向领域是由基金会董事会独立决定的。同时,"反官方文化"的存在,也使基金会不会完全置于政府控制之下。正如福特基金会驻北京办事处负责人盖斯南所言:"只要不违反美国法律,非政府组织在决定自己政策时比较自由。"② 资中筠也认为,虽然基金会与美国政府有着千丝万缕的联系,并因此获得"影子内阁"的称号,但基金会也并非与政府的思路保持完全一致,美国自由主义与进步主义思想仍然贯穿并主导基金会的运作。③

在具体参与文化外交方面,各基金会结合自己的章程或宗旨,规划具体领域或方向作为开展工作的重点。亨利·鲁斯基金会(Henry Luce Foundation)创始人亨利·鲁斯家族经营《时代周刊》、《生活》及《财富》等媒体。老亨利早年在中国传教的经历促使其树立帮助中国的信念,其基金会的关注重点放在中国的高等教育发展以及推广基督教上。基金会成立之初的 10 年,资助最多的前三位分别是华美协会(China Institute of America)、

---

① 韩铁:《福特基金会与美国的中国学:1950—1979》,北京:中国社会科学出版社,2004。
② 胡文涛:《冷战结束前私人基金会与美国文化外交》,载《太平洋学报》,2008 年第 3 期,第 45 - 46 页。
③ 资中筠:《散财有道:美国现代公益事业基金会述评》,上海:上海人民出版社,2003 年,第 3 页。

美国宗教机构以及中国教会大学委员会，其资助对象大部分与中国有关。① 1949年以后，鲁斯基金会退出大陆，目光放在台湾和香港，相继资助建设了台湾东海大学教堂以及香港中文大学图书馆等。在谈到基金会参与文化交流的意图时，亨利二世曾说道："对美国领导世界的考验，是看我们能否通过在思想、伦理和政治上的相互了解，使东方和西方坐到一起来。"② 1979年以后，亨利·鲁斯基金会连续5年全额资助部分中国学者到美国相关高校研修，1985年，基金会又拨款资助研究基督教在中国的情况及影响。进入21世纪，亨利·鲁斯基金会资助中国高校学者开展"美国文化"相关课程研讨，在中国高校开设若干美国文化和文学课程，继续促进中国高校对美国的进一步了解。③

相比亨利·鲁斯基金会在高等教育和宗教领域开展的文化外交活动，福特基金会的重点则分别放在美国中国学研究、中国人文社会科学发展以及中国社会保障项目发展上。在美国中国学研究方面，在1952年的一份报告中，福特基金会就提出要消除亚洲对美国的误解，对该地区的发展要有所作为，而中国是亚洲地区最重要的国家之一，是实现亚洲与世界和平的关键所在。这份报告提出之时，也是麦卡锡主义在美国盛行的时期，福特基金会逆潮流而动，是其大局观和世界情怀的明确体现。福特基金会资助创立了哈佛大学东亚研究中心，在费正清博士主持下，该中心取得了大量对华研究成果，为美国了解中国及制定对华政策产生

---

① Walter Guzzardi: *The Henry Luce Foundation*, *A History*: *1936 - 1986*, Chapel Hill: The University of North Carolina Press, 1988, pp. 24 - 26.
② Walter Guzzardi: *The Henry Luce Foundation*, *A History*: *1936 - 1986*, Chapel Hill: The University of North Carolina Press, 1988, p. 82.
③ 由鲁斯基金会资助，亚利桑那州立大学承办的"中美高校美国文化课程研讨会"于2016年2月21日至25日在美国凤凰城举行，来自中国高校的十个课程组参会。会议就课程目标、课程内容和课程管理的相关内容进行了研讨。

了促进作用。此外,基金会组织鲍大可(Doak Barnett)、布鲁姆(Robert Blum)等中国问题专家开展对华政策研究,其研究成果《世界事务中的美国与中国》比较全面、客观地论述中国,对扭转美国国内极端反华的舆论环境,作用明显。① 另外,福特基金中国学研究的一系列项目,也为美国对华研究储备了数量可观的人才。

福特基金会秉持其对社会科学研究的重视,对美国以及世界主要国家的社会科学研究重视有加。1979年,福特基金会就选定中国社会科学院作为合作对象,因为相较高等院校,社科院知识分子更集中,社会影响力更大。在经济学领域,福特基金会除了资助社科院以及北京大学等研究单位从事经济发展理论研究,还开设硕士研究生相关课程;在法学研究领域,福特基金会鼓励美国学者到中国开设美国法律体系方面的讲座,影响了中国立法及法制体系建设;在国际关系领域,福特基金会注重强化中国对世界的认知,资助了倪世雄、王缉思、楚树龙等中国学者开展国际关系理论及问题研究。如今,这批学者已经成为中国国际问题研究领域具有影响力的专家。② 目前,福特基金会在华项目主要聚焦在以下几个方面:(1)经济与金融发展;(2)教育改革与文化多样性;(3)环境与发展;(4)公共政策;(5)国际合作;(6)法律;(7)建设公民社会;(8)卫生与健康。

除了如上述亨利·鲁斯基金会和福特基金会在重视的传统领域布局并直接组织相关教育文化交流活动外,基金会介入文化外交最直接的方式就是投入巨额资金。据统计,2005年,美国各

---

① 资中筠:《缓慢的解冻:中美关系打开之前十几年间美国对华舆论的转变过程》,载《美国研究》,1987年第2期,第13-14页。
② 金正昆:《私人基金会:美国当代文化外交路径研究》,载《广西社会科学》,2014年第11期,第118页。

类基金会拥有超过5 000亿美元资产,提供给社会的资金达到336亿美元。① 1952年至1979年,福特基金会对中国研究项目的投入超过3 000万美元,远远超过美国政府对中国研究领域的投入。② 进入21世纪以后,福特基金会继续关注美国对华文化外交,2012年出资38万美元,资助美国在中国开展文化中心建设,积极推动美国文化在中国的传播。基金会已经成为美国文化外交机制中不可或缺的重要环节。

三、教会与美国文化外交

在美国文化外交机制的链条上,教会组织是不可忽视的另一类非政府机构。宗教是文化的重要组成部分,对人们的观念、价值、认知方式以及心理思维起着潜移默化的作用,左右着人们对社会的认识及改造社会的方式。虽然美国是政教分离的国家,但是源自17世纪的清教传统,使包括基督教在内的宗教对美国社会的影响无处不在,美国人已经把宗教与道德、政治以及西方价值融汇在一起,在美国各种制度的发展中,发挥着潜在影响力,在美国的政治,包括文化外交领域,出现了一个宗教层面。美国前总统小布什(George W. Bush)在谈到基督教的重要性时认为:"当你的心灵和生命转向基督时,当你接受基督为你的救主时,你的心灵便会改变,你的生命也会改变。"③ 正是基于宗教思想对人的感染力,美国教会在文化外交中一直扮演着重要角色,并表现出了明显的宗教使命感、对政治的介入以及对宗教人

---

① Joel Fleishman: *The Foundation: A Great American Secret—How Private Wealth is Changing the World*, New York: Public Affairs, 2007, p. 27.
② 金正昆:《私人基金会:美国当代文化外交路径研究》,载《广西社会科学》,2014年第11期,第117页。
③ 艾克敏:《布什总统的信仰历程》,姚敏等译,北京:社会科学文献出版社,2006年,第1页。

权的特别关注。

首先,美国教会传播福音的使命感以及政治热忱,使教会成为文化外交的重要参与力量。在清教移民踏上美洲大陆之时起,基督教就与政治呈现水乳交融的关系,基督教新教经过不断拓展,其征服其他民族的历程铸就了美国强烈的宗教使命感和政治使命感。正如马克斯·韦伯(Max Weber)所指出的那样,"对醉心于宗教的人来说,拯救世界是其责任,他们有按照其禁欲理想改造世界的义务"①。正是因为如此,美国教会历来把落后国家视为其教化的对象。美国公理会在给第一位赴中国的传教士裨治文(Elijah Coleman Bridgman)的信件中,谈到其使命时指出:"不一定需要很长时间,福音的影响就将在中国察觉到,虽然我们并不企求奇迹的出现,可是上帝的旨意会迅速打开一个宽敞而有效的门户。"②

美国教会从19世纪开始,就建立了海外机构,负责对外传播福音,以基督教思想教化他国民众。1810年,美国公理会成立"美国海外传道理事会"(American Board of Commissioners for Foreign Missions),此后,各大教会都陆续建立海外教育机构,向世界其他国家派遣传教士。为了培养海外传递福音的传教人员,一些具有基督教背景的美国高校也积极培养急需的人才。例如,位于盐湖城的杨伯翰大学(Brigham Young University)是摩门教创建的高等学堂,为了满足向世界各国派遣传教人员的需要,其提供的外语教学语种多达50余种。③ 美国传教事务局、美国海员教友会等教会机构,也向世界各国派出了大量传教人员。

---

① Max Weber: *Economy and Society*, New York: Bedminster Press, 1968, p. 542.
② 顾长声:《从马礼逊到司徒雷登》,上海:上海人民出版社,2005年,第20页。
③ 笔者2011年11月参加美国国务院国际访问者项目,访问杨伯翰大学,此数据为与其外语语言教学中心负责人交流时获得。

其次，美国教会并不局限于传播福音，而是配合政府，积极介入政治领域。在美国，虽然宪法规定政教分离，但由于历史原因，宗教与政府的关系一直错综复杂，双方相互影响。以天主教、新教和犹太教为代表的部分宗教组织，积极参与美国外交事务，尽管美国依据《斯密斯－蒙特法案》，大多数文化外交活动可以交给民间及非政府组织完成，然而美国政府在文化外交中奉行"政府主导、民间参与"的策略，使美国部分宗教机构具有了明显的半官方色彩，并在实现美国外交目标中发挥了重要作用。正如一位美国传教士在谈论美国教会学校目标时所述："我们希望我们的学校成为宣传基督教的工具，培养出具有基督徒般热情和信心的青年，甚至未来的领导人物，在这个辽阔的世界传递福音。"①

美国通过宗教影响在波兰实施的和平演变，是作为非政府组织的教会在文化外交中扮演关键角色的一个案例。第二次世界大战后，波兰成立社会主义政府，对教徒占人口比例达到90%的天主教实施严格限制。美国充分认识到大主教对波兰的巨大影响力，在国务院对波兰政策的说明中就明确指出，美国政府将"使用一切手段，使这个本土的反对波兰政府力量保持其活力"②。1960年，美国天主教会成立波兰援助委员会，专门研究对波兰天主教会的援助事项，以帮助波兰天主教会的发展壮大。美国天主教会也借助包括参加梵蒂冈会议等各类活动，充分接触波兰天主教会，并提供直接经济援助。③ 1978年，在教皇选举过程中，

---

① 粟高燕：《中美教育交流的推进》，济南：山东教育出版社，2010年，第343页。
② U.S. Department of State: *Foreign Relations of United States*, Vol. 5, 1949, pp. 502-516.
③ Jonathan Kwitny: *Man of the Century*, New York: Henry Holt and Company, 1997, p. 168.

美国天主教大主教奥蒂亲自游说支持来自波兰的红衣大主教沃依蒂拉，因为"教皇从共产主义国家选出，将是对共产主义的重大打击"①。沃依蒂拉最终成功当选，他就是教皇保罗二世。美国教会对波兰教会的各类接触、援助及帮助使来自波兰的主教当选教皇，极大地赢得了波兰人民的欢迎。美国天主教会通过波兰天主教会，不仅与波兰宗教界密切接触，也与包括团结工会在内的其他反政府组织保持联系。尤其是在20世纪80年代取缔团结工会后，波兰教会成为美国教会联系团结工会的中介，也客观上促成波兰教会与团结工会成为合作伙伴，为和平演变波兰政治格局打下了政治文化基础。

最后，美国教会及相关非政府组织对世界其他国家宗教人权非常关注，并以此作为对他国施加压力并达成外交目标的手段。美国一直对宗教问题关注有加，自第二次世界大战以来，特别是冷战期间，宗教问题都在幕后发挥着隐性的推动作用。进入21世纪后，宗教问题持续成为西方国家特别是美国关注的焦点。按照皮尤宗教与公共生活论坛2011年发表的《国际宗教自由状况报告》，全球约有三分之一的人口生活在宗教自由受到限制的国家。② 基于类似调查及数据，包括美国基督教福音派在内的非政府宗教组织积极为"反对宗教迫害"造势，极力把基督教徒描绘成这些国家的宗教受害者，对世界范围内教内教外人士产生了极大冲击力，进而演绎成为宗教人权运动。

---

① Jonathan Kwitny: *Man of the Century*, New York: Henry Holt and Company, 1997, pp. 293 – 295.
② "Rising Restriction on Religion", http://pewforum.org/government/rising-restriction-on-religion-gri.aspx, 访问日期：2016年6月6日。

四、高等学校与美国文化外交

高等学校是否属于非政府组织这一范畴,需要先加以讨论。目前国际上对于非政府组织(NGO)并无清晰定义,但有广泛共识:非政府组织是指除政府和营利的企业之外的一切民间组织和社会团体。① 从美国高校的机构属性来看,其符合非政府组织的定义。此外,除了部分营利性(for-profit)高校,从经费投入来看,美国公立高校的政府拨款在学校总经费中占比普遍不高,因此,把美国高校归入非政府组织若不完全恰当,"半官方"机构的称谓也应该恰如其分。

美国高校参与文化外交,有两点得天独厚的优势。其一,美国高等教育的管理模式,给了美国高校自由空间。在自由主义思想影响下,美国高等教育也实行地方分权制和非集中管理。美国教育部只负责制定教育法律法规,而各州高等教育委员会负责本州的高等教育规划以及经费拨付。这一管理体系使美国高等学校具有充分的办学自主权,各高校可以按照自己的办学定位,形成具有传统的特色高等教育,构成充满活力且具有强烈社会适应性的高等教育体系。正如哈佛大学前校长德里克·博克(Derek Bok)所指出的那样:"我们这种自由而又分散的体制有着伟大的力量,它允许各自为政的独立学术中心存在,提高了创造力和适应力。由于避免了政府的控制,决策权利就掌握在有识之士的手中,鼓励竞争成了努力进取以超越他人的动力。"②

---

① 王名:《非营利组织管理概论》,北京:中国人民大学出版社,2002年,第4页。
② 《哈佛大学校长德里克·博克在哈佛大学350周年校庆演讲》,http://blog.sina.com.cn/s/blog_ 6015b6140102en43.html,访问日期:2016年6月8日。

其二，正是由于这种自由氛围的创造力和适应力，美国高校成为世界自然科学和人文社会科学研究的高地，成为惠及人类的知识扩散中心，美国文化也伴随着知识的扩散而同步扩散。依据世界各大有影响力的高等学校排行榜，美国高校在数量和质量上在世界高等教育中均居于领头羊地位。按照最新公布的《美国新闻周刊》世界大学排行榜，美国高校在前100名中占据51席，超过半数，而前10位高校中美国占据8席。在2015年《泰晤士》世界高校排名中，美国高校也以自己的绝对实力，在前100名高校中数量名列第一名。美国高校积极参与美国文化外交，符合"美国政府直接参与的文化外交活动不超过百分之五，其他活动由非政府组织负责开展"的原则。同时，美国教育部在其关于州立大学与学院的任务规划中，也提出美国的高校在致力于国内问题的同时，也要通过科研、技术支持、教育和国际服务协助解决国际问题。① 本章第一节提到的《国家安全教育法》，也对美国高校在国际文化教育交流中的任务与责任提出了明确要求，为美国高校参与文化外交在法律上做好了安排。

美国政府鼓励美国高校以多种方式开展文化外交，并明确了美国高校的国际教育交流政策。1991年，布什总统签署《国家安全教育法》，规定政府对国际教育的支持，同时要求高校加强语言、区域与国际研究方面的教学与科研；1994年时任总统克林顿签署《2000年目标：美国教育法》，授权美国政府持续资助国际教育交流计划；2000年，克林顿向联邦各级政府发出"国际教育政策"备忘录，再次明确支持国际教育是联邦政府的政策，鼓励促进美国学生出国留学以及吸收他国学生留学美国，支

---

① 王英杰：《美国高等教育的发展与改革》，北京：人民教育出版社，2002年，第114页。

持美国学者与他国学者的互访,开发新技术促进全球知识传播。①

在留学工作上,一方面,美国大量派出学生留学海外,在使美国学生国际化的同时,也使更多海外年轻人有机会接触美国同龄人,进而接触美国文化。例如,美国到中国的留学生数量,2003至2004年为4700余人,2006至2007年快速增长到11000余人,2009年奥巴马总统提出"十万强计划",规划在接下来的4年,资助10万美国青年留学中国。在派出学生的同时,美国也大量接纳国外留学生,2008年,接收留学生总数超过62万。

在合作办学方面,为保障美国高校的教育输出质量,美国高等教育认证委员会1991年颁布了《对非美国本土教育项目评价原则》。2001年又颁布了《跨国认证准则,对非美国高校和项目的认证》,目的是加强美国高等教育认证机构与国际相关机构的沟通与合作,保障美国高等教育办学质量,维护美国高等教育品牌。美国高等学校在美国政策的鼓励下和办学质量监控体系的保障下,与国外高校的联合办学数量日益庞大。特别是近年来随着中国对外开放的深入,美国高校与中国高校合作层次高和合作形式多样的特点非常明显,相当多的中国"985"高校与美国高水平大学在国内合作办学,影响日渐深远。

美国以高等院校开展文化外交,对目标国既有正面影响,也有为实现美国利益而对目标国的不利影响。从正面影响的角度来看,美国先进的教育理念对改变目标国对教育的认识、提升目标国高等教育水平,进而促进美国与目标国双方实现政治互信、推

---

① 粟高燕:《中美教育交流的推进》,济南:山东教育出版社,2010年,第128-130页。

动经济发展都具有积极的意义。以中国为例，改革开放以来，中国政府推动高等教育改革，从扩大高校自主权、教育筹资多元化、中外合作办学、学位制度、课程设置等方面全方位提升高等教育质量，而美国高等教育在以上方面均积极参与或间接影响中国高等教育体系，客观上对提高中国高等教育水平起到了促进作用。然而，不可忽视的是，在我国高等教育发展的同时，高等教育系统从教育理念到教师的思想认识，已经被植入大量美国元素，这些美国元素潜移默化地影响着中国社会的发展。尽管美国归来的"海归"在中国中高层领导中所占比例甚低，目前还主要在功能性领域，但是美国希望通过教育交流，最终影响中国高层决策的目的是显而易见的。①

小　结

自由主义思想对美国文化外交机制的构建影响显著。首先，美国国会通过立法、听证会以及总统行政命令（Executive Order）的形式，颁布一系列法律和法规，促进并确保文化外交项目持续有效实施。1946 年由富布赖特参议员提出的《富布赖特法案》是文化国际主义的直接体现，彰显了美国自由主义思想主张的以自由、民主和平等的理念实现世界和平的梦想；1948 年美国国会通过了《信息与教育交流法案》，又称《斯密斯－蒙特法案》（"Smith-Mundt Act"），该法案在自由主义思想影响下，将文化外交方式细分为教育文化项目与信息项目，在倡导自由主义思想同时，也兼顾美国现实国家利益；此外，1956 年《国务院基本授权法》、1961 年《富布赖特－海斯法》、1961 年《和平队法》、

---

① Cheng Li: "The Status and Characteristics of Foreign-Educated Returnees in the Chinese Leadership", in *China Leadership Monitor*, 2005, No. 16.

1966年《国际教育法》、1994年《国际广播法》、2002年《促进自由法》、2004年《情报改革与防止恐怖主义法》、2009年《科学使节议案》以及2010年《外交关系授权法》等一系列法案，以及参众两院为立法或修法举行的一系列听证会，使文化外交的法律保障体系走向成熟。

其次，在法律制度保障下，美国政府在文化外交机制中扮演了举足轻重的执行者角色，其执行力也随着文化外交经验的积累而不断提高。在古典自由主义思想影响下，美国在1938年文化关系司成立之初即制定了三条准则：（1）文化活动要避免宣传色彩；（2）远离情报收集；（3）对一些脆弱濒危的外国文化的影响要最小化。① 上述美国文化外交法案也不同程度地规定了政府参与文化外交的条款，以避免被公众误读为政府操控文化活动，消除政府干预文化交流的猜疑，使文化交流效果实现最大化。罗斯福新政以后，政府职能得到强化，杰斐逊"小政府、大社会"的理念让位于"强政府、弱社会"的观点。在文化外交领域，美国新闻署的成立，标志着政府对文化外交的强力介入。然而，负责教育文化交流的国务院教育文化局与负责文化宣传的美国新闻署的并存，是古典自由主义与现代自由主义思想在文化外交领域交织的真实写照。

最后，美国文化外交机制得以高效运作，与高等院校、各类基金会以及民间文化、艺术、体育等非政府组织的积极参与密切相关。由宗教使命感演化而来的国家使命感，使美国人民将美国价值观和政治制度神圣化，认为自己有责任、有义务把自己的价值观推广到全球，这种认识促使美国社会各界积极参与文化外

---

① Richard T. Arndt, *The First Resort of Kings: American Cultural Diplomacy in the 20th Century*, Washington: Potomac Books, Inc., 2005, pp. xi–xii.

交。非政府组织作为美国社会的重要组成部分,在组织策划、经费提供以及人员参与等方面,在美国文化外交中扮演了及其重要的角色。

第四章

自由主义思想下的美国文化外交策略

美国文化外交策略深受自由主义思想的影响。限制政府权力是古典自由主义思想的主要内容之一，在此影响下，美国社会认同非政府组织开展的教育文化交流，不信任政府开展的文化外交；罗斯福新政开始后，政府职能得以强化，美国政府开始积极介入文化事务。上述情况一方面使美国在建构文化外交原则时，希望政府避免过多直接参与文化事务，促使政府在教育文化交流中扮演幕后角色；另一方面政府又成为文化外交目标的设计者、机制的建立者和策略的实施者，从而走向文化外交前台。同时，美国文化外交既有对短期外交利益的考量，也有对长远目标的期待，彰显了文化外交的浓厚政治属性，而非政府组织积极参与文化外交的具体实施，淡化了政府干预文化事务的色彩，削弱了"政治宣传"的负面作用，以"非政治化策略"提高了文化外交效率。国际访问者项目是美国文化外交目标和策略的缩影。以限制公共权力为基本思想的经典自由主义，也注重促进有助个人思维自由发展的文化双向交流，美国教育文化项目以此理念为出发点,传播体系化的美国思想和制度,受众主要是目标国各领域的社会精英;主张政府适度干预社会事务的现代自由主义,利用基于新闻媒介的信息项目,单向讲述符合美国价值观的"美国故事",这类项目主要面向社会公众,覆盖面广,受众面宽。美国自由主义思想内涵的历史变迁,是形成美国文化外交受众细分策略的根本原因。

第一节 美国政府在文化外交中的角色

在自由主义思想作为文化传统的美国,民众对本国政府以何种程度和方式介入文化外交也颇多争议,在这样的文化背景下,美国的文化外交原则与机制是如何构建的?文化外交的目标以什么策略来达成?政府扮演什么角色?这些问题值得思考。本节结合美国文化外交的历史发展及自由主义思想内涵的变迁,对这些问题进行探讨。

一、幕后角色:古典自由主义思想下的美国文化外交三原则

文化外交的实质是"思想"外交,自由主义思想作为一种美国政治文化传统,对美国政府在文化外交中扮演何种角色产生了重要影响。虽然学术界目前暂时"不存在对自由主义的权威描述"[1],但兴起于欧洲反对封建王朝背景之下、服务于资产阶级革命的自由主义思想,其关于个人、社会与政府三者之间关系的讨论,尤其是关于政府在保证社会平等、维护个人自由中应该扮演的角色的论述,是自由主义思想的核心内容之一。英国自由主

---

[1] Michael Doyle: "Liberalism and World Politics", in *American Political Science Review*, Vol. 80, 1986, pp. 1151–1152.

义思想家斯宾塞（Herbert Spencer）认为，社会是一个具有天然分工、有机发展的整体，而国家是一个外在强制机构，国家的发展往往跟不上社会的发展，国家对社会的干预结果经常是破坏性的。① 英国另一位自由主义思想家霍布豪斯（Hobhouse）也认为，国家的职责仅在于为公民创造条件，使他们能够依靠自身努力获得公民所需要的一切。② 欧洲思想家们的理论以及英国政府在北美殖民地统治的负面影响，使美国社会对政府应该扮演的角色一直持谨慎态度，并直接影响到美国政体的构建。华盛顿总统的财政部长汉密尔顿希望建立强大的中央集权政府，这一主张遭到持"治理最少的政府就是最好的政府"思想的杰斐逊的反对③，两种不同意见的交织，贯穿了美国自由主义思想发展的始终。美国人担心中央集权的联邦政府会影响人民的生命权、自由权和追求幸福的权利，因此，限制联邦政府的权力成为美国制定宪法的初衷之一。而为了保证思想自由，宪法第一修正案明确了政教分离和政府不干预公民思想的原则，政府也不能限制言论自由和出版自由。④ 正是因为如此，美国至今没有设置文化部，以避免政府对文化活动的过度干预，确保思想的自由交流和发展。正如美国文化外交史学者弗兰克·宁柯维奇（Frank Nincovich）所认为的那样，美国人一直对政府干预文化事务带有根深蒂固的

---

① Herbert Spencer: *Spencer Political Writing*, Peking: Press of China University of Political Science and Law, 2003, p. 15.
② 霍布豪斯：《自由主义》，朱曾汶译，北京：商务印书馆，2013年，第81页。
③ 钱满素：《美国自由主义的历史变迁》，北京：生活·读书·新知三联书店，2005年，第35页。
④ 见美国国家档案馆网页：http://www.archives.gov/exhibits/charters/bill_of_rights_transcript.html，访问日期：2014年10月6日。

The Role of the Government: A Liberalism Perspective on American Cultural Diplomacy
中华文化走出去背景下美国对外文化交流中的政府角色研究

敌视,因此也不接受政府与文化事务的直接联系。①

美国在20世纪30年代制定的文化外交原则决定了政府在教育文化项目中应该主要扮演幕后角色。首先,为了降低政府卷入文化事务的程度,美国非政府组织成为开展教育文化交流活动的主体。时任富兰克林·罗斯福政府助理国务卿萨姆纳·韦尔斯(Sumner Wells)认为,应该把政府外交政策对文化交流的影响降到最低,并为此提出政府参与的文化外交活动不能超过总数的5%,955%的活动应该交由非政府机构完成。② 这一原则凸显了非政府机构在文化外交过程中的作用,使政府参与文化活动的程度降至最低。这项原则在富布赖特项目和国际访问者项目等诸多教育文化交流项目的具体实施过程中得到贯彻,在这些人文交流项目中,高等院校和基金会等非政府组织往往在前台扮演主要角色,这样就把政府操控文化交流所带来的负面影响降到最低。这一原则至今仍然影响着美国教育文化交流项目的运作。

其次,确立了在教育文化交流项目中避免"宣传"的原则。受自由主义思想影响的美国民众对政府操控的宣传内容的真实性普遍持怀疑态度,特别是在20世纪30年代,集权主义纳粹德国的宣传活动给美国民众留下了极为负面的印象。肯尼迪总统时期负责教育与文化事务的助理国务卿菲利浦·库姆斯(Philip Coombs)在回忆20世纪30年代确立文化外交原则的背景时也认为:"美国人民和美国国会对和平时期进行宣传这一肮脏勾当有强烈的敌视。"③ 美国文化外交设计者们非常清楚民众对政府干

---

① Frank Nincovich: *U. S. Information Policy and Cultural Diplomacy*, Washington: Foreign Policy Association, 1996, p. 5.

② Richard Arndt: *The First Resort of Kings: American Cultural Diplomacy in the Twentieth Century*, Dulles: Potomac Books, 2005, p. 60.

③ Philip Coombs: *The Fourth Dimension of Foreign Policy: Educational and Cultural Affairs*, New York: Harper & Row, 1964, p. 28.

涉思想交流所持的负面态度，因此，在人文交流项目中尽量避免"宣传活动"。时任罗斯福政府国务卿科德尔·赫尔（Cordel Hull）在思考对外文化关系存在的诸多问题时就认为，类似纳粹德国组织的宣传活动必须避免，他认为："我们不能以集权国家为榜样。我们所做的一切必须符合美国的程序和标准。"①

第三，确立双向交流的原则。自由主义者们反对政府间的秘密外交，认为社会团体和公众都应该是外交的积极参与者。第一次世界大战后，日渐盛行的文化国际主义主张以双向交流有效交换观念和信息，为彼此沟通打下坚实基础。基于此，不少知识分子投身政治，主张通过教育和文化改造人类的思维与感情，遏制国与国之间的冲突，用教育文化塑造民主和平的世界成为他们的主要目的。他们认为，美国作为自由世界的领导者，在国际文化主义运动中更应该充分利用教育文化交流传播自己的自由主义价值观。1938年成立文化关系司正是美国利用教育和文化力量支持其国际地位提升的重要举措，同时，美国也认为政府的作用是创造有利条件促进国际主义，而不是主动发起国际主义运动。②

在美国政府扮演幕后角色的情况下，以各类学校、基金会和文化团体为代表的非政府组织被推到前台，由这些机构执行的以人员交流为主的教育文化项目成为实施文化外交的主要手段之一，富布赖特项目和国际访问者项目就是这类项目的代表。③但是，以教育文化交流为主要方式开展文化外交存在一定缺陷。首

---

① J. Manuel Espinosa：*Inter-American Beginnings of U. S. Cultural Diplomacy*，Washington：Department of State Publication，1976，p. 113.
② Richard Arndt：*The First Resort of Kings: American Cultural Diplomacy in the Twentieth Century*，Dulles：Potomac Books，2005，pp. 60 – 61.
③ 杨光：《美国文化外交思想及文化力的运作——从国际访问者项目审视'非政治化'策略》，载《太平洋学报》，2014年第6期，第32 – 39页。

先,教育文化交流项目发挥效果的周期长,风险高。以美国对华"庚款助学"为例,从留学人员选拔、经过预科学习到赴美完成学业,培养一名具有"美国指向"的高素质人才,通常需要几年甚至十几年时间,尽管北洋政府在蔡元培、陶行知等留美学者影响下于20世纪20年代建立了美国式的教育制度①,但随着1949年的政权更迭,中国采取向苏联"一边倒"的外交政策,美国文化外交的前期努力大多付之东流。其次,教育文化项目难以达成短期外交政策目标。尽管教育文化交流在很多政治家们眼中"与外交和军事力量同样重要"②,然而在这类项目中开展诸如战争动员和危机公关一类短期工作并不合适。最后,相较信息项目,教育文化项目影响面有限。即便是历史最悠久的国际访问者项目,在其70余年的历史中,参与项目的人员总量也不过20余万人,③ 具体到每一年或一个比较小的时间段,项目受众就更少,虽然该项目的间接影响力不容小觑,但是影响效果难以以量化方式呈现。教育文化项目的以上不足以及外交政策的迫切需要,是促使美国政府加强信息项目,并由此走向前台的重要原因。

二、走向前台:现代自由主义思想下的政府角色

20世纪30年代的罗斯福新政是美国政府职能演变的分水岭,对美国政府在文化事务中扮演的角色产生了重大影响。罗斯福新政以前,"守夜人"政府理论占据主导地位,这一理论的支

---

① 粟高燕:《中美教育交流的推进》,济南:山东教育出版社,2010年,第39页。
② Philip Coombs: *The Fourth Dimension of Foreign Policy: Educational and Cultural Affairs*, New York: Harper & Row, 1964, p. xi.
③ 见美国国务院网站,"About IVLP", http://eca.state.gov/ivlp/about-ivlp,访问日期:2014年11月19日。

持者亚当·斯密认为,个人在追求自身利益的同时能够促进社会发展,因此,"最小的政府"和"自我调节的市场"是社会发展的必要保障,政府的职责主要是维护法律体系以保障社会平等以及从事公共服务和基础设施建设。"守夜人"政府理论影响深远,1929年经济危机爆发至罗斯福就职之前,胡佛总统坚持政府不干预社会经济而冀望于通过自由市场修复危机,就是这一理论的充分体现。然而,1929年经济大萧条催生的社会危机彻底击垮了"守夜人"理论,随后的罗斯福新政宣告凯恩斯主义的政府积极干预政策登上舞台。在1933年开始的罗斯福新政时期,国会颁布一系列涉及政治、经济以及社会的法案,这些法案使联邦政府责任迅速扩大,政府在社会事务中的角色得到强化。在文化外交领域,为应对法西斯德国开展文化攻势的时局,罗斯福政府突破古典自由主义思想下政府不过多介入文化事务这一底线,开始从文化外交幕后走向前台,并成立一系列机构强化第二次世界大战期间对轴心国的文化攻势。在此之后的冷战期间,美国政府成立美国新闻署(USIA),以文化方式对抗苏联;"9·11"以后,美国政府采用政府与非政府组织相结合的方式应对伊斯兰世界对美国的敌对态度。在上述过程中,美国政府在确定文化外交目标、选择文化外交路径并最终形成文化外交策略等方面,均发挥着主导作用。

首先,美国政府和国会共同推动并颁布了一系列法案,明确了文化外交服务于国家利益这一基本目标,构成了文化外交顶层设计的重要组成部分。1908年,美国国会通过西奥多·罗斯福总统的国情咨文,批准政府把与中国签订的《辛丑条约》中部分赔款用于支持中国教育发展,因为"哪一个国家能够做到教育这一代青年中国人,哪一个国家就能由于这一方面所付出的努力而在精神、知识及商业上获得最大可能的报偿"①。1946年,美国国会通过公共法律79-584号,又称《富布赖特法案》,提出以出售剩余战争物质的款项资助美国公民到国外开展人文交流,同时接受外国人员到美国访问学习。《富布赖特法案》为美国搭建国家层面上的对外文化交流平台奠定了基础,为第二次世界大战后在全球范围输出美国价值观发挥了促进作用。1948年,美国国会通过了《美国信息与教育交流法案》,又称《史密斯-蒙特法案》,该法案鼓励美国政府充分利用非政府组织和外国政府,通过讲述真实的美国故事和描述美国生活画卷,反击世界其他地区对美国理念的曲解,从而达到支持美国外交政策的目的。《斯密斯-蒙特法案》也是冷战初期美国在文化领域对抗苏联文化攻势的重要举措。1961年,美国国会通过《富布赖特-海斯法案》,该法案进一步明确了文化外交的目标是"通过教育与文化交流,促进美国人民与他国人民的相互了解,进而与他国建立相互友好、和谐与和平的双边关系"②。从以上法案不难看出,通过文化外交促进美国的价值观输出进而实现美国国家利益,成为美国文化外交的主要目的,文化外交成为实现国家利益的重要手段。

其次,美国政府明确了以教育文化项目与信息项目作为文化外交的主要实施路径。第二次世界大战期间,罗斯福总统任命洛克菲勒三世(Nelson Rockefeller)为负责人,成立"美洲国家间

---

① 清华大学校史研究室编:《清华大学史料选编》(第一卷),北京:清华大学出版社,1991年,第72页。
② "Fulbright-Hays Act of 1961". 见维基百科:https://en.wikipedia.org/wiki/Fulbright-Hays_Act_of_1961,访问日期:2015年8月30日。

事务协调处",以"战时外交的文化和宣传方式"①,应对德国对南美国家的文化渗透。在发布此项任命时,罗斯福显然没有意识到"文化"与"宣传"两种方式在美国文化外交原则中的矛盾之处,也没有意识到这是古典自由主义思想与新自由主义思想关于政府介入文化事务程度不同观点之间的冲突。然而,正是罗斯福的这一决定,从事实上使教育文化项目与信息项目在美国文化外交中出现并存的局面。在罗斯福思想指导下,洛克菲勒的美洲国家间事务处在开展教育文化交流项目的同时,更主要是通过报纸、杂志、图书和电台等信息项目宣传美国政策。虽然古典自由主义者们对政府使用信息项目开展宣传多有诟病②,但信息项目在实现美国外交政策中所发挥的作用却是有目共睹的。时任美国陆军部长史汀生(Henry Stimson)也认为,美国开展的宣传攻势"在德国和日本国内造成的政治、社会压力,是削弱和动摇其决心的重要力量"③。另一方面,以助理国务卿萨姆纳·韦尔斯和参议员威廉·富布赖特(William Fulbright)为代表的文化主义者们,提倡通过对话,实施以大学、基金会等非政府组织为主体的教育文化双向交流模式。他们认为,在图书项目、文化中心、英语教学以及艺术展览等多种文化交流方式中,"人员双向交流是最好的一种方式,也是核心方式"④。1948年,《斯密斯-蒙特

---

① Murray Lawson: *The United States Information Agency: A History*. USIA archives, 1970, 1-4-5.
② Richard Arndt: *The First Resort of Kings: American Cultural Diplomacy in the Twentieth Century*, Dulles: Potomac Books, 2005, p. 80.
③ Thomas Sorensen: *The Word War: The Story of American Propaganda*. 转引自韩召颖:《输出美国:美国新闻署与美国公众外交》,天津:天津人民出版社,2000年,第55页。
④ Martin Merson: *The Private Diary of a Public Servant*, New York: Macmillan, 1955, p. 80.

法案》第一条把实现美国与其他国家相互了解的方式分为两类：与他国开展合作的教育文化交流项目以及传播与美国相关信息的信息项目。① 这一条款明确了以教育交流为主的人文项目与基于新闻媒介的信息项目的严格区分，也奠定了两类项目作为文化外交路径的基础。

第三，美国新闻署（USIA）与国务院教育与文化事务局（CU）分别负责教育文化项目与信息项目，负责台前与幕后的相应机构得以明确。相比主要利用信息项目的美国新闻署，国务院教育与文化事务局专注于利用教育文化项目开展文化外交，即便在教育与文化事务局并入美国新闻署期间，文化教育项目与信息项目也相对独立，此举有利于避免人员交流项目中出现过度"宣传"的内容。按照美国文化外交专家理查德·安特（Richard Arndt）在其专著中的记录，20世纪30年代文化外交的设计者，包括时任国务卿科德尔·赫尔、助理国务卿萨姆纳·韦尔斯、文化关系司第一任司长本·切灵顿（Ben Cherrington）都一致反对开展信息项目，而国务院南美事务负责人劳伦斯·杜根（Laurence Duggan）更是一个"彻头彻尾的自由主义者"②。这些文化外交的设计者对政府操纵文化事务均持否定态度，主张国与国之间人民思想的自由交流，并为此设计和建立以非政府组织为文化外交主要参与者的机制。然而，冷战期间，美国外交政策对现实利益的迫切需要使信息项目居于绝对主导地位，美国文化外交的前方实际运作，由派驻各国使领馆新闻文化处负责，新闻文化领事（PAO）管辖信息事务官（IO）以及文化事务官

---

① "The Smith - Mundt Act of 1948"，见美国国务院网站：http://www.state.gov/documents/organization/177574.pdf，访问日期：2014年10月13日。

② Richard Arndt：*The First Resort of Kings: American Cultural Diplomacy in the Twentieth Century*，Dulles：Potomac Books，2005，p. 51.

(CAO)。新闻文化领事由美国新闻署派驻各国使领馆,与信息事务官一道,负责驻地国信息项目和教育文化事务的开展。文化事务官由国务院教育与文化事务局管理并承担相应经费,在驻地国接受新闻文化领事的领导。① 在这一架构中,文化事务官处于绝对从属地位,这也是教育文化项目在冷战期间地位的一个真实写照。幸运的是,在富布赖特参议员的建议和力争下,根据《斯密斯-蒙特法案》,教育文化项目由国务院教育与文化事务局负责,而信息项目则归并美国新闻署,确保30年代制定的文化外交原则得以延续。助理国务卿菲利浦·库姆斯评价当时的情形时说:"国务院负责'文化关系'而美国新闻署负责'文化信息'这一分工,当时被很多人认为是没有差别的区分,也让很多学究笑掉大牙。"② 其中的深意,现在看来,正是"小政府"与"大政府"在文化外交领域博弈的结果。随着冷战的结束,克林顿总统于1999年宣布撤销美国新闻署,文化外交的主导权重新回归国务院,传统信息项目的开展受到一定影响。进入现代网络社会后,信息项目以博客、脸书等新的方式出现。同时,为应对地缘政治挑战,特定区域的文化对抗也从未停止,奥巴马政府在最新的2016年度财政预算中,专门拨款1 600万美元,用于在媒体领域对抗俄罗斯在欧洲和中亚地区的宣传。③ 因此,信息项目仍然发挥着不可或缺的作用,其与教育文化项目也将长期共存。

---

① Richard Arndt:*The First Resort of Kings: American Cultural Diplomacy in the Twentieth Century*,Dulles:Potomac Books,2005,pp. 276-282.
② Philip Coombs:*The Fourth Dimension of Foreign Policy: Educational and Cultural Affairs*,New York:Harper & Row,1964,pp. 33-34.
③ 青木:《美拨一亿巨款帮乌克兰打仗》,载《环球时报》,2015年2月4日,第2版。

The Role of the Government: A Liberalism Perspective on American Cultural Diplomacy
中华文化走出去背景下美国对外文化交流中的政府角色研究

第二节 美国文化外交的"非政治化"策略
——以国际访问者项目为例

当今世界,文化外交与政治外交、经济外交和军事外交一道,在外交舞台上扮演着重要角色,文化已经成为能够"通过劝导他人或他国追随或认同我方的价值规范和制度安排,进而产生我方所意想的行为"① 的软实力。在利用文化软实力实现国家利益的文化外交实践中,美国政府实施了国际访问者项目、富布赖特项目和汉弗莱项目等一系列文化外交项目,其中历史最悠久的国际访问者项目已经开展 70 余年(早于始于 1946 年的富布赖特项目)。国际访问者项目在着眼推广自由、民主、平等这一美国信条的同时,也注重实现不同历史时期的短期政策目标,并采取了行之有效的策略。研究国际访问者项目所体现的美国文化外交思想,了解美国使用文化软实力达成政策目标的有效策略,在实践层面对我国开展文化外交具有借鉴意义。

一、美国文化外交的政治目标

罗斯福时期负责南美事务的助理国务卿萨姆纳·韦尔斯曾经问道:"一项真正的文化关系项目是否能够被用于执行一个国家的外交政策?"② 按照现实主义国际政治理论观点,国家利益是判断、指导政治行为的唯一永存的标准,外交政策必须以国家利

---

① Robert Keohane, Joseph Nye: "Power and Interdependence in the Information Age", in *Foreign Affairs*, Sept/Oct, 1998, p. 86.
② J. Manuel Espinosa, *Inter-American Beginnings of U. S. Cultural Diplomacy*, Washington: Department of State Publication, 1976, p. 195.

益来界定。① 因此，要回答韦尔斯的问题，关键要看文化关系是否服务于国家利益。塞缪尔·亨廷顿认为，国家利益通常包括两个方面，一是安全和物质利益，二是道德和伦理上的关注。就美国而言，美国的国家利益观念深受宗教使命感和国家使命感影响，捍卫和促进自由、民主价值观成为国家利益的重要组成部分。美国著名学者路易斯·哈茨在他的《美国自由主义传统》一书中指出，美国从其建国之初就已是一个自由主义社会，在这样一个社会里，自由主义传统已是世界上最强大的牢固传统之一。② 独立战争的历史表明，美国人对丧失已经获得的自由和财富的担心，远甚于追求尚未得到的利益所带来的喜悦，美国人相信，维护自由民主制度是国家安全的重要内容，美国只有通过在全世界传播自由民主制度，建立基于民主制度的国际体系，才能够保证美国安全，促进世界繁荣。美国学者布鲁斯·詹特尔森也指出："美国对外关系从来没有仅仅局限于传统的政治、战略和经济利益，从共和国初期开始，在世界范围内促进民主价值观和理想就成为国家目标的一部分，同时也规定了美国在世界事务中应该扮演的特殊角色。"③

基于此，美国政府对韦尔斯的问题给予了肯定的回答，因为对自由民主制度的推崇，使对自由理想的传播与民主共同体的扩大成为美国外交政策的重要目标，文化关系的建立以及文化项目的开展与美国实现国家利益的总体目标一致。在自由主义思想影

---

① 汉斯·摩根索：《国家间政治——寻求权利与和平的斗争》，徐昕等译，北京：中国人民公安大学出版社，1990年，第15页。
② 路易斯·哈茨：《美国的自由主义传统》，张敏谦译，北京：中国社会科学出版社，2003年，第1—2页。
③ Jentleson and Paterson, eds.: *Encyclopedia of US Foreign Relations*, Vol. 1, p. XXII.

响下,在实现国家利益目标的驱动下,美国积极推进包括人员交流在内的各种教育文化交流,以文化关系影响其他国家接受美国价值观,以期实现美国政策目标。美国前总统杜鲁门认为,美国开展的文化交流项目应"确保各国人民获得一幅完整清晰的美国生活画卷,同时了解美国政府的目标和政策"①。美国负责教育与文化事务的前助理国务卿海琳娜·费伊(Helena Finn)也撰文指出,美国政策制定者懂得与外国民众接触和战胜自己的意识形态敌人之间的联系,文化外交对美国的国家安全利益至关重要,文化外交是美国军火库中最有力的武器之一。② 因此,美国政府鼓励通过文化交往来推进相互理解,美国教育和文化项目所寻求的就是通过使其他国家的民众充分了解美国文化生活的多样性,使其增进对美国社会文化的包容度,进而实现美国推广自由民主这一根本政治目标。

国际访问者项目是以文化外交推广美国价值观、实现美国外交政策的有效工具。国际访问者项目每年邀请有潜力成为领袖的各国人士访问美国,让他们亲身接触美国社会,深入了解优越的美国文化带来的社会发展成果,然后通过他们进一步向其国民传递美国自由民主思想。截至 2013 年,累计有超过 20 万名来自各国的社会精英通过该项目访问美国,其中 330 位项目成员成为国家或政府首脑,这 330 位首脑中,有英国前首相撒切尔夫人和前首相布莱尔、法国前总统萨科奇、澳大利亚前总理吉拉德以及台湾地区现任领导人马英九等知名领导人,另有超过 1 500 名项目

---

① Giles Scott-Smith:*Networks of Empire: The US State Department's Foreign Leader Program in the Netherlands*, *France*, *and Britain* 1950 – 70, Brussels: Peter Lang, 2008, p. 33.

② Helena Finn:"The Case for Cultural Diplomacy", in *Foreign Affairs*, Vol. 82, No. 6, November/December, 2003, p. 15.

成员成为世界各国政府内阁或议会成员。① 美国这一文化交流项目造就了一大批各国政府的"知美派"甚或"亲美派",为各国理解和支持美国政策创造了宽松的外部环境。可以说,美国凭借自己在文化领域强大的软实力,借助国际访问者项目,在一定程度上成功地影响了别的国家认同甚至追随美国的价值规范和制度安排,劝导他国按照美国的目标行动,从而间接实现控制他国政策、实现美国外交政策的目的。美国国务院也认为该项目是"支持美国实现外交政策目标最有效的文化教育活动"②。

美国文化外交项目在着眼实现推广自由民主这一长期目标的同时,也非常注重短期现实利益,关注短期政策目标的达成。现实主义国际关系学派认为,外交政策最根本的动力是对权力和利益的追求,而美国最重要的国家利益包括四个方面:第一是安全利益;第二是意识形态利益;第三是保护和促进商业;第四是维护有利的世界权力均势。③ 纵观美国文化外交史,文化外交表现出对不同历史时期国际形势的精确估算和为此做出的灵活反应,文化外交对所追求的短期目标的不断调整始终围绕着美国现实客观利益,在这一点上,国际访问者项目是一个良好的例证。

首先,国际访问者项目是美国维护不同历史时期国家安全的文化利器。20世纪30年代,德国纳粹加强对南美洲的经济和文化渗透,美国后院面临威胁,为此,美国国务院1938年正式成立文化关系司,通过向南美洲国家推介美国文化,达到抵御德国

---

① 见美国国务院网站, "About IVLP", http://eca.state.gov/ivlp/about - ivlp, 访问日期:2013年10月19日。
② Giles Scott-Smith: *Networks of Empire: The US State Department's Foreign Leader Program in the Netherlands, France, and Britain 1950 - 70*, Brussels: Peter Lang, 2008, 33, p. 22.
③ 王立新:《意识形态与美国外交政策》,北京:北京大学出版社,2007年,第185页。

The Role of the Government: A Liberalism Perspective on American Cultural Diplomacy
中华文化走出去背景下美国对外文化交流中的政府角色研究

文化入侵的目的，文化关系司的成立成为美国正式开始文化外交的标志。随着形势发展，美国又成立了美洲国家间事务协调处，以人员交流、报纸、电台等多种方式解释美国外交政策。1940年开始的国际访问者项目，正是针对德国威胁而采取的文化外交应对举措之一，是年，30余位有社会影响力的南美洲人士应邀访问美国，美国寄希望于国际访问者项目"在海外建立一种公众舆论的氛围，以使美国的行动和政策能够得到正确解读"①。"9·11"之后，布什政府意识到文化外交对促进阿拉伯世界对美国了解的重要性，2003年成立国务院文化外交咨询委员会，负责制定文化外交政策和推动文化外交项目的开展，大力加强对包括中东和北非伊斯兰地区的文化宣传，以树立更好的国际形象。在此过程中，为数众多来自中东和其他地区穆斯林国家的社会精英人士作为国际访问者被邀请访问美国。

其次，国际访问者项目是美国维护意识形态领域利益的重要棋子。第二次世界大战结束以后，由于欧洲在战后不断发展的经济、在国际组织中不断增强的话语权以及对第三世界国家持续增加的影响力，争取西欧各国对美国文化和社会制度的认同，建立具有共同价值观的大西洋共同体以对抗来自东欧国家的威胁，关乎美国国家利益。根据对1954年国际访问者项目的统计，来自西欧的访问者总数是645人，而同一年来自非洲的是93人，亚洲82人，拉丁美洲35人②，西欧成为第二次世界大战以后地缘

---

① Giles Scott-Smith：*Networks of Empire: The US State Department's Foreign Leader Program in the Netherlands, France, and Britain 1950-70*，Brussels：Peter Lang，2008，p. 34.

② Giles Scott-Smith：*Networks of Empire: The US State Department's Foreign Leader Program in the Netherlands, France, and Britain 1950-70*，Brussels：Peter Lang，2008，p. 40.

政治的中心。通过国际访问者项目，来自欧洲各国的人士加深了对美国自由民主制度的认同，从这个意义上来看，国际访问者项目对维护与美国在意识形态领域持共同价值观的国家的关系，发挥了巨大作用。在同一时期，美国加强对德国和日本的民主化改造，使德国和日本接受美国核心价值观，在这一过程中，包括国际访问者项目在内的教育文化交流项目对促进德国和日本社会了解并接受美国价值观发挥了不可替代的重要作用。

第三，国际访问者项目是维护世界权力均势的文化武器。冷战期间，随着美苏两极对立格局的形成，文化外交的目标之一是维持两大政治集团的文化均势。以美国为首的北大西洋公约组织和以苏联为首的华沙条约组织，除了在政治、军事和经济领域全面对抗，在文化外交领域也针锋相对，力图向对方展示己方制度的巨大优越性。据统计，1955 年有 363 个来自西欧国家的代表团应邀访问苏联。1956 年，仅法国比利牛斯地区的一个政府部门就有 42 人访问东欧国家。① 美国显然无法接受这种不均衡的文化交流，为保持文化均势，1958 年美国与苏联签署文化交流协议，强化文化外交，之后，文化外交的范围扩大到南斯拉夫、波兰和罗马尼亚等国家，来自东欧的国际访问者也应美国国务院邀请访问美国。冷战期间，国际访问者项目成为美国与苏联在文化教育领域争夺文化势力的重要手段。从以上事例不难看出，以国际访问者项目为代表的教育文化交流项目，成为美国政府除政治、经济和军事外实现国家利益的又一有力武器，在不同历史时期国际访问者项目所针对的各种短期目标，是美国文化外交注重现实国家利益的最好证明。

---

① Bureau of Educational and Cultural Affairs：*Priority Educational Exchange Projects*，25 January 1956，Group IV Box 153 Folder 17.

二、美国文化外交政治属性的确立

美国在开展文化外交的方式上历来有信息项目和教育文化项目之分,两类项目由于指导思想不同和所针对目标存在差异,两者的发展也经历了不同的历史轨迹。信息项目主要指基于图书、报刊和电台等各类媒体的文化宣传项目,以信息单向传播为主,例如美国之音和欧洲自由电台。第二次世界大战后,信息项目主要由美国新闻署负责运作,受现实主义国际关系思想影响,其着眼点是对外宣传美国外交政策,关注对短期外交目标的实现。教育文化项目以美国和目标国之间的人员双向交流为主,着眼长期效果和持续影响力的实现,国际访问者项目和富布赖特项目均属此类。这类项目由美国国务院教育与文化事务局负责,教育文化类项目主要受美国前总统威尔逊理想主义思想影响,富布赖特参议员是力主教育文化双向交流的代表人物。

美国对在文化外交中使用信息项目一直存有争议。信息项目的使用始于第一次世界大战期间,为了说服民众支持参加第一次世界大战,美国政府成立公共信息委员会,以讲座、展览、海报以及报纸杂志等方式宣传政府政策。美国参战后,公共信息委员会也对外开展宣传,向其他国家阐明美国的外交政策,信息项目从此被用于文化外交。然而,在自由主义传统作为主要意识形态的美国,广大民众没有政府与文化事务密切联系的意识,人们对政府控制文化事务并用于政治目的相当敌视。① 美国政府对此心知肚明,在给公共信息委员会命名时使用"信息"(information)一词,非常小心地回避了"宣传"(propaganda)字眼的出现,

---

① Frank Ninkovich: *U. S. Information Policy and Cultural Diplomacy*, New York: Foreign Policy Association, 1996, p. 5.

因为"宣传"一词具有政府操控舆论的内涵，会对相关活动造成负面影响。尽管如此，公共信息委员会各种活动的"宣传"性质并未改变。

第一次世界大战的结束，没有如公共信息委员会所宣称的那样给世界带去威尔逊倡导的世界自由与和平，战后成立国际联盟努力的失败以及参战各国为争夺利益而尔虞我诈的种种劣行，使美国民众普遍产生了被欺骗的感觉，这加深了美国人认为宣传就是"有目的的谎言"的看法，甚至连公共信息委员会主席乔治·克里尔（George Creel）后来在参加一个学生团体的演讲时也不得不怀着矛盾的心情承认，委员会过去的宣传欺骗了学生父母那一代人，希望学生们不会再被欺骗。① 鉴于公共信息委员会开展的各种宣传活动的效果和产生的负面影响，第一次世界大战结束后，国会于1919年解散了委员会，终止了委员会的各项活动。

公共信息委员会的解散并不意味美国信息项目的终止。由于信息项目凸显民族主义传统，主题多关注政治，往往是针对单一目标的短期行为②，在美国宣传外交政策中仍然发挥着不可或缺的作用。第二次世界大战期间，美国成立战时信息处（Office of War Information），专门负责对轴心国宣传美国的政策目标；冷战期间，美国于1953年成立美国新闻署（United States Information Agency），利用包括美国之音在内的信息项目与以苏联为首的东欧国家开展文化对抗。学界也对美国文化外交不断展开深入分析研究，1965年，美国塔夫茨大学教授爱德蒙德·古里恩

---

① Richard Arndt：*The First Resort of Kings: American Cultural Diplomacy in the Twentieth Century*，Dulles：Potomac Books，2005，p. 28.
② 胡文涛：《美国文化外交及其在中国的运用》，北京：世界知识出版社，2005，第39页。

The Role of the Government: A Liberalism Perspective on American Cultural Diplomacy
中华文化走出去背景下美国对外文化交流中的政府角色研究

(Edmund Gullion) 首次提出现代意义上的"公共外交"概念，并特别指出"公共外交的核心是信息（Information）和理念（Idea）的跨国界流通"①。至此，信息项目与教育文化项目作为文化外交的重要实施手段获得了学理上的确认。但是，随着苏联解体和冷战结束，克林顿政府于 1999 年撤销负责信息项目的美国新闻署，许多信息项目随之停止，信息项目的开展遭遇重大挫折。

相较信息项目，以人员交流为主的美国教育文化交流项目则一直由教育与文化事务局负责，美国新闻署撤销以后，该局重新划归美国国务院，继续实施包括国际访问者项目和富布赖特项目在内的交流项目。教育文化项目在设计之初就特别强调通过教育交流增进国与国相互理解的长期价值，美国在 1936 年布宜诺斯艾利斯泛美和平大会上提出，美洲国家和人民间的相互理解应该在"美洲国家学者、教师和学生的交流中得到提升"。② 罗斯福总统也认为："相互理解，以及由此达成对双方观点的赞赏，是邻国之间相互尊重的重要特性。"③ 在文化外交的执行理念上，美国制定了三条准则：（1）（文化活动）要避免宣传色彩；（2）远离情报收集工作；（3）对一些本已脆弱濒危的外国文化的影响要最小化。④ 美国政府机构对直接参与文化外交也很谨慎，以避免被公众误读为政府操控文化活动。国务院在 1938 年宣布成

---

① 檀有志：《美国对华公共外交战略》，北京：时事出版社，2011，第 31 页。

② Bureau of Educational and Cultural Affairs: *Report of the Delegations of the United States of America to the Inter-American Conference for the Maintenance of Peace*, Buenos Aires, Argentina, December 1 – 23. Washington, D. C., 1936, p. 167.

③ Richard Arndt: *The First Resort of Kings: American Cultural Diplomacy in the Twentieth Century*, Dulles: Potomac Books, 2005, p. 53.

④ Richard Arndt: *The First Resort of Kings: American Cultural Diplomacy in the Twentieth Century*, Dulles: Potomac Books, 2005, pp. xi – xii.

立文化关系司时也明确指出:"由国务院资助的文化交流项目将依赖私营部门作为主要合作伙伴开展。"① 1948 年美国国会通过《信息与教育交流法案》(《斯密斯-蒙特法案》),明确授权国务卿在文化外交活动中"最大限度地利用私营机构的服务和设施"②。国会在 1961 年通过的《富布赖特-海斯法案》更是明文写道:"外国政府、国际组织、个人、协会、公司以及其他团体被鼓励最大限度地以总统授权可以接受的方式提供资金、财产以及服务以执行本法案。"③ 至此,以政府为主导、以人员交流为主要内容、以非政府机构负责项目运作的美国教育文化交流模式得以正式确立。

国际访问者项目见证了美国教育文化项目的开端和发展,践行了美国文化外交思想。1940 年 12 月,第一批 35 名南美各国在艺术和教育领域有影响的人士应邀访问美国,拉开了国际访问者项目的帷幕,并延续至今。按照美国国务院教育与文化事务局的观点,国际访问者项目的目的是"在其他国家发展一批有影响的人士,通过他们对美国的观察和在美国的亲身经历,向他们所在国国民展现基于准确理解的美国和美国人民"④。罗斯福时期的美国国务卿科德尔·赫尔(Cordell Hull)进一步诠释了美国政府开展包括国际访问者项目在内的教育文化交流活动的根本目的:

---

① J. Manuel Espinosa: *Inter-American Beginnings of U. S. Cultural Diplomacy*, Washington: Department of State Publication, 1976, p. 96.
② "United States Information and Educational Exchange Act", PL. 402, Series 15: Subject Files 1953-2000, Box 48, USIA General Records, RG 306, NA.
③ W. Johnson, F. Colligan: *The Fulbright Program: A History*, Chicago: University of Chicago Press, 1965, p. 336.
④ Giles Scott-Smith: *Networks of Empire: The US State Department's Foreign Leader Program in the Netherlands, France, and Britain 1950-70*, Brussels: Peter Lang, 2008, p. 35.

"通过建立基于大众友谊和相互理解的公众舆论,进而从各国内部控制各国政府。"[①] 赫尔在20世纪30年代参与并领导了对美国文化外交方针的设计,他的话语明确表明了文化外交服务于国家利益这一基本政治属性。

三、文化外交及其"非政治化"取向

国际访问者项目至今运行70余年,从项目开始时每年数百名国际访问者,到目前每年将近5 000人,规模不断扩大,影响力与日俱增。国际访问者项目得到美国政府首肯,与其采取的成功策略和由此取得的成效密切相关。在国际访问者项目中,除受邀访美的人员由美国驻各国大使馆负责选拔和推荐以外,访问者到达美国后的一切活动都交由包括国际教育协会(IIE)和梅里迪恩国际中心(MIC)在内的7个非政府组织安排。以"非政治"的方式运作高度政治化的项目,是美国文化外交策略的独特之处。

首先,国际访问者在美国的所有参观访问由非政府组织安排,政府与文化项目保持一定距离,使受项目邀请的访问者从心理上感觉到远离政治宣传和政府操控。访问者有足够的时间自由旅行并接触到真实的美国社会,从而能够更加客观地看待美国社会制度并感悟美国价值观。国际访问者项目的访问行程公开、透明,有效提高了文化交流的真实性,达到了美国政府所期待的文化交流效果。

其次,项目具体运作交给非政府组织后,政府的工作负担大为减轻,体现了自由主义传统下美国"小政府,大社会"的格

---

① Richard Arndt: *The First Resort of Kings: American Cultural Diplomacy in the Twentieth Century*, Dulles: Potomac Books, 2005, p. 57.

局。美国驻各地大使馆和领事馆专注于选拔合适的国际访问者，与他们建立并保持联系，这些社会精英通常成为美国在当地的重要联络对象，从而构建起一张受美国意识形态支配的关系网络。需要特别指出的是，即便在冷战期间美国与苏联在各领域展开激烈对抗的过程中，美国政府成立美国新闻署负责对外宣传的背景下，包括国际访问者项目在内的人员交流项目也一直由教育与文化事务局负责，教育文化项目与以"宣传"为主要目的的信息项目被严格区分开，进一步减弱了"宣传"的性质，提高了项目的实际效率。

第三，非政府组织在美国各地构建了专业网络，提高了国际访问者项目的运作效率。从1954年开始，美国国务院国际教育交流服务局（IES）不再负责国际访问者项目，国际访问者在美国访问期间的行程安排由3家非政府组织负责，其中，政府事务协会主要负责政治、新闻媒体和经济领域的访问安排；美国教育理事会主要负责教育与文化事务、社会福利以及青年活动等领域的访问安排；国际劳工事务办公室则负责安排国际访问者了解美国工会事务。随着国际访问者项目规模的不断扩大，国务院为避免个别非政府组织对项目的垄断，对签约承办项目的非政府组织不断调整。按照目前的架构，国际访问者项目由国际教育协会和梅里迪恩国际中心（Meridian Center）等7家机构负责组织实施，这7家机构与国际访问者全国协会（NCIV）在美国各城市的分支机构，共同构建了一张专业、高效的网络，使国际访问者项目得以顺利运转。

除了上述非政府组织，但福特基金会、洛克菲勒基金会以及卡耐基基金会等非政府组织也积极参与美国文化外交。虽然是非政府组织，上述基金会与政府保持着千丝万缕的联系，基金会的不少管理者来自政府机构，政府机构也有来自基金会的高层管理人员，例如马歇尔计划行政领导保罗·霍夫曼在退休后就长期担任福特基金会主席。① 因此，基金会的文化项目无论形式内容还是目标都与美国政府的文化项目保持高度一致。受益于机构的中立性质，基金会可以像一枚"楔子"，相对容易地进入一些国家的敏感领域，而政府机构则得以紧随其后。福特基金会也与国务院的合作机构国际教育协会（IIE）签订合同，开展类似国际访问者项目的教育合作计划，通过影响商业、媒体、政府部门和研究机构的社会精英人士，促进亚洲和非洲民主价值观的形成，从而推动目标社会的自由民主进程。

除了由政府主导、非政府组织运作这一非政治策略，国际访问者项目还始终聚焦各国社会精英阶层，通过对精准目标的访问邀请，实现项目效益的最大化。文化霸权理论创始人葛兰西早在20世纪20年代就指出，获得文化领导权是获取政治领导权的前提，而要获得文化领导权，最重要的就是"从'意识形态上'竭力同化并征服传统的知识分子。这种同化和征服的工作做得越快，越有成效，则该集团在精心造就自己有组织的知识分子的工作中就越成功"②。葛兰西所谓的知识分子，就是指社会精英，他们是国际访问者项目的重点目标人群。根据洛克菲勒基金会对社会精英所发挥具体作用进行专门研究的结果，广大民众更认同来自社会精英的信息，通过他们传播信息比直接通过媒体传播信息效果更好。③ 社会学家梅耶也认为，现代社会主要是由有意识

---

① 韩铁：《福特基金会与美国的中国学》，北京：中国社会科学出版社，2004年，第40页。
② 戴维·麦克莱伦：《马克思以后的马克思主义》，李智译，北京：中国人民大学出版社，2004年，第203页。
③ Giles Scott-Smith: *Networks of Empire: The US State Department's Foreign Leader Program in the Netherlands, France, and Britain 1950 – 70*, Brussels: Peter Lang, 2008, p. 59.

的个人行为组织的，如果能够找到"正确"的个人，就能操纵整个社会。①

国际访问者项目正是通过找出目标国家的"正确"个人，向他们介绍美国社会制度和价值观，并通过他们实现对目标群体的影响，从而达成美国的政策目标。第二次世界大战之后对纳粹德国的民主化改造方式之一，就是利用教育文化交流，强化对社会精英灌输自由民主价值观，进而使德国重新进入自由民主社会。据统计，仅1950年就有1288位德国社会精英应邀访问美国，深入了解美国的民主社会制度，从而在德国民众心中解构过去希特勒的强权政治，正因如此，美国驻德国军事管理当局前主任鲁修斯·克莱认为教育文化交流项目是"（德国）重建的根基所在"②。

在针对社会精英所开展的文化外交活动效果调查中，美国也发现教育交流活动的作用更好地体现在对精英人士既有观点的强化上，而不是改变他们的原有观点。美国学者科泽尔认为，美国义化外交的兴趣"主要放在那些基本上友好的国家，而不是认为这种（友好）关系理所当然，转而去追求那些怀有敌意的目标"③。根据这些研究结果，美国政府在确定受邀请访问美国的人士时，特别优先关注那些对美国持正面态度且过去没有到访过美国的人士，以加强他们对美国的深入了解，强化他们对美国的良好印象，进而通过他们在更大的范围内实现美国的影响力。

---

① Giles Scott-Smith: *Networks of Empire: The US State Department's Foreign Leader Program in the Netherlands, France, and Britain 1950–70*, Brussels: Peter Lang, 2008, p. 63.
② Lucius Clay: *Decision in Germany*, New York: Doubleday, 1950, p. 301.
③ C. Ketzel: "Exchange of Persons and American Foreign Policy: The Foreign Leader Program of the Depart of State", Ph. D. dissertation, University of California, 1955, p. 55.

最后，国际访问者项目的经费使用策略，也凸显出美国政府的精明之处。文化交流项目的长期运作，离不开强有力的经费保障。受项目邀请访问美国的人均经费从初期的2 000美元上升到2012年的1万至1.2万美元，其中包括国际旅费和在美国国内4～5个城市之间访问的交通费、住宿费、餐费以及非政府机构的管理费用。若计算每年4 000至5 000名国际访问者的庞大数量，国务院每年相应的支出也是一笔不小的数字。但是，从项目经费的使用来看，资金主要用于为访问者购买美国各家航空公司的国际国内机票、支付访问者在美国国内宾馆的住宿以及餐饮等开销，实际上把美国纳税人交给政府的钱，用于提振美国国内相关行业消费，具有促进美国经济发展和增加就业机会的效果。如此，在资金几乎全部用于美国国内，没有"损失"的情况下，国际访问者项目使大量来自其他国家的社会精英从深度上了解美国了社会制度，培养了一大批"知美派"甚或"亲美派"，无论从哪个角度看，都着实是一笔非常合算的交易。

第三节 美国文化外交受众细分策略

在以软实力实现国家利益的文化外交实践中，英国文化委员会、法国法语联盟以及中国孔子学院均以语言教学作为主要手段传播本国的优秀文化。而美国则以教育文化交流项目和基于广播、电视及现代网络媒体的信息项目作为文化外交的主要手段。其中，教育文化交流项目受众以目标国各领域精英和学校师生为主，而信息项目面向社会公众。两类项目目标对象的侧重点呈现出明显差异，客观上形成针对不同目标受众的文化外交细分策略，为实现美国外交政策发挥着重要作用。

一、文化霸权、文化领导权与文化外交目标受众

美国政府很早就已经意识到文化在经济全球化和政治民主化的过程中发挥着越来越重要的作用,而且也积极利用自己的软实力不断在全球加强美国文化的影响力。软实力在安东尼·葛兰西的"文化领导权思想"中早有提及,因此安东尼·葛兰西的"文化领导权思想"为解析美国文化外交提供了一个独特的视角。安东尼·葛兰西是意大利共产党创始人,他在监狱中创作的《狱中札记》呈现了作为葛兰西政治理论核心的"文化领导权"思想,其英文"cultural hegemony"的中文译文一直存有分歧,进而导致了理解上的偏差。在中国社会科学出版社2000年出版的《狱中札记》中译本中,"cultural hegemony"被译为"文化霸权"。有学者认为,"霸权"一词的含义比"领导权"一词更广,它除了"霸权"的意思,也包括"支配权"、"控制权"和"主导权"的内涵。[①] 也有相当多的学者对葛兰西著作中的"cultural hegemony"采用了"文化领导权"的译法,例如由葆煦翻译、人民出版社于1983年出版的《狱中札记》,由徐崇碧翻译、重庆出版社于1990年出版的《实践哲学》,由陈越翻译、上海世纪出版集团于2006年出版的《现代君主论》,以及由田时刚翻译、人民出版社于2007年出版的《狱中书简》,在这些译者看来,相较"文化霸权"而言,"文化领导权"没有"暴力"的意思,排除了"霸"的意味,它是社会中的多数人通过自愿的认同来实现文化意识形态的控制手段,因此"文化领导权"这个

---

① 周凡:《重读葛兰西的霸权理论》,载《马克思主义与现实》,2005年第5期,第20页。

词对"cultural hegemony"的含义概括得更为贴切。① 综观葛兰西的著作,其"hegemony"一词也不是指一个国家对另一个国家的统治,而是指居于支配地位的团体的思想和道德领导,这种领导不是通过"霸权"以暴力或强制力来实施的,而是通过社会大众的认同形成的,因此"领导权"相较"霸权"更能反映葛兰西的真正意图。

葛兰西"文化领导权思想"的提出与他"完整的"国家学说以及市民社会理论密切相关。按照经典马克思主义理论,国家是阶级统治的工具,在社会经济中占主导地位的阶级借助国家机器功用的发挥,在政治上成为占主导地位的阶级,并利用国家机器剥削和镇压被压迫阶级,因此国家也被理解为政治社会的强制机构。葛兰西在经典马克思主义国家理论的基础上,提出"国家的一般概念中有应该属于市民社会概念的某些成分(在这个意义上可以说:国家=政治社会+市民社会,换句话说,国家是披上了强制的甲胄的领导权)"②。在葛兰西看来,完整的国家既包括政治社会,也包括市民社会,政治社会主要由政府、军队、法律国家机器等构成,市民社会则包括学校、教会、新闻机构、艺术团体等相对自主的社会团体,而政治社会与市民社会在国家的整体中是不可分割的,二者有机地统一于国家这一整体中,政治社会主要依靠带有暴力或强制力的国家机器发挥作用,而市民社会的作用方式则表现在居于支配地位的团体凭借市民社会积极同意而取得道德和哲学的领导,与政治社会相比较,葛兰西更强调市民社会的存在及其文化领导权作用的发挥。

---

① 张其学:《关于"文化霸权"概念的再思考》,载《广东社会科学》,2005年第5期,第64页。
② 安东尼·葛兰西:《狱中札记》,葆煦译,北京:人民出版社,1983年,第22页。

在国家学说和市民社会理论基础上建立的文化领导权思想，其内涵首先体现在文化领导权必须通过市民社会获得，并在市民社会实施，包括学校、新闻机构、文艺团体等在内的市民社会是制定和传播意识形态的机构，"这个市民社会的活动是既没有'制裁'，也没有绝对的'义务'，但是在习惯、思想方式和行为方式、道德等方面产生集体影响并且能达到客观的结果"①。在市民社会，支配团体要获得文化领导权，就要使市民社会的团体和成员接受其世界观，从客观上制造条件和氛围让广大民众将支配团体的"世界观"当作"常识"来自觉信奉，同时支配团体在不损害自己根本利益的前提下，把部分权益让渡给从属团体，使从属团体认为他们的利益与支配团体的利益一致，从而达成"自愿"的认同，基于此，支配团体要获得文化领导权，就必须知道"自己团体的利益在它们现在和未来的发展中要超越作为纯粹经济利益的这个团体的局限，并且能够和一定也要变成其他从属团体的利益"②。因为正是超越了支配团体纯粹的经济利益，支配团体才能使从属团体意识到两个团体的利益是一致的，从而获得从属团体对支配团体领导权的认同，因此，文化领导权的获得并非居于支配地位的团体通过强制力或者通过"文化操纵"进行统治，而是一个在从属团体参与国家政治、经济和文化过程中不断获取他们的同意、认同的过程。

在文化领导权思想中，知识分子扮演着重要角色。知识分子是文化领导权的组织者与传播者，与广泛的各社会阶层有着密切的联系，实际上，"每一个社会集团都有自己的知识分子阶层或

---

① 潘西华：《葛兰西文化领导权思想研究》，北京：社会科学文献出版社，2012年，第72页。
② 韩铁：《福特基金会与美国的中国学（1950—1979）》，北京：中国社会科学出版社，2004年，第353页。

者在努力造成这种阶层"①,他们把所在阶层群众的实践活动所提出的原则与问题加以研究并整理成一个完整的体系,使群众的实践与理论相结合,在这样的情形下,知识分子成为社会集团"有机的"组成部分。在葛兰西看来,任何正在走向统治地位的集团,其最重要的特点之一就是从意识形态上竭力同化并征服传统的知识分子。这种同化和征服的工作做得越快,越有成效,则该集团在精心造就自己有组织的知识分子的工作中就越成功。

二、美国文化外交精英受众

文化外交原则的确定和制度的建立为政府利用教育文化项目开展文化外交打下了基础,而教育文化项目成为文化外交的主要手段之一,也是历史发展的必然。从 19 世纪开始,美国传教士成为以教育方式传播美国体系化思想和制度的主力军,据统计,1914 年美国海外传教学生志愿者达到约 6 000 人,其中 1 739 人被派到中国。② 教会在世界各地,特别是在发展中国家建立了各级各类教育机构,单是在中国,从 19 世纪末到 20 世纪初,包括燕京大学在内的美国教会高校就达到 14 所。③ 在谈到教会兴办教育的重要性时,美国传教士裨治文(Bridgeman)认为:"教育可以在道德、社会、国民性方面,比在同一时期内任何海陆军力量、最繁荣的商业刺激以及任何其他一切手段的联合行动,产生

---

① 安东尼·葛兰西:《狱中札记》,葆煦译,北京:人民出版社,1983 年,第 319 页。
② Paul A. Varg: *Missionaries, Chinese, and Diplomats: The American Protestant Missionary Movement in China, 1890 – 1952*, New Jersey: Princeton University Press, 1958, pp. 59 – 63.
③ 王小丁:《中美教育关系研究》,成都:四川大学出版社,2009 年,第 136 页。

更为巨大的变化。"① 同时，在清教主义文化传统影响下，美国社会强烈的宗教使命感演变为政治使命感，正如美国学者加布里埃尔（Ralph Gabriel）所总结的那样："美国民主制把世界从专制者的压迫下解放出来的使命正是基督教注定把世界从撒旦统治下拯救出来的世俗表达。"②

在兴办教育的过程中，美国逐渐认识到通过在目标国培养具有西方价值观的社会精英，进而通过他们更广泛地影响其所在社会的重要性。美国传教士狄考文（Calvin W. Mateer）1890年指出："不论哪个社会，凡是受过高等教育的人都是有势力的人，他们控制社会的情感和意见……一个受过高等教育的人，是一支点燃的蜡烛，未受过教育的人将跟着他的光走。"③ 进入20世纪，随着美国国力的不断提升，教会在海外开办的学校不再局限于传播基督教神学思想，而是通过推广"自由、民主、平等"的美国信条和普世价值观，达成美国外交政策目标和实现美国国家利益成为教育文化交流的重要任务。美国伊利诺伊大学校长詹姆斯（Edmund James）1906年向西奥多·罗斯福总统提交的关于把中国《辛丑条约》赔款（庚子赔款）用于中国教育事业的备忘录中认为："哪一个国家能够做到教育这一代青年中国人，哪一个国家就能由于这一方面所付出的努力而在精神、知识及商业上获得最大可能的报偿……也就是说，使用那种从知识上与精

---

① 《中国丛报》(*Chinese Repository*)，1936年12月；转引自粟高燕：《中美教育交流的推进》，济南：山东教育出版社，2010年，第19页。
② Ralph H. Gabriel：*The Course of American Democratic Thought: An Intellectual History Since 1815*，New York：The Ronald Press Company，1940，p. 37.
③ 狄考文：《如何使教会工作最有效地在中国推进基督教事业》，载陈学恂编《中国近代教育史教学参考资料》（下册），北京：人民教育出版社，1986年，第15页。

神上支配中国领袖的方式"。① 事实证明，庚子赔款兴办中国教育，不仅建设了包括清华大学在内的著名教育机构，更培养出胡适、马寅初等一大批留美学者，他们在学习美国制度、促进中国发展方面发挥了重要作用，也使20世纪上半叶中国教育的"美国指向"非常清晰，美国的价值观通过"庚款助学"等一系列教育文化项目，对中国的政治、经济、和文化发展产生了重要影响。

以"庚款助学"为代表的教育文化交流活动所体现的特点与自由主义思想下的美国文化外交原则相契合。教育文化交流通常由美国教育机构和基金会等民间机构作为主体与目标国开展活动，人员的双向流动带来思想的互动。最重要的是，通过教育文化活动，在目标国可以培养出一批更加了解美国文化和自由主义思想的社会精英，并通过他们影响更广泛的社会群体。第二次世界大战期间，美国启动国际访问者项目，每年邀请目标国有可能进入领导阶层的社会精英访问美国，深度了解美国制度体系，在该项目至今70余年的历史中，英国前首相撒切尔夫人、法国前总统萨科奇、台湾地区领导人马英九等，在其当政之前，均作为项目成员访问美国，项目的作用和效果可见一斑。可以说，国际访问者项目在运作过程中以非政府组织作为项目运作主体，运用文化外交非政治化策略，达成了项目所期待的政治目标。② 此外，第二次世界大战后启动的富布赖特项目，交流对象主要是高等院校以及研究机构的学者和研究生。据统计，在1980至2004年期间，中国共计有595人参加富布赖特项目，其中访问学者

---

① 清华大学校史研究室：《清华大学史料选编》（第一卷），北京：清华大学出版社，1991年，第72页。

② 杨光：《美国文化外交思想及文化力的运作——从国际访问者项目审视非政治化策略》，载《太平洋学报》，2014年第22卷第6期，第32–39页。

356名，研究生125名，常驻学者73名；同期美国前往中国的学者共计有631名，其中讲学学者452名，研究生及研究学者92名。[①] 中国项目的实施，对美国价值观影响中国发挥了积极作用。

进入21世纪，除富布赖特项目和国际访问者项目等针对各国精英阶层的传统教育文化项目外，美国也通过一些新项目，强化对目标国精英阶层的文化输出。从2010年开始，美国在中国高校建设美国文化中心，截至2014年底，共有24个中心建成，构建起了一张美国文化传播网络（ACCEX）。从美国文化中心的区域布局可以看到，在24个文化中心所涉及的25所中方伙伴高校中，有15所属于中国教育部"985工程"和"211工程"重点建设高校，其中的学子，多是在高考中表现优秀的学生，属于年轻人中的佼佼者，他们未来的思想更有可能成为社会今后的主流思想，以美国文化影响他们，也就影响了中国的未来。正如2012年在北京召开的首届美国文化中心主任联席会议公报所指出的那样："美国文化中心的任务是从深度和广度上讲述美国文化，其重要目标是超越美国流行文化的影响，鼓励大学生对美国文化、社会、政府、语言、法律、经济体系以及美国价值观的更高理解，因为大学生就是中国未来的领导阶层。"[②] 因此，美国通过在目标国找到"正确"的个人，通过教育文化项目影响他们，进而通过他们在更大范围内产生"美国指向"的思路非常明确。

[①] 胡文涛：《美国文化外交及其在中国的运用》，北京：世界知识出版社，第207页。
[②] 见《首届美国文化中心主任会议公报》，http://www.cvent.com/events/2012-american-cultural-centers-directors-meeting-accdm-/custom-21-399fc628926948269c206007bc994fef.aspx，访问日期：2014年7月20日。

三、美国文化外交公共受众

相较于教育文化项目,信息项目通过文化活动实现短期利益的效果明显,能够有效弥补教育文化项目的缺陷。在第一次世界大战和第二次世界大战过程中,美国利用电台、报纸、杂志和书籍广泛宣传自由民主社会的思想,鼓动人们积极参军、购买国债、生产军火;有目的地选择有利于美国的报道,翻译成德语或其他语言,刊登在德国及中立国报刊上,挫伤德军士气。第二次世界大战期间,为应对轴心国的宣传攻势,美国成立战时信息处,开展对外新闻和宣传活动,对提振盟国信心、打击敌人士气,发挥了积极作用。艾森豪威尔在评论信息项目的宣传作用时也认为:"口头语言和书面文字在削弱敌人抵抗意愿方面是一个重要因素。"①

从20世纪30年代后期开始,教育文化项目与信息项目既相互区分,又相互交织。一方面,以助理国务卿萨姆纳·韦尔斯和参议员威廉·富布赖特为代表的文化主义者们,提倡通过对话,实施以大学、基金会等非政府组织为主体的教育文化双向交流。他们认为,在图书项目、文化中心、英语教学以及艺术展览等多种文化交流方式中,"人员双向交流是最好的一种方式,也是核心方式"②。另一方面,洛克菲勒以及后来成立的美国新闻署(USIA)则更注重基于媒体的单向信息输出。特别是在美国新闻署成立以后,其人员很多来自新闻媒体或广告行业,数量远超过来自教育机构以及基金会等非政府组织的人员,所开展活动的

---

① Thomas Sorensen: *The Word War: The Story of American Propaganda*, New York: Harper and Row, 1968, p. 20.
② Martin Merson: *The Private Diary of a Public Servant*, New York: Macmillan, 1955, p. 80.

"宣传"性质突出。在美国新闻署看来,教育文化项目也只不过是实现外交政策的手段,与图书、杂志和广播、电视等,并列为实现目标的选项之一。

自由主义思想内涵从经典转为现代,是美国政府最大化国家利益的必然结果,而自第二次世界大战以来大量开展的信息项目,实质是实现美国外交政策目标的重要手段。以日本为例,第二次世界大战结束后,美国着手对日本进行民主改造,除了颁布具有美国烙印的新宪法和建立新的日本政府,为了达到使日本社会接受西方民主和自由价值观的根本目标,美国加强了对日本文化输出。1951 年,洛克菲勒向美国国务院提交《美日文化关系报告》,明确提出要针对日本精英人士和社会大众实施不同的文化交流计划,一方面要通过文化交流或者人员交流计划等具有累积效果的项目接近日本知识分子和领导者,另一方面要灵活利用能在短时期内影响人们的报纸、图书、广播、电影等大众传媒,面向日本公众进行信息交流。① 洛克菲勒的报告在印证美国文化外交受众细分策略的实际存在的同时,也印证了美国对信息项目成为实现外交政策目标有效手段的认可。而信息项目利用报刊、图书、广播和网络等媒体进行单边信息传输的特点,决定了其受众的广泛性。以美国海外图书输出项目为例,据统计,从第二次世界大战结束到 1959 年期间,美国在海外 64 个国家设立了 158 个图书馆、89 个阅览室,在 24 个国家建立 97 个信息中心,仅 1959 年,图书流通量就达到 1 000 万册,② 这一数字绝非人员交流项目所能企及,受众不可谓少。进入网络时代后,虽然美国图

---

① 松田武:《战后美国在日本的软实力》,金琮轩译,北京:商务印书馆,2014 年,第 125 页。
② 胡腾蛟:《冷战时期美国海外图书输出的主旨探析》,载《武汉大学学报》(人文科学版),2013 年第 1 期,第 57-61 页。

书经费大幅缩减,但是每年仍然有一定数量的关于美国历史、政治、文学以及艺术方面的图书提供给不同国家的读者,例如2012年,美国驻北京大使馆就向本书第一节提到的美国文化中心分别捐赠了价值1万美元的图书。除了图书项目,以美国之音为代表的美国国际广播项目,受众也非常庞大。1970年,美国之音以35种语言平均每周播出860小时节目,1988年增加到43种语言,每周播出时间也增加到1 209小时。①

美国政府对信息项目的直接介入,体现了美国的国家意志及其价值取向。同样还是在日本,在图书项目上,为了限制苏联"红色"图书影响日本,美国占领当局规定面向日本读者的图书必须获得出版许可,此举的结果是1949年日本出版商签订的总计374种图书翻译合约中,324册是美国图书,而且都是盟军总司令部认为对日本占领目的实现很有价值的书籍。② 美国政府很清楚,美国"自由、民主、平等"的价值观以及美国的良好形象,是美国图书需要展示的对象,因此,除了日本,美国图书项目在世界范围内推出了《至关重要的中心:自由政治》《美国民主》《美国道路》《了不起的盖兹比》等一大批展示美国生活与文化的图书③,其目的就是要在日本、德国等战败国以及当时的社会主义国家人民心中树立良好的美国形象。事实上,为了使信息项目效果最大化,美国还制定了针对青年、妇女、知识分子等不同人群的宣传策略,正如美国第28届国会外交委员会所宣称

---

① 韩召颖:《输出美国:美国新闻署与美国公众外交》,天津:天津人民出版社,2000年,第168-170页。
② 松田武:《战后美国在日本的软实力》,金琮轩译,北京:商务印书馆,2014年,第49页。
③ Kenneth Osgood: *Total Cold War: Eisenhower's Secret Propaganda Battle at Home and Abroad*, Lawrence: University of Kansas Press, 2006, p. 301.

的那样:"有些外交政策的目标是能够直接对付外国人民而不是他们的政府。通过应用现代新闻媒介,今天有可能联系外国中的大部分人或有影响力的一部分人,——向他们报道,影响他们的态度,有时甚至诱导他们向我们所设想的行动方向发展。这部分人反过来就能够对他们的政府施加明显的,甚至是断然的压力。"①

除了图书项目,国际广播和报纸杂志也是主要的信息项目,其共同特点是受众面宽,效果明显,反映了美国文化外交注重现实利益的特点。美国现实主义国际理论代表学者摩根索就认为:"利益是判断、指导政治行为的唯一永存的标准,对外政策的目标必须以国家利益来界定。"② 以国际广播为例,美国在第二次世界大战期间准确播报德国潜艇的战损情况,给德国海军官兵的士气造成毁灭性打击。在日本,《美日文化关系报告书》也明确提出要充分利用信息项目使左翼工人阶级认识到共产主义的危险性远比他们认识的要大。同时,信息项目也把宣传对象锁定于日本妇女,通过提高她们对自由、民主价值观的意识,提高她们的社会地位,从而达到对美国政策目标发挥积极作用的目的。即便是信息项目,美国也对可能影响效果的政府角色和形象十分在意。在国际广播项目中,美国之音由政府直接运营,其播报的内容相对客观,进行的是白色宣传,而自由欧洲电台和自由电台由美国政府出资,却打着民间电台的旗号,开展的是颠覆性活动的灰色宣传。无论是白色宣传还是灰色宣传,甚至黑色宣传,美国政府这只看得见的手都在随时挥舞。

---

① 赫伯特·席勒,林珊:《新闻工具与美帝国》,载《国际新闻界》,1979 年第 1 期,第 1—9 页。
② 汉斯·摩根索:《国家间政治——寻求权利与和平的斗争》,徐昕等译,北京:中国人民公安大学出版社,1990 年,第 15 页。

小 结

自由主义思想从古典发展到现代，内涵从限制政府过度干预社会事务发展到要求政府适度干预社会以维护公平，古典自由主义思想与现代自由主义思想的影响交叉并存。在这种影响下，美国社会一方面反感政府对思想自由和文化事务进行干涉，另一方面又希望政府以文化交流影响他国以实现美国利益。基于此，美国政府在实施文化外交的策略上，充分考虑了自由主义思想影响下的社会心理，以提高美国文化外交效率。

首先，政府在文化外交实施过程中扮演幕后角色的同时，也直接走上前台，参与文化外交。在古典自由主义思想影响下，美国相关法律禁止政府对国内民众开展宣传活动。相应地，美国也认识到在世界其他国家和地区进行文化外交过程中的宣传活动会遭到民众的抵制，具体到文化外交策略上，就是"百分之五"原则的制定和运用。同时，美国政府也有意识地把政治色彩十分浓厚的文化外交，通过与非政府组织合作，以非政治化的策略降低民众对政治操控的心理感受。

其次，美国注重政府机构的不同分工。在20世纪50年代至90年代，国务院教育文化事务局更多地负责教育文化项目的运作。以人员交流和教育合作为主要方式的此类文化外交，注重双向交流，关注教育文化交流的长期效果。富布赖特项目的成功运作是教育文化事务局的标志性成果。同时代的美国新闻署则注重通过报纸、杂志、电台，积极对目标国开展单方面的信息宣传，美国之音就是美国新闻署影响力最大的媒体之一。教育文化事务局与美国新闻署在文化外交上的分工，也是古典自由主义思想与现代自由主义思想共同影响文化外交的结果。

最后，美国政府实施文化外交受众细分策略，对目标国社会精英与普通大众采用不同的影响手段和方式，以最大化文化外交效果。国际访问者项目是美国文化外交针对社会精英的代表项目，通过邀请目标国各领域可能成为领袖的杰出人士访问美国，提升他们对美国的认识，进而影响目标国更大面积的受众，是国际访问者项目开展文化外交的实施路径。而针对广大普通受众，美国政府直接操纵宣传机器，则是最主要的手段。然而，苏联解体后，美国新闻署撤并到国务院教育与文化事务局，传统信息项目的开展受到极大制约。随着21世纪网络世纪的到来，新媒体下美国文化外交的实施策略与路径，则值得特别关注与研究。

第五章

从美国国际访问者项目看中华文化走出去

在前四章，本书阐明自由主义思想对美国文化外交的影响，力图构建一个自由主义思想影响下美国文化外交目标、机制与策略的框架，阐明政府在扮演幕后角色的同时，也在台前直接运作文化外交，本章将选取美国国际访问者项目进行分析。选取此项目的主要原因是，该项目作为美国文化外交开展历史最悠久的项目，已经有70余年历史，见证了美国文化外交相关法律的构建、机构的调整以及为实现不同历史时期外交目标的努力。同时，国际访问者项目邀请目标国家精英群体访问美国，通过使他们深入认识美国达成美国文化软实力影响力。相较于教育文化交流，国际访问者项目在形式和内容上都独树一帜。尽管国际访问者项目是历史最悠久的文化外交项目，但与富布赖特项目相比，无论是国外还是国内，相关学术研究都非常有限，对其的深入挖掘具有一定价值。

The Role of the Government: A Liberalism Perspective on American Cultural Diplomacy
中华文化走出去背景下美国对外文化交流中的政府角色研究

第一节 国际访问者项目

一、人员交流项目的缘起及目标

以人员交流为主要途径开展的国际访问者项目,最早可以追溯到1888年。在当年华盛顿召开第一届"美洲间国家大会"(Inter-American Conference)之前,美国政府特意安排来自南美国家的17名参会代表,进行了为期6周行程达6 000余英里的美国旅行,使他们"感受到美国的好客,对美国经济资源及商业优势留下深刻印象,让他们在会议召开之前对整个国家的人民产生兴趣"①。从20世纪初到第二次世界大战前,随着美国高等教育的发展,其他国家留学生以及学者在美国学习讲学的人数不断增加。美国教育理事会(American Council on Education)、美国国际教育协会(Institute of International Education)以及美国学术团体协会(American Council of Learned Societies)相继成立,并得到卡耐基基金会、古根海姆基金会以及洛克菲勒基金会的赞助。美国文化教育机构的不断成立以及政府开展文化外交的强烈政治动机,为国际访问者项目等教育文化交流项目的开展打下了坚实基础。正如美国文化外交专家宁科维奇教授所评论的那样,美国教育机构"及其在20年代在世界范围开展的活动,展示了私有机构组织下国际社区的美国视点"②。

1938年美国国务院成立文化关系司,成为政府与非政府机

---

① Manuel J. Espinosa: *Inter-American Beginnings of US Cultural Diplomacy 1936–1948*, Washington D. C.: Department of State, 1976, p. 9.

② Frank Ninkovich: *The Diplomacy of Ideas: US Foreign Policy and Cultural Relations 1938–1950*, New York: Cambridge University Press, 1981, p. 16.

构合作开展文化外交的开端。文化关系司的主要目的是通过促进与他国的人员交流,在让美国人了解外部世界的同时,让他国民众了解美国。从文化关系司成立之初,其主要工作之一就是"在拉丁美洲受过教育的精英群体中找出那些对思想和舆论有影响的人士,因为这百分之十的人士决定了另外百分之九十的人的思想以及未来"①。罗斯福总统时期的国务卿科德尔·赫尔,就更直白地表示,美国采取人员交流等文化外交方式,目的就是"通过在西半球建立与普通大众的友谊和相互了解这样的公共认识,以便从这些政府的内部控制这些政府"②。1941年底,35位来自南美洲国家的艺术家、教育人士以及其他行业的专业人员应邀访问美国,正式拉开国际访问者项目的帷幕,美国政府为这些访问者提供经费,开展为期2~3个月的行程,使他们能够充分观察和了解美国社会。在选择访问者时,美国政府的目标人群主要是那些过去没有访问过美国,且在他们回到自己国家后,有能力通过写作或演讲告知他们的国人自己在美国经历的这类人士。在华盛顿期间,这些来自南美洲的精英访问者们由文化关系司负责接待并制定详细的行程,在访问者们离开华盛顿后,就转由各地自愿承担接待工作的非政府机构负责安排。以此方式,美国政府与非政府组织密切合作的国际访问者项目初具雏形。

美国通过国际访问者项目来实现文化外交目标主要是基于三个设想。其一,来自南美的访问者在亲身经历美国旅行后,对美国社会和价值观会有更加深入的了解,美国期待他们对美国的深入了解会在今后产生惠及美国的政治效果;其二,在美国的旅行

---

① Manuel J. Espinosa: *Inter-American Beginnings of US Cultural Diplomacy 1936 – 1948*, Washington D. C.: Department of State, 1976, p. 167.
② Richard T. Arndt: *The First Resort of Kings: American Cultural Diplomacy in the 20th Century*, Washington: Potomac Books, Inc., 2005, p. 28.

结束后，访问者们对美国的原则、政策和实践的接受度会增加，虽然访问者们对美国的某些方面仍然会持批评态度，但是这种对不完美的美国的认识，不会影响他们对美国的世界领导地位的怀疑；其三，访问者们回国后，在他们专业领域内，通过在某一地区或者在全国范围内使用他们的影响力，分享他们在美国的经历。最后这一点，也是国际访问者项目最期许的一点。美国国务院国际教育交流处（International Educational Exchange Service）在其1954年的一份报告中就认为："参加交流的访问者们成为可靠的传播美国信息的源头，可以向其国民传递可信赖的并对美国有益相关信息。"① 国务院交流项目运行协调委员会（Operation Coordinating Board）也在同年的一份报告中指出："交流项目的基本目标就是在海外营造一种接受美国政策的氛围，使美国政策能够得到正确解读。"美国国务院在描述国际访问者项目的目标时也明确指出："国际访问者项目要在他国发展一批有影响力的核心人士，通过他们在美国的经历和观察，向其国民提供对美国及美国人民一种基于准确理解的阐释"。②

二、交流项目相关研究及国际访问者项目的建立

自公共信息委员会开始，美国就对如何开展文化外交以实现国家利益进行不断摸索，一些学者也从理论构建的角度出发，研究与他国交流沟通更加有效的方式。第一次世界大战期间，对德

---

① Giles Scott-Smith：*Networks of Empire: The US State Department's Foreign Leader Program in the Netherlands, France, and Britain* 1950 – 70，Brussels：Peter Lang，2008，p. 34.

② Giles Scott-Smith：*Networks of Empire: The US State Department's Foreign Leader Program in the Netherlands, France, and Britain* 1950 – 70，Brussels：Peter Lang，2008，p. 34.

国开展心理战成为美国取得战争胜利的补充手段。美国传媒理论学者沃尔特·李普曼以其战时随军宣传媒体人员的经历，提出了要使用公众能够接受的方式和途径引导公众舆论的观点。① 1927年，哈罗德·拉斯韦尔出版专著《宣传策略与世界大战》，论述为了实现政治目的，如何控制与传播特定信息。在拉斯维尔看来，在社会思潮风起云涌、社会经济发展前景不明的情况下，策略化地使用传媒开展宣传，辅之以必要的强制措施，将有助于精英群体维护民主制度和大众的利益。② 李普曼和拉斯维尔的著述，先后提出了宣传的重要作用以及社会精英人士在塑造社会中可以扮演的关键角色。

美国针对对外交流宣传方式和效果的研究不断深入。20世纪30年代，洛克菲勒基金会对这一领域的研究大力投入资金，资助相关研究的持续开展。在其资助下，《公共舆论季刊》创刊，成为这一领域的研究成果的汇聚平台；洛克菲勒基金会资助拉斯维尔在国会图书馆从事对外交流内容分析研究，并很快成为国务院战时交流处的一个重要项目；它还资助社会心理学家保罗·拉扎菲尔德（Paul Lazarsfeld）在哥伦比亚大学开展关于交流项目功能的研究，研究成果《人民的选择》（*People's Choice*）以专著方式于1944年出版。拉扎菲尔德在书中指出，面向大众的媒体宣传，与预期的效果实际差异很大。相比较通过大众传媒把相关信息传递给每一位受众，通过公众群体中的一员或受到尊重的人物传递信息，效果更佳。③ 基于上述研究成果，宣传效果的成败很大程度上取决于是否能够发现并挑选出宣传目标群体所

---

① Walter Lippmann：*Public Opinion*，New York：Harcourt Brace，1922，p. 5.
② Harold Lasswell：*Propaganda Technique in the World War*，New York：Alfred Knopf，1927，pp. 13 - 17.
③ Paul Lazarsfeld：*People's Choice*，New York：Sloan & Pearce，1944，pp. 36 - 42.

在社区的舆论意见领袖,这也在很大程度上说明,通过意见领袖传递信息的效果要优于大规模公众媒介的宣传。因此,如果能将特定目标群体的意见领袖利用起来,他们就能够在传递信息的各类项目,包括人员交流项目中发挥非常理想的作用。

在1941年开展的南美洲访问者项目以及不断发展的人员交流项目理论基础上,第二次世界大战后,美国人员交流项目持续发展。1946年,美国驻德国占领当局颁布SWNCC 269/5号文件,以文化、道义以及政治再教育等方式使德国重返国际社会。1947年,JCS1779号文件再次确认要在经济上和教育上重建一个民主的德国。1948年,美国驻德国军事占领当局认为,人员交流是使德国人在道义和精神上归化的重要手段之一。在这种背景下,受邀请访问美国的德国精英人士从1947年的8人迅猛增长到1950年的1288人。在邀请大量在德国有影响力的人士访问美国的同时,美国对通过人员交流项目达成对德国的改造并实现长久和平的效果仍然心存疑虑,对如何开展人员交流项目也在不断评估和总结。美国布鲁金斯学会在1948年就此专门提出意见,认为人员交流项目取得成效的关键点取决于以策略和明智的方式利用相关重要因素,而对交流人员的正确选择以及对他们访问活动的控制性安排是影响交流成功的中心要素。①

20世纪40年代末,为实现全球多方位美国国家利益,美国人员交流项目的规模不断扩大。美国国务院开展了伊朗交流计划、芬兰交流项目、德国交流项目、日本交流项目以及中国紧急援助项目;美国国防部开展了琉球群岛访问者项目以及拉丁美洲军官训练项目;美国健康、教育与福利部以及国家科学基金为合

---

① Charles Thomson: *Overseas Information Service of the United States Government*, Washington D.C.: Brookings Institution, 1948, pp. 357-358.

作开展科学研究的相关人员交流提供了足够的便利和经费支持。1948年，国会经过两年的听证会，参众两院通过了《信息与教育交流法》（《斯密斯－蒙特法》），美国推进人文交流得到法制保障。1949年，美国对德国的军事占领期结束，重建德国的任务从军事单位划归国务院，其中的人员交流项目与国务院过去管理的南美洲领导者项目合为一体，使国务院交流项目的规模得到扩大，同年，这一交流项目正式命名为"外国领导者项目"（Foreign Leader Program）。

1950年，外国领导者项目的第一批外国领导者到达美国，也是在这一年4月，杜鲁门总统发动了"真理运动"（Campaign of Truth），目的在于强化那些投身于自由事业国家之间的团结，并让这些国家认识到美国对自由的爱好与他们是一致的。美国也要使这些国家确信，美国是一个开明、强大和意志坚定的国家，值得其他国家信任。[①] 在与苏联开展意识形态斗争的背景下，人员交流项目成为最简单也最便捷的对外国人员思想和态度产生影响的工具。正如1948年至1952年期间担任国务院教育交流处处长的威廉·约翰斯顿（William Johnston）所认为的那样，人员交流项目的目的就是要"把一组观念或事实移植到一个人的思想中，如果成功，会得到有益于美国外交政策目标的相关行为，并有助于团结这些国家迈向和平"[②]。1951年，美国与他国的人员交流数量达到7 500余人，其中5 800余人到达美国，1 700余美国人作为交流者访问国外。这其中，1 637人属于外国领导者项目

[①] Giles Scott-Smith：*Networks of Empire: The US State Department's Foreign Leader Program in the Netherlands, France, and Britain 1950－70*, Brussels：Peter Lang, 2008, p. 71.

[②] Charles Thompson：*Cultural Relations and US Foreign Policy*, Bloomington：Indiana University Press, 1963, p. 84.

访问团成员。

三、国际访问者人员选拔标准与项目内容

作为文化外交重要手段之一的国际访问者项目,其政治属性决定了为外交政策服务的基本目的,而要使项目实施获得良好效果,选择合适的人选是重要前提之一。美国国务院很早就确定了人选的标准,这些应邀访问美国的各国访问者,应该是对美国友好的人士,或者对美国表现出潜在的友好,或者被认为将会对美国友好的人士,同时,这些领导者对美国的认知非常有限。① 这些选拔访问者的标准归结起来,就是要利用国际访问者项目强化访问者们对美的友好态度,而不是使此项目着眼于改变那些对美持有抵触甚至反对意见的人的观点。

美国政府对国际访问者的选择,是基于对访问者的观察,并向访问者发出直接邀请。不同于富布赖特项目等其他项目,参与者可以通过相关系统或网络提交申请,通过一系列考核审批程序后,即可确定项目是否申请成功。国际访问者项目是由美国国务院下达驻各地使领馆国际访问者项目的名额。名额的种类上分为单一国家访问者项目(SCP),访问者来自同一国家;单一地区访问者项目(RP),访问者来自某一地区多个国家,比如亚洲地区;多地区访问者项目(MRP),访问者来自不同地区的多个国家。从内容上,根据访问者的职业背景,分为高等教育、体育、艺术、环境保护、妇女问题、经济问题、法律问题以及新闻领域等不同主题,分别由美国驻当地使领馆新闻文化处、政治处、经济处和领事处负责提出人选。候选人需要就自己的工作领域、工

---

① Walter Anderson: *American Council on Education*, Nov. 18, 1958, Group IV, Box 153, Folder 9, CU.

作内容和成绩填写一张表格,由驻在国大使馆汇总后,经过综合评估,最后确定受邀访问者的具体名单。

由美国国务院分配的相关年度的国际访问者名额以及相关领域,通常符合美国当年外交活动内容及目标。以法国为例,第二次世界大战以后,美国与法国关系中最受关注的一点就是法国对美国在政治、经济、军事以及文化方面的依赖。法国民族情结历来浓厚,在戴高乐将军的领导下,法国追求民族独立以及在国际事务中发挥作用。而在美国看来,法国是北约重要成员国,一个与美国共享价值观的法国,更加符合美国国家利益。从1949年开始,法国-苏联友好代表团开始定期互访,也使美国在思想领域争取法国的认同显得愈加必要。美国驻法国大使馆在报告中指出:"法国已经清楚地认识到美国在法国各领域的存在……美国需要采取一切措施消除或缓和留给法国人的美国巨量信息项目印象,取而代之的是与法国人开展的各类合作项目"。[1] 美国大使馆进一步认为,开展人员交流项目是争取法国认同的最好方式之一。在这一时期,为了将国际访问者项目影响力发挥到的最大限度,访问者的选择优先放在报刊、电台、电视等领域,议会成员、学术人员、宗教领袖、商会领袖以及地区精英也受到特别关注。1956年,20位法国议员与3位记者参与单一国家访问者项目。美国以此举拉近与法国政治关系的目的非常清楚。

与法国类似,第二次世界大战后同一时期,美国国际访问者项目对荷兰访问者的选择优先放在劳工组织及其领袖。在战后恢复重建时期,荷兰劳工群体关注从制度上建立社会保障体系,对

---

[1] Giles Scott-Smith: *Networks of Empire: The US State Department's Foreign Leader Program in the Netherlands, France, and Britain 1950-70*, Brussels: Peter Lang, 2008, p. 328.

美国社会保障的缺失以及种族歧视批评有加。在荷兰,劳工组织及其领袖对社会影响的重要性仅次于政府官员。因此,在1952年美国国际访问者项目针对荷兰的计划中,"在荷兰关注社会保障的情况下,修正荷兰人对美国社会经济体系的误解"① 是主要目标。而充分利用国际访问者,邀请荷兰劳工负责人访美,并通过他们影响荷兰劳工群体,成为20世纪50年代美国实现文化外交目标的重要途径。1951年,美国驻荷兰大使馆开始注意寻找有影响力的人士,确定了3位来自劳工联盟的人选,希望他们作为国际访问者访问美国,其中之一为荷兰社会民主联盟副主席雅各布·苏霍夫(Jacob Suurhoff)。苏霍夫除了担任副主席,还是联盟发言人,同时也是《联盟运动》(The Union Movement)以及《工人之声》(The Voice of the Worker)两个刊物的编辑。美国大使馆认为他是荷兰劳动党正在升起的新星,作为最具影响力的大人物之一而对美国缺少直观的感性认识,是国际访问者项目的标准人选。

按照美国国务院国际访问者项目年度计划,一旦人员确定,就会开始精心准备访问者们在美国的行程及参访内容,每个访问团通常围绕一个社会领域,系统了解美国在此领域的体制化运作,使参访者对美国该系统有感性和理性认识。笔者有幸于2011年10月参加多地区访问者项目,参访内容为了解美国高等教育体系。访问团成员来自亚洲地区的日本、印度尼西亚、不丹和中国,非洲的埃及、苏丹、南苏丹、埃塞俄比亚,南美洲的哥伦比亚,欧洲的捷克和保加利亚等国家,全团共19名成员。访问团在美国共计3周时间,在华盛顿、费城、纽约、盐湖城、波

---

① *Embassy The Hague to Dept of State*, *State Dept Decimal File*. National Archives, Reel 5: 1950–1954.

特兰以及亚特兰大等城市,访问了若干不同类型的教育机构,并举行了多场座谈会,具体行程见表 5-1:

表 5-1　2011 年国际访问者项目 MRP 高等教育参访团日程表

	日期	上午	下午	晚上
华盛顿	周日	到达华盛顿,入住酒店	团队管理说明会	城市漫步
	周一	梅里迪恩国际中心,项目说明会,发放经费(旅行支票)	教育部官员介绍美国高等教育制度	欢迎晚宴
	周二	参观华盛顿大学	与国际教育协会座谈美国教育国际化	参观肯尼迪艺术中心
	周三	参加美国教育网(HigherEd.edu)座谈		
	周四	参观华盛顿(白宫、国会大厦、林肯纪念馆、国务院大楼等)		
	周五	参观美国高等教育咨询协会(马里兰)	大巴前往费城	
费城	周六	自由活动	美国大学生足球联赛宾夕法尼亚大学对普林斯顿大学	
	周日	游览纽约(当日往返)		
	周一	前往阿卡迪亚大学,了解私立高校及其国际化办学		
	周二	天普大学,座谈,参观学生公寓,了解学生管理		
	周三	德雷塞尔大学座谈,合作办学及科研		
	周四	参观宾夕法尼亚大学,座谈,如何筹措办学经费		
	周五	自由活动	团队分组,每组三至四人,前往美国家庭,交流,共进晚餐	
盐湖城	周六	飞往盐湖城		参观摩门教教堂
	周日	参观犹他州立大学工程技术中心	与犹他州教育委员会主任座谈该州高等教育情况	
	周一	与杨伯翰大学座谈美国多语种教学	参观西部州长大学,了解远程大学教育	

续表

	日期	上午	下午	晚上
波特兰	周二	飞往波特兰		
	周三	波特兰州立大学座谈美国大学专业认证以及教师终生教职评聘条件	团队分组，每组三至四人，前往美国家庭，交流，共进晚餐	
	周四	参观波特兰社区大学，了解职业技术教育	飞往亚特兰大	
亚特兰大	周五	参观马丁路德金母校莫尔豪斯学院，座谈黑人高等教育情况		
	周六	参观佐治亚理工技术创新中心		项目总结，颁发证书，晚宴
	周日	项目结束，前往机场。		

在为期3周的项目过程中，访问团成员充分接触了美国政府教育部官员以及州教育委员会官员，详细了解了美国联邦政府的相关高等教育政策；参观了宾夕法尼亚大学等高水平常春藤大学，了解美国高校办学经费筹措途径；了解美国普通高校的专业评估与认证体系，社区大学的职业技术教育，南方专门招收黑人的有色人种高等教育情况，以及远程教育、招生宣传、高校学生管理、高等教育网站营运以及大学技术创新等问题。通过访问，美国高等教育的总体情况清晰地呈现给访问团每一位成员。

国际访问者项目非常重视对访问者个性化的访问安排。对美国国务院而言，使访问者自由选择访问地点、访问对象非常关键，因为这样可以使访问者看到真实美国的自由开放一面，从而使访问者能够自己得出关于美国社会的结论，这也是国际访问者项目最根本的目标。① 然而，访问者们在美国也会遇到令主办方尴尬的问题。例如20个世纪50年代和60年代初期，美国仍然处于种族隔离政策之下，在亚特兰大和新奥尔良等南方城市，黑人无论是在学习、工作还是生活条件等方面都与白人存在巨大差距，社会不平等情况突出。美国政府及相关组织单位都清楚无法回避这一实际存在的问题，也很清楚访问者们在目睹实际情况后对美国形象的负面影响。国务院在安排相关访问活动的指导性意见中指出："访问者们很有可能在他们旅行过程中目睹甚至经历种族问题所产生的各类情形。国务院和相关合同单位不会刻意掩盖种族歧视的客观存在，但是会努力让访问者们清楚美国在解决少数族裔问题方面在不断取得进展。组织活动的单位要尽最大努力避免访问者本人经历这种尴尬局面。"② 在实际安排中，活动组织部门会仔细安排在南方地区的各项活动，尽量安排访问者们参观南方在现代化过程中所取得的成就，以减少种族问题的负面影响。随着美国民权运动取得成功，美国政府在种族问题上的担忧才逐渐在访问者参观内容中消解。但是主观上注意回避负面内容，成为访问者日程安排的重要方面。美国提倡的访问者完全自由的行程，实际上无法实现。美国所批评的苏联类似访问项目中刻意安排行程的毛病，也出现在美国自己的项目之中。

---

① Robert Elder，*The Foreign Leader Program: Operations in the United States*，Washington：Brookings Institution，1961，p. 6.
② Giles Scott-Smith，*Networks of Empire: The US State Department's Foreign Leader Program in the Netherlands, France, and Britain 1950－70*，Brussels：Peter Lang，2008，p. 100.

四、政府与非政府组织的合作

国际访问者项目在运作过程中采用政府主导、非政府组织运作的方式，符合美国文化外交相关原则和法律。美国在20世纪30年代筹划建立国际关系司的时候，就制定了文化外交三原则①，其核心思想就是要把文化外交活动的组织工作交给非政府组织完成，避免政府操控带来负面影响。1948年美国通过的《史密斯－蒙特法》，以法律的方式确定了这一原则。国际访问者项目是尊崇文化外交原则与相关法律要求的一个生动案例。

在1950年国际访问者项目正式命名之前，美国国务院就通过美国教育理事会（American Council on Education）安排德国重建计划中人员交流项目的访美人员。1950年，在德国访问者与南美访问者项目合并为国际访问者项目后，为了给每年数以千计抵达美国的访问者们安排好理想的行程，国务院国际教育交流处优化了组织流程，把绝大多数访问者在美国的行程安排交给了3个非政府组织：政府事务协会（GAI）负责政治、传媒以及经济领域，美国教育理事会下属的专家及领导者委员会负责教育文化、社会福利以及青年人事务，国际劳工事务组织负责各国工会访问者。1974年，梅里迪恩国际中心（Meridian International Center）取代政府事务协会，成为在华盛顿的访问者项目中心。美国国务院在纽约、迈阿密、新奥尔良、旧金山、西雅图和檀香山设有访问者接待中心，到2007年，只有纽约接待中心由国务院管理，其他中心已然非政府化。

以政府事务协会为主的非政府组织，在美国国内建立了高效

---

① 杨光：《美国政府在文化外交中的角色探析及启示》，载《教学与研究》，2015年第12期，第28页。

的网络化分支机构,以专业的水平安排国际访问者的行程和参观内容。从20世纪年代开始到70年代中期,政府事务协会在美国主要城市建立了国际访问者社区服务中心全国委员会(National Council for Community Services to International Visitors),现改名为"国际访问者全国理事会"(National Council for International Visitors)。理事会在各地设有接待中心,有专职工作人员负责联络当地各类相关机构,使它们成为国际访问者的参访对象,同时也负责安排国际访问者们在当地的交通和住宿。参观并了解美国社会生活是国际访问者项目的重要内容之一,因此,当地接待中心也联系美国家庭,使访问者有机会进入美国普通家庭,体验美国人的日常生活。美国当地媒体通常也热衷于采访来访的国外访问者,接待中心也乐于在访问者的日程中增加与媒体的互动。这样,访问者深入美国各地访问的流程被各地接待中心有机联系在一起,保证了访问的顺利进行。在1973年国务院对国际访问者项目的评估中,政府事务协会被认为是"最胜任的组织机构"。各地接待站由于熟悉本地文化,在安排国际访问者在美国各地的"深度"体验方面得天独厚,使访问者们对在美国的经历留下许多难以磨灭的印象。①

美国国务院也在不断评估高质量访问所需配套的服务支持。随着访问者人数的增加,个性化的访问内容给组织者带来的人手压力也随之增加,国务院建议为保证访问质量,每一名项目工作人员每年接待不超过50位访问者。访问者由于在美国停留时间从最初的2~3个月减少到2~3周,受制于时间限制,主要访问大城市及附近社区。按照国务院与政府事务协会的估算,两周是

---

① Robert Elder: *The Foreign Leader Program: Operations in the United States*, Washington: Brookings Institution, 1961, pp. 32-43.

高质量访问所必需保证的最低时间。① 政府事务协会因工作负荷、人员不足、经费短缺以及访问者信息缺失与国务院时有矛盾。1963年,政府事务协会提出在访问者到达美国之前与他们取得联系,以便获得足够的信息帮助计划访问内容与安排行程,而国务院认为政府事务协会不应该涉足政府负责的范围。政府与非政府组织的类似职责划分,使两者之间的工作范围有清晰的界线。

为了避免政府事务协会对国际访问者项目运作的垄断,美国国务院也把接待访问者的合同授予其他非政府组织。例如全国社会福利协会(The National Social Welfare Assembly)1950年以前负责德国人员交流项目,国务院也把在纽约的国际访问者交给该协会安排。此外,非裔美国人协会(African American Institute)受国务院委托,主要负责非洲国家访问者的访问安排。在整个50年代,由于美国外交政策的重心不在非洲,全部访问者总计只有100余位。进入60年代之后,每年的访问者数字上升到100余人。非裔美国人协会安排非洲国家访问者,对访问质量的提升无疑具有正面作用。美国国务院也对国际访问者项目的组织机构不断调整和完善。到2016年,共有7家非政府组织负责访问内容计划和行程安排,这7家组织分别是:梅里迪恩国际中心、美国国际教育协会、密西西比国际发展联合会(Mississippi Consortium for International Development)、人类发展组织(FHI360)、文化远景协会(Cultural Vistas)、世界学习组织(World Learning)以及国际协会研究生院(Graduate School, International Institute)。②

---

① Dean Mahin: *History of the US Department of State's International Visitor Program*, Bureau of Educational and Cultural Affairs, US Department of State, 1973, p. 9.
② "Implementing Partnerships",见美国国务院网站,https://eca.state.gov/ivlp/about-ivlp/implementing-partnerships,访问日期:2016年7月12日。

五、项目效果评估

投入人力物力开展的国际访问者项目，美国政府对其成效充满期待。然而，由于人员交流项目开展过程中的各种变量影响，客观评价项目效果并非易事。通过开展国际访问者项目这样的人员交流项目，直接影响访问者来源国对美国外交政策支持度的问题，学者们也早有相关研究，对其效果褒贬不一。美国学者里戈尔（Orchestra Riegel）早在1955年的《公共舆论季刊》上就发文指出："虽然总体上交流项目的经历会增加访问者对美国的友好态度和深入了解，但它并不一定会在个人层面上增加对美国政策的支持。"① 直接负责国际访问者项目运作的政府事务协会官员梅尔文·勃赫姆（Melvin Bergheim）也同样认为："无论一位访问者在与美国近距离接触后产生对美国多么深厚的友谊，都不能指望他在回国后采取支持美国而与本国利益相悖的行动。"② 对于美国政府而言，从长远来看，国际访问者项目有助于实现美国的广泛利益，但指望实现支持美国外交政策这种立竿见影的效果并不现实。

虽然国际访问者项目无法在外交领域取得现立竿见影的效果，美国政府却认识到其在更广泛领域能够发挥作用，国际访问者项目虽然是文化外交的重要手段，但并非外交政策的一项被动工具，而应该在一定程度上放大到其他领域。按照一份针对1 000余位赴美交流人员的问卷调查，多数访问者认为在美国的访问经历使他们在自己的职业领域受益，使他们得以完成学业或

---

① Orchestra Riegel: "Residual Effects of Exchange-of-Persons", in *Public Opinion Quarterly*, Fall 1955, pp. 322–323.
② Dean Mahin: *History of the US Department of State's International Visitor Program*, Bureau of Educational and Cultural Affairs, US Department of State, 1973, p. 19.

者获得更好的专业职位,63%的访问者认为自己的个人地位得到提高,85%的访问者认为其对美国具有更正面的看法。这其中参与国际访问者项目的人员,比其他人员在所在国报刊等媒体上发表对美国正面看法的文章更多,也更愿意参加美国资助的各项活动。①

美国政府对访问者人选的精准确定,也对提高国际访问者项目效果助益明显。根据维基百科统计,自项目开展以来,共有337位访问者成为政府首脑,其中不泛主要国家具有世界知名度的人士,请看表5-2:

表5-2　参加国际访问者项目后成为国家首脑的部分政要

	姓名	职务	时间		姓名	职务	时间
澳大利亚	Julia Gillard Quentin Bryce Paul Keating William Hayden Malcolm Fraser Gough Whitlam	总理 总督 总理 总督 总理 总理	2006 1978 1977 1970 1964 1964	日本	菅直人 鸠山由纪夫 细川护熙 海部俊树	总理 总理 总理 总理	1981 1988 1980 1962
韩国	金大中 金泳三 韩升洙 南德佑	中统 总统 总理 总理	1965 1964 1977 1975	中华台北	马英九 陈水扁	台湾地区领导人	1971 1990
法国	萨科齐 菲永 若斯潘 居贝 雷蒙巴尔	总统 总理 总理 总理 总理	1985 1984 1977 1978 1965	德国	高克 伍尔夫 施罗德 魏茨泽克 施密特 勃兰特	总统 总统 总理 总统 总理 总理	1993 2000 1981 1978 1956 1954

---

① Giles Scott-Smith: *Networks of Empire: The US State Department's Foreign Leader Program in the Netherlands, France, and Britain 1950-70*, Brussels: Peter Lang, 2008, p. 407.

续表

	姓名	职务	时间		姓名	职务	时间
英国	布朗 布莱尔 撒切尔 海斯	首相 首相 首相 首相	1984 1986 1967 1953	巴西	罗塞夫 萨雷	总统 总统	1992 1964

以上只列举了亚洲、欧洲和南美洲国际影响力比较大的国家和地区的领导人，根据维基百科的相关统计，全世界共计126个国家或地区有访问者在参与项目后，成为该国最高领导人①，虽然从直接效果上很难判断相关国家对美国的直接益处，但潜移默化地对美国有不同程度的有利影响这一点却不可否认。访问者们在访美后以不同方式保持与美国的接触或对美国的关注，成为对美国而言可靠的信息发布渠道之一，某种程度上可以抵消对美国的不利言论，因此，对美国而言，把国际访问者项目称为"净收益"项目，并不为过。

第二节　对中华文化走出去的启示

中国文化外交虽然可以追溯到张骞出使西域以及郑和下西洋，然而21世纪之前，政府层面的大规模文化外交案例却并不多见，中国的哲学思想、医药技术和建筑艺术，在过去更多是通过诸如马可·波罗、利玛窦以及来华传教士带往国外，国学大师季羡林也认为，历史上中国文化走出去可能更多是无意识的。②

---

① 数据根据维基百科IVLP词条内容统计，见：https://en.wikipedia.org/wiki/International_Visitor_Leadership_Program，访问日期：2016年7月14日。
② 季羡林：《东学西渐丛书总序》，载王宁《中国文化对欧洲的影响》，石家庄：河北人民出版社，1999年，第3页。

因此，中国的文化外交实践经验应该说比较欠缺。进入 21 世纪，随着中国和平崛起，国家汉办在从 2004 年至今的短短十余年时间里，仅在美国就建立了 90 余所孔子学院，通过汉语教学推广中国文化，在中美人文交流方面发挥了重要作用。然而，孔子学院在运作过程中，也遭遇了中美两国之间的文化冲突，联名呼吁抵制孔子学院的情况发生。因此，了解并借鉴本书第一、二节所述美国政府开展文化外交的原则、路径和策略，对我国更有效地实施文化外交战略具有启示作用。

首先，中国在开展文化外交过程中，对政府的角色要有清晰的定位。美国社会受自由主义政治传统影响，对本国政府介入文化事务尚且持不信任态度，对中国政府主办的孔子学院持抵触情绪，是再自然不过的事情。在美国国情下，中国政府在文化外交实践中应该扮演怎样的角色来弱化美国社会对孔子学院的戒备心理，提升孔子学院传播中华文化的效果，这一点值得思考。不可否认，孔子学院是教育部国家汉办直接管理的文化交流机构，虽然由国内高校负责运作，但国内公立高校的政府属性，与美国文化外交关于"政府机构在教育文化交流中负责不超过百分之五活动"的原则相背离，这使美国社会普遍担心孔子学院是中国政府扩大政治影响的工具。① 因此，依照美国社会的价值观，中国文化外交需要设计美国公众能够接受的文化外交管理模式，策略化地讲述中国故事。此外，还需要寻求多元化的文化传播途径。例如，可以充分利用美国政府既有的对华教育文化项目等传播途径，进行文化传播的逆向操作。事实上，通过美国诸多文化交流项目来华访问的美国专家学者在向中国民众介绍美国文化的同

---

① 李开盛：《孔子学院在美国的舆论环境评估》，载《世界政治》，2011 年第 7 期，第 76 – 93 页。

时，也在亲身感知中国深厚的人文底蕴，了解中国正在经历的深刻变化，他们中的不少人对中国有了新的认识，首访后又多次回访中国的人员不在少数，可见中国文化对他们产生的吸引力。来访人员返回美国后，也会把在中国的所见所闻带进美国的课堂或介绍给身边的亲朋好友，在这个意义上的文化交流成为真正意义上的双向交流，在增进双方的相互了解和相互信任的同时，中国政府的作用被有效弱化。

其次，文化外交要有清晰的目标和对象。美国的教育文化项目与信息项目均有目标明确的受众群体，有针对性地服务于政府外交政策目标，中国文化外交在此方面尚有很多工作可以开展。在精英层面，美国的国际访问者项目主要邀请目标国有可能成为领袖的社会精英，赴美进行为期3周的访问；汉弗莱项目（Humphrey Fellowship）以年轻有为且具领导潜质的目标国中层管理人员为主，赴美学习1年；富布赖特项目则主要资助学者开展为期半年至1年的学术交流。以上项目所培养的人员，对美国价值观和政治制度有深入了解，其中相当数量的人员成为美国思想的接受者、美国政策的理解者和支持者。反观中国文化外交，在语言教学层面虽然着力很多，但目标对象比较模糊，且语言学习者的目的动机不易把握，文化传播效果难以得到显现。

最后，注重文化外交的内容建设。美国政府教育文化项目和信息项目注重介绍美国价值观和制度体系，内容更深入。在中国开展文化外交的过程中，目前最缺少的，就是既懂外语，又对中国社会文化有深入研究的学者。当今世界，东西方均遇到社会发展瓶颈和经济发展障碍，西方发达国家尚待彻底走出美国金融危机和欧洲债务危机，他们期待从中国文明中得到启迪，而发展中国家也期待借鉴中国的发展模式。中国文化外交的任务就不能局限于单纯的语言教学，而应该向世界阐明成功的中国发展道路的文化基因。因此，培养一大批既懂外语又有深厚学术功底的学者，积极开展对外交流，已经是中国文化外交的当务之急。正如王义桅教授所主张的那样："讲好中国故事，需要我们讲清中国成功故事背后的制度根源与文化基因……阐明中国故事背后的价值诉求，是表达中国新的努力方向。"①

另外，以法律体系构造中国文化外交的顶层设计，也是中国开展文化外交的当务之急。当前，中国的法制建设正在不断完善之中，相比其他领域，文化领域立法更显迫切。据光明日报报道，截至2013年8月，现行文化领域的立法仅占全部立法比例的1.68%②，而针对文化外交的专门立法，目前还是空白。文化部部长雒树刚也认为："如果再不努力加快推进文化法治建设，将会成为中国特色社会主义法治建设的'短板'，直接影响依法治国基本方略的全面落实。"③

纵观美国文化外交，由《富布赖特法》、《信息与教育交流法》以及《教育与文化交流法》所构建的文化外交基本法律框架，明确了增进美国与他国相互了解的文化外交长远目标。在这一法律框架下，富布赖特项目、国际访问者项目以及汉弗莱项目等文化外交项目得以长期开展，对他国民众了解美国价值观，进而了解美国外交政策发挥了促进作用。我国的文化外交目前还没有以法律方式呈现的长远规划，虽然孔子学院章程明确了"增进世界各国人民对中国语言文化的了解，加强中国与世界各国教育交流合作"这一基本目标，然而，作为一项部门章程，对国家层面开展的其他文化外交并无约束力。

---

① 王义桅：《表达中国融通世界》，《人民日报》，2015年9月1日，第7版。
② 范周：《文化立法刻不容缓》，光明日报，2014年5月12日，第2版。
③ 蒋培玲：《我国文化立法亟待加速》，见新华网：http://news.xinhuanet.com/politics/2015-05/23/c_127833032.htm，2016年3月15日。

文化外交立法，是健全我国文化外交机制的法律保障。美国《国务院基本授权法》明确了国务卿和国务院的文化外交职责，其他相关法律对总统、国务院及相关部门的授权，使文化外交责任主体明确。我国开展文化外交的部门涉及外交部、教育部、新闻出版总署、国务院新闻办公室以及中宣部等若干部门，与我国多年以前由海监、渔政等多部门管理相仿，虽然能够履行保障国家基本权益的责任，但远不如整合后通过中国海警一只重拳出击效果好。以法律明确中国文化外交的责任主体，是文化外交统一规划和顺利实施的重要保障。

　　文化外交立法，是明确我国文化外交策略、提升文化外交效率的法律保障。美国文化外交通过立法确立了信息项目与教育文化项目两种实施途径，兼顾对外宣传的短期目标和价值观传输的长期任务，取得了一定的效果。中国文化外交的目标对象是他国民众，由于历史文化渊源不同，目标对象对外来文化接受方式差异很大。例如，西方国家受自由主义传统影响，对以政府为主体开展的文化交流接受度差，对民间交往则比较欢迎；一些发展中国家受国情差异及民族文化影响，对中国文化接受度差异也不小。以法律明确差异化的文化外交策略，对提升文化外交效率会起到促进作用。

　　正确理解美国政府在文化外交中扮演的角色及其自由主义思想基础，对我国高效开展文化外交事业具有借鉴意义。习近平主席在全国宣传思想工作会议上指出："讲清楚中华文化积淀着中华民族最深沉的精神追求，是中华民族生生不息、发展壮大的丰厚滋养；讲清楚中华优秀传统文化是中华民族的突出优势，是我们最深厚的文化实力。"① 不难看出，传统中华文化是中国开展文化外交的重要基石，中国文化外交在以厚重的东方古老文化作为极具吸引力的核心内容的同时，应该借鉴西方发达国家在文化外交方面的经验，在充分研究的基础上制定中国文化外交的顶层设计，在明确我国文化外交目标的同时，制定能够使中国文化有效传播的策略，唯有如此，中国文化外交事业才能更加顺利地开展，中国文化才能更有效地惠及全人类。

---

① 《习近平论中国传统文化——十八大以来重要论述选编》，见新华网：http://news.xinhuanet.com/politics/2014-02/28/c_126206419.htm，2015年2月9日。

结　论

　　政府的角色一直是自由主义思想探讨的核心内容之一。以洛克、卢梭和潘恩为代表的自由主义思想家们认为，个人难以孤立地实现自己的自然权利，只有与他人签订契约、建立政府，才能保障他的社会权利。在社会契约论里，政府需要按照契约的许可保护人民的天赋权利，侵犯人民权利的事情绝不被容许。而以霍布斯为代表的自由主义思想家则认为，为了保护处于"人与人战争状态"的公民权利，人民需要把部分权利让渡给君主或某个群体，以利维坦式的强权国家保护公民权利是合理选择。

　　自由主义思想的根本目的是维护个人自由、民主权利、实现社会公平以及促进社会发展，这一点是自由主义思想家们的共同出发点。然而，在实现方式上，以洛克为代表的思想家们限制政府权力的主张与以霍布斯为代表的思想家们主张集权政府的看法形成鲜明对照。自由主义关于政府在促进人类发展上扮演何种角色的不同主张，从亚里士多德到伊壁鸠鲁，从洛克到霍布斯，从密尔到边沁，从亚当·斯密到凯恩斯，一直在不断深入讨论，自由主义的思想内涵也不断充实发展。

　　《五月花号公约》的签订，标志着自由主义思想在美洲大陆的开端。美洲殖民地人民对英国政府统治的不满，使《独立宣言》成为依据社会契约论对政府的讨伐宣言。《美国宪法》的颁布及三权分立的确立,使杰斐逊"小政府大社会"的理念得以实现,也使古典自由主义思想在 19 世纪末发展到高潮。然而,小政府导致社会的自由放任发展,在经济上出现托拉斯垄断组织,导致社会出现极度不公。资本主义经济危机导致的社会危机,最终在美国 1929 年出现的经济大萧条时期发展到极致。为克服国内危机,苏联出现中央集权政府,德国产生纳粹独裁统治,美国自由民主社会是否会如欧洲社会再次走向激进,在当时成为一个悬念。

罗斯福新政在把美国社会带出萧条泥潭的同时,也使古典自由主义向现代转型。现代自由主义在主张个人自由、实现社会公平与民主政治方面与古典自由主义并无二致,但在实现方式上,则主张政府对社会事务的干预甚至主导。20 世纪 30 年代开始,美国社会开始行进在"左"的道路上,并在 20 世纪 60 年代约翰逊总统提出建设"伟大社会"时期达到高潮。杰斐逊时期的"小政府",随着政府加强对社会事务的管理而不断变大。虽然尼克松新联邦主义开始给政府过度膨胀踩刹车,里根总统的新保守主义主张重新发挥社会的主导作用,然而,要想回到古典自由主义时期"小政府大社会"的格局,已然成为一种梦想。

杰斐逊与汉密尔顿在立国之初就政府对报刊管理的论争,其实质是政府对待思想自由不同态度的反映。以汉密尔顿为首的联邦党人一方面对言论自由和出版自由持否认态度,另一方面又充分利用报刊宣传自己的政治主张。杰斐逊虽然极力争取言论自由和出版自由,但是希望美国对言论自由和思想自由放任不管,也是一种奢望。在杰斐逊与汉密尔顿的论争中,美国政府对思想自由的管控若即若离。20 世纪初,美国政府正式开展文化外交,标志着对思想领域干预的开始。

美国自由主义思想对文化外交影响巨大。文化外交是思想外交，是以己方思想影响目标群体，并达成己方希望的目标。美国通过文化外交来影响他国的思想，正是自由主义所主张的理念。第一次世界大战后，威尔逊总统的理想主义思想，其基础正是"和平、民主以及自由贸易"。第二次世界大战后，学者们提出的民主和平论，也是基于自由主义思想对意识形态的影响。在很多思想家看来，实现自由社会以及人民自由需要体系化的政治制度来维系，而这种政治制度，非美国自由民主制度莫属。正如一些美国思想家所认为的那样，美国民主制度把世界从专制主义压迫下解放出来的使命，正是自由主义思想注定把世界从撒旦统治下拯救出来的世俗表达。

美国文化外交正是顶着传播自由民主、实现世界和平的自由主义思想巨大光环开始实施的。然而，美国也是一个非常注重实际利益的国家。17世纪移民们在艰苦自然环境下的生存欲望和对物质财富的追求，由皮尔斯、杜威等思想家演绎成为"实用主义哲学"思想。从华盛顿总统告别辞所发展而来的"孤立主义"思想，使历届美国政府都十分注重实现美国利益这一实用主义立场。美国国力弱小时的孤立主义思想，在美国国力强盛后演变成国际主义思想。文化国际主义成为实现美国国家利益的理论创新。自由主义思想内涵在20世纪的重大转向，使美国文化外交在文化主义者眼里成为促进不同文化背景的族群相互了解的途径，在现实主义者眼里则成为实现国家利益的工具。维护国家文化安全、在意识形态领域消解潜在危险、保持文化领域的权力均势，成为文化外交的现实目标。

为了实现文化外交的长远目标，也为了更加高效地服务于美国现实国家利益，美国通过多年努力，建立了长效运行机制。首先是法律体系的完善。《富布赖特法案》确立了以加强美国与他国沟通为根本目的的文化外交基本目标;《信息与教育交流法》基于自由主义思想,在确定以教育文化项目与信息项目作为文化外交两种基本方式的同时,明确了政府机构与非政府机构相互合作的组织构架;《国务院基本授权法》关于文化外交的部分,规定了总统、国务卿、国务院、美国新闻署等相关机构的职责,也规定了文化外交的经费来源。完善的文化外交法律体系,保障了文化外交的顺利运行。其次,美国政府机构的职能也不断调整。20世纪30年代初,美国文化外交就制定了"百分之五"原则,规定政府尽量不直接参与文化活动的组织工作,同时主张利用教育文化项目而不是信息项目开展文化交流。然而,第二次世界大战的爆发以及后来冷战的开始,使以美国新闻署为代表的政府机构成为文化外交的主导力量,及至20世纪末,国务院重新主导文化外交。政府机构的职能变化,直观反映了自由主义思想内涵的变迁。最后,非政府组织作为文化外交主力军,即便在20世纪60年代政府干预社会事务程度最高时期,也一直是美国文化外交运行机制的重要组成部分。美国的各类基金会、教会组织以及高等院校,辅之以美国国际教育协会(IIE)等提供专业服务的非政府组织,使美国文化外交构建了一个由法律保障、由政府主导和由非政府组织具体实施的文化外交运行机制。

在目标清晰、机制完备的情况下,美国也形成了确保文化外交运作效率的实施策略。古典自由主义反王权的斗争,使警惕政府滥用权力成为美国和西方社会的普遍意识。美国文化外交的管理者们清醒地认识到,政府操纵思想交流可能导致公众的反感,对文化外交效果产生负面影响。为此,美国政府在文化外交过程中,通常扮演幕后角色。例如富布赖特项目就由美国国际教育协会等非政府组织负责管理和运行。此外,美国政府也尽力降低文化外交的政治属性。事实上,除了增进与他国的相互了解、传播自由民主思想这样的长远目标，美国文化外交也是维护维护美国文化安全的利器，是维护美国意识形态领域利益的棋子，也是维护美国世界权力均势的文化武器，具有浓郁的政治色彩。为了降低文化外交的政治属性，教育文化项目以及人员交流项目在美国文化外交中一直发挥着重要作用。此外，非政府组织的积极参与也淡化了文化外交的政治属性。除了以上策略，美国文化外交也注重对目标群体开展有针对性的文化外交活动，以文化外交细分策略提高文化外交效率。例如针对社会精英群体和大众人群，文化外交手段的使用就大相径庭。此外，针对来自新闻、教育、体育、演艺、工程技术以及宗教团体的不同目标对象，美国相关项目都有具体的内容安排，确保文化外交效果的最大化。

在古典自由主义思想的影响下，文化主义者们反对政府操控文化外交，更希望看到政府在教育文化项目中扮演幕后角色，而当面对德国纳粹威胁、冷战中的意识形态之战以及"9·11"后伊斯兰文化侵扰时，政府又不得不开动宣传机器，直接走到前台运作相关文化事务。从20世纪40年代以来，体系化的文化外交法律、政府相关机构职能的不断调整以及非政府机构在宗教使命感和政治使命感的感召下的积极参与等诸多要素，构成了既反映古典自由主义思想主张又体现现代自由主义思想特色的文化外交体系。

无论自由主义影响下的美国文化外交以什么样的特点面世，我们都必须清楚地认识到其服务美国国家利益的本质。极其遗憾的是，美国以自由、民主、平等为旗号在世界各地讲述美国故事的做法，并未给世界各地带来和平与安宁。在伊拉克、阿富汗、叙利亚、利比亚以及乌克兰，"阿拉伯之春"颜色革命带来的是战火与难民潮。就在本书完成之时，美国在中国南海以"航行自由"之名，作为域外国家插手中国与南海周边国家的岛屿之争，使本来不太复杂的局势愈发紧张。以自由之名，行利益之实，是美国驾轻就熟的策略。在看待美国文化外交问题上，自由主义思想下的"非政治化策略"，只不过是对美国对利益渴求的掩饰。通过其文化外交策略，了解其文化外交本质，才能从根本上认识到美国政治的多样性和复杂性。

参 考 文 献

阿克曼,2013. 美利坚共和国的衰落 [M]. 田雷,译. 北京:中国政法大学出版社.

艾克敏,2006. 布什总统的信仰历程 [M]. 姚敏,等译. 北京:社会科学文献出版社.

巴伦蒂,1980. 少数人的民主 [M]. 张萌,译. 北京:四季出版公司.

拜登. 约瑟夫·拜登就中美关系发表演讲并回答学生提问 [EB/OL]. [2016 - 06 27]. http://chinese.usembassy - china.org.cn/082111biden.html。

北京大学哲学系,1962. 古希腊罗马哲学 [M]. 北京:商务印书馆.

贝瑞,2012. 利益集团社会 [M]. 王明进,译. 北京:中国人民大学出版社.

伯恩斯,1995. 罗斯福传 [M]. 孙天义,译. 北京:商务印书馆.

伯恩斯,1996. 民治政府 [M]. 吴爱民,译. 北京:中国社会科学出版社.

布尔斯廷,1993. 美国人:开拓历程 [M]. 中国对外翻译出版公司译. 北京:生活·读书·新知三联书店.

布莱雅,2014. 美国新闻事业史 [M]. 王海,等译. 北京:北京师范大学出版社.

查尔斯,2008. 美国对外政策:基础主体与形成 [M]. 北京:社会科学文献出版社.

陈若雷. 五月花号公约中译文版本评说 [EB/OL]. [2016-05-17]. http://blog.tianya.cn/post-1743640-23970397-1.shtml.

陈学恂, 1986. 中国近代教育史教学参考资料 (下册) [M]. 北京: 人民教育出版社.

戴昌桥, 2009. 论美国的非政府组织 [J]. 求索 (11).

邓超, 2013. 桑巴特问题的探究历程 [J]. 史学理论研究 (2).

丁则民, 1990. 美国内战与镀金时代 [M]. 北京: 人民出版社.

渡边靖, 2013. 美国文化中心——美国的国际文化战略 [M]. 金琮轩, 译. 北京: 商务印书馆, 2013.

多尔蒂, 等, 2003. 争论中的国际关系理论 [M]. 阎学通, 等译. 北京: 世界知识出版社.

多姆霍夫, 1985. 当今谁统治美国——八十年代的看法 [M]. 冀念年译. 北京: 中国对外翻译出版公司.

范帆, 2014. 美国对苏联的宣传政策演变 [J]. 人民论坛 (17).

范周, 2014-5-12. 文化立法刻不容缓 [N]. 光明日报 (2).

福柯, 2007. 知识考古学 [M]. 谢强, 等译. 北京: 生活·读书·新知三联书店..

格尔兹, 1999. 文化的解释 [M]. 纳日碧力戈, 等译. 上海: 上海人民出版社.

格雷, 2008. 自由主义的两张面孔 [M]. 顾爱彬, 等译. 南京: 凤凰出版传媒.

葛兰西, 1983. 狱中札记 [M]. 葆煦, 译. 北京: 人民出版社.

古德诺, 1987. 政治与行政 [M]. 王元, 等译. 北京: 华夏出版社.

顾长声, 2005. 从马礼逊到司徒雷登 [M]. 上海: 上海人民出版社.

顾肃, 2013. 自由主义基本理念 [M]. 南京: 译林出版社.

郭更新, 丁淑杰, 2000. 二十世纪美国社会主义的潮起潮落 [J]. 当代世界社会主义问题 (3).

郭仕鹏, 2009-08-06. 怎样看待美国禁止美国国营媒体在美国国内进行宣传 [N]. 南方周末.

郭又新,2004. 从国际新闻署到美国新闻署——美国对外宣传机构的演变[J]. 东南亚研究(5).

郭原奇,2012. 德国文化外交政策的历史变迁[J]. 国外理论动态(10).

哈茨,2003. 美国自由主义传统:诠释美国革命后的政治思想[M]. 张敏谦,译. 北京:中国社会科学出版社.

哈佛大学校长德里克·博克在哈佛大学350周年校庆演讲[EB/OL]. [2015-07-06]. http://blog.sina.com.cn/s/blog_6015b6140102en43.html.

哈耶克,1997. 自由秩序原理(上)[M]. 邓正来,译. 北京:生活·读书·新知三联书店..

哈耶克,1999. 自由宪章[M]. 杨玉生,等译. 北京:中国社会科学出版社.

韩铁,2004. 福特基金会与美国的中国学(1950—1979)[M]. 北京:中国社会科学出版社.

韩召颖,1999. 美国新闻署与美国公众外交[D]. 天津:南开大学.

韩召颖,2000. 输出美国:美国新闻署与美国公众外交[M]. 天津:天津人民出版社

汉密尔顿,1980. 联邦党人文集[M]. 程逢如,等译. 北京:商务印书馆.

汉密尔顿,2014. 联邦党人文集[M]. 杨颖玥,等译. 北京:中国青年出版社.

何勤华,2002. 外国法制史[M]. 上海:复旦大学出版社.

亨廷顿,2002. 文化的重要作用:价值观如何影响人类的进步[M]. 北京:新华出版社.

亨廷顿,2002. 文明的冲突与世界秩序的重建[M]. 周琪,等译. 北京:新华出版社.

胡国成,1989. 胡佛与新政[J]. 世界历史(4).

胡腾蛟,2013. 冷战时期美国海外图书输出的主旨探析[J]. 武汉大学学报(人文科学版)(1).

胡文涛，2008. 冷战结束前私人基金会与美国对外文化交流［J］. 太平洋学报（3）.

胡文涛，2008. 美国对外文化交流的复兴［J］. 现代国际关系（1）.

胡文涛，2008. 美国对外文化交流及其在中国的运用［M］. 北京：世界知识出版社.

胡文涛，2010. 英国文化外交：提升国家软实力的成功之路［J］. 太平洋学报（9）.

华尔兹，1991. 人、国家与战争：一种理论分析［M］. 倪世雄，等译. 上海：上海译文出版社.

华勒斯坦，1995. 自由主义的终结［M］. 郝名玮，等译. 北京：社会科学文献出版社.

黄旭东，2009. 美国文化安全战略及其对我国的启示［J］. 贵州师范大学学报（3）.

霍布豪斯，2013. 自由主义［M］. 朱曾汶，译. 北京：商务印书馆.

霍布斯，1986. 利维坦［M］. 黎思复，等译. 北京：商务印书馆.

霍布斯，1986. 利维坦［M］. 黎挺弼，译. 北京：商务印书馆.

霍尔，2003. 表征［M］. 徐良，等译. 上海：商务印书馆.

霍夫斯塔特，2012. 美国政治传统及其缔造者［M］. 崔永禄，等译. 北京：商务印书馆.

基辛格，2012. 大外交［M］. 顾淑馨，等译. 海口：海南出版社.

纪荣仁，2000. 谁来打败美国［M］. 北京：新华出版社.

江泓，1984.《五月花号公约》的由来及其影响［J］. 历史教学（5）.

蒋培玲. 我国文化立法亟待加速［EB/OL］.［2015-9-10］. http：//news. xinhuanet. com/politics/2015-05/23/c_127833032. htm.

杰斐逊，2011. 杰斐逊选集［M］. 朱曾汶，译. 北京：商务印书馆.

金元浦，2005. 美国政府的文化外交及其特点［J］. 国外理论动态（4）.

金正昆，2014. 私人基金会：美国当代文化外交路径研究［J］. 广西社会科学（11）.

卡尔，2005. 二十年危机（1919—1939）国际关系研究导论［M］. 秦亚青,译. 北京:世界知识出版社.

康德,1991. 法的形而上学原理[M]. 沈叔平,译. 北京:商务印书馆.

康德,2005. 历史理性批判文集[M]. 何兆武,译. 北京:商务印书馆.

康马杰,1988. 美国精神[M]. 南木,等译. 北京:光明日报出版社.

拉维奇,1995. 美国读本[M]. 林本椿,等译. 北京:生活·读书·新知三联书店.

雷迅马,2003. 作为意识形态的现代化[M]. 牛可,译. 北京:中央编译出版社.

李世默对话福山:中美体制比较[EB/OL]. [2016-02-09]. http://www.guancha.cn/FuLangXiSi-FuShan/2015_03_30_313170.shtml.

李智,2005. 文化外交:一种传播学的解读[M]. 北京:北京大学出版社.

林克,1983. 1900年以来的美国史[M]. 刘绪贻,等译. 北京:中国社会科学出版社.

刘恩东,2011. 中美利益集团与政府决策的比较研究[M]. 北京:国家行政学院出版社.

刘国柱,2009. 和平队与美国对外文化交流[J]. 学海(3).

卢梭,2003. 社会契约论[M]. 何兆武,译. 北京:商务印书馆.

卢咏,2010. 第三力量:美国非营利机构与民间外交[M]. 北京:社会科学文献出版社.

罗艳华,2009. 美国输出民主的历史与现实[M]. 北京:世界知识出版社.

洛克,1964. 政府论》(下)[M]. 叶启芳,等译. 北京:商务印书馆.

洛克,1996. 论宗教宽容[M]. 吴云贵,译. 北京:商务印书馆.

马克思恩格斯选集:第1卷[M]. 北京:人民出版社. 1995.

马克思恩格斯选集:第2卷[M]. 北京:人民出版社. 1972.

麦克莱伦,2004. 马克思以后的马克思主义[M]. 李智,译. 北京:中国人民大学出版社.

梅仁毅,2012. 冷战后的美国外交[M]. 北京:世界知识出版社.

梅瑞安,1957. 美国政治思想史[M]. 胡到维,译. 北京:生活·读书·新知三联书店..

美国外交政策的基本目的—纽约外交学会研究报告》[M]. 北京:世界知识出版社. 1960.

美国文化中心主任会议公报[EB/OL]. [2016-07-15]. http://www.cvent.com/events/2012-american-cultural-centers-directors-meeting-accdm-/custom-21-399fc628926948269c206007bc994fef.aspx.

孟德斯鸠,1959. 论法的精神[M]. 张雁深,译. 北京:商务印书馆.

密尔,2014. 论自由[M]. 许宝骙,译. 北京:商务印书馆.

摩根索,1990. 国家间政治——寻求权利与和平的斗争[M]. 徐昕,等译. 北京:中国人民公安大学出版社.

奈,1992. 注定领导世界[M]. 刘华,译. 北京:军事译文出版社.

奈,2013. 软实力[M]. 马娟娟,译. 北京:中信出版社.

尼克松,1989. 1999:不战而胜[M]. 杨鲁军,等译. 北京:世界知识出版社.

潘恩,1981. 潘恩选集[M]. 马清槐,等译. 北京:商务印书馆.

潘西华,2012. 葛兰西文化领导权思想研究[M]. 北京:社会科学文献出版社.

潘一禾,2007. 文化安全[M]. 杭州:浙江大学出版社.

庞金友,2015. 美国社会核心价值观的形成:清教传统与自由主义精神[J]. 教学与研究(3).

彭姝祎,2009. 试论法国的文化外交[J]. 欧洲研究(4).

钱满素,2006. 美国自由主义的历史变迁[M]. 北京:生活·读书·新知三联书店..

青木,2015-02-04. 美拨一亿巨款帮乌克兰打仗[N]. 环球时报.

清华大学校史研究室,1991. 清华大学史料选编(第一卷)[M]. 北京:清华大学出版社.

邱小平,2005. 表达自由——美国宪法第一修正案研究[M]. 北京:北京大学出版社.

日媒：中国游客在日"爆买"未提升日本人对华好感［EB/OL］．［2016－02－17］．http：//japan.people.com.cn/n1/2016/0314/c35467－28197358.html．

申林，2014．《利维坦》中国家主权与个人自我保存权之间的张力［J］．武汉大学学报（哲学社会科学版）（3）．

施特劳斯，2003．自然权利与历史［M］．彭刚，译．北京：生活·读书·新知三联书店..

石斌，1999．康德国际关系思想刍议［J］．史学月刊（2）．

石幼珊译名人演说一百篇［M］．北京：中国对外翻译出版公司．1987．

时殷弘，2000．国际安全的基本哲理范式［J］．中国社会科学（5）．

史密斯，1991．权力游戏——华盛顿是如何工作的（下册）［M］．肖峰，等译．北京：中国人民大学出版社．

斯宾诺莎，1982．神学政治论［M］．温锡增，译．北京：商务印书馆．

斯多葛学派［EB/OL］．［2015－11－19］．http：//baike.baidu.com/link?url＝1YkLjRd72LMtbCOTbM9aUV8y－akRlFjyEKF2FPF－0u4khkwPZWmqZDbqVL－2dxvoiCClCZkbaU5ozDiKTHJ35＿．

斯托林，2006．反联邦党人赞成什么——宪法反对者的政治思想［M］．汪庆华，译．北京：北京大学出版社．

松田武，2014．战后美国在日本的软实力［M］．金琮轩，译．北京：商务印书馆．

宋柯，2010．美国亚利桑那州立大学与四川大学合作的美国中心成立仪式上的讲话［EB/OL］．［2010－12－13］．http：//chengdu－ch.usembassy－china.org.cn/speeches＿remarks12.html．

粟高燕，2010．中美教育交流的推进［M］．济南：山东教育出版社．

汤普森，2003．国际关系中的思想流派［M］．梅仁毅，等译．北京：北京大学出版社：

唐昊，2010．竞争与一致：利益集团影响下的美国霸权逻辑解析［M］．北京：人民出版社．

托克维尔，1996．论美国的民主［M］．董果良，译．北京：商务印书馆．

王缉思, 2003. 美国霸权的逻辑 [J]. 美国研究 (3).

王立新, 2007. 意识形态与美国外交政策 [M]. 北京：北京大学出版社.

王立新, 2011. 美国的冷战意识形态：内容与作用 [J]. 史学集刊 (5).

王连伟, 2006. 政府放任与政府干预 [J]. 黑龙江教育学院学报 (6).

王名, 2002. 非营利组织管理概论 [M]. 北京：中国人民大学出版社.

王玮, 2007. 美国外交思想史 (1775—2005) [M]. 北京：人民出版社.

王晓德, 2008. 美国文化与外交 [M]. 天津：天津教育出版社.

王英杰, 2002. 美国高等教育的发展与改革 [M]. 北京：人民教育出版社.

威尔逊, 1986. 国会政体 [M]. 熊希龄, 等译. 北京：商务印书馆.

武彬, 刘玉安, 2012. 为什么美国没有社会主义？兼论奥巴马政府的治国理念 [J]. 当代世界社会主义问题 (4).

习近平论依法治国—十八大来重要论述摘编 [EB/OL]. [2016-05-15]. http://theory.people.com.cn/n/2014/0829/c367653-25568411.html.

新华网. 日媒：安倍推价值观外交对抗中国 [EB/OL]. [2016-03-21]. http://news.xinhuanet.com/world/2013-01/20/c_124253346_2.htm.

许爱军, 2012. 《五月花号公约》和美国精神 [J]. 国际关系学院学报 (1).

杨光, 2014. 美国对外文化交流的理念与机制 [J]. 中南大学学报（社会科学版）(2).

杨光, 2014. 美国对外文化交流思想及"文化力"的运作——从国际访问者项目审视"非政治化"策略 [J]. 太平洋学报 (6).

杨光, 2015. 美国政府在文化外交中的角色探析及启示 [J]. 教学与研究 (12).

余日昌, 2010. 论当代美国文化安全的战略特点 [J]. 世界经济与政治论坛 (6).

约翰逊, 1996. 就职演说 [M] // 李剑鸣等编. 美利坚合众国总统就职演说全集. 天津：天津人民出版社.

扎科特, 2008. 自然权利与新共和主义 [M]. 王崟兴, 译. 长春：吉林出版有限集团公司.

张昆, 2003. 大众媒介的政治社会化功能 [M]. 武汉：武汉大学出版社.

张昆, 李锦云, 2004. 杰斐逊与汉密尔顿出版自由思想之比较 [J]. 武汉大学学报（人文科学版）(5).

张其学, 2005. 关于"文化霸权"概念的再思考 [J]. 广东社会科学 (5).

张玉国, 2005. 国家利益与文化政策 [M]. 广州：广东人民出版社.

赵学功, 2015. 富布赖特：美国冷战外交的批评者 [M]. 北京：北京大学出版社.

郑超然, 等, 2000. 中国新闻传播史 [M]. 北京：中国人民大学出版社.

周凡, 2005. 重读葛兰西的霸权理论 [M]. 马克思主义与现实 (5).

朱春奎, 2012. 美国食品券项目的历史发展与营运管理 [J]. 南京社会科学 (7).

朱曾汶, 2014. 美国宪法及其修正案 [M]. 北京：商务印书馆.

庄锡昌, 1993. 二十世纪的美国文化 [M]. 杭州：浙江人民出版社.

资中筠, 1987. 缓慢的解冻：中美关系打开之前十几年间美国对华舆论的转变过程 [J]. 美国研究 (2).

资中筠, 2003. 散财有道：美国现代公益事业基金会述评 [J]. 上海：上海人民出版社.

资中筠, 2015. 财富的责任与资本主义的演变：美国百年公益发展的启示 [M]. 上海：上海三联书店.

Allen, Frederic Lewis, 1993. *The Big Change* [M]. New York: Transaction Publishers.

Anderson, Walter, 1958. American Council on Education. Nov. 18. Group IV, Box 153, Folder 9, CU.

Arndt, Richard T, 2005. *The First Resort of Kings: American Cultural Diplomacy in the 20th Century* [M]. Washington: Potomac Books, Inc.

Bachrach, Peter, 1963. Decisions and Non decisions: An Analytical Framework

[J]. *American Political Science Review*.

BBC 民调: 中国国际形象八年来最差 [EB/OL]. [2016 - 07 - 10]. http://www.zaobao.com/wencui/politic/story20130523 - 207714.

Biden, Joseph, 2005. Statement of Senator Joseph Biden Jr. Hearing on Public Diplomacy [EB/OL]. [2005 - 05 - 09]. http://www.foreign.senate.gov/imo/media/doc/BidenStatement040226.pdf.

Bradford, William, 1993. *Of Plymouth Plantation* [M] // J. A. Leo Lemay ed. *An Early American Reader*. Washington: United States Information Agency.

Bremner, Robert H, 1998. *American Philanthropy* [M]. Chicago: The University of Chicago Press.

Brown, Chris, 1998. *International Relations in Political Thought: Texts from the Ancient Greeks to the First World War* [M]. Cambridge: Cambridge University Press.

Brown, Michael, 1998. *Theories of War and Peace* [M]. Cambridge: The MIT Press.

Campbell, A. E, 1970. *Expansion and Imperialism* [M]. New York: Harper & Row.

Carter Jimmy, Address at Commencement Exercises at University of Notre Dame. [EB/OL]. [1977 - 05 - 22]. http://www.presidenc.ucsb.edu/ws/index.php.

Cheng Li, 2005. The Status and Characteristics of Foreign-Educated Returnees in the Chinese Leadership [J]. *China Leadership Monitor* (16).

Colligan, Francis J, 1958. The Government and Cultural Interchange [J]. *Review of Politics* (4).

Colligan, Francis. The Fulbright Act: An Opportunity and a Challenge to American Educatiors. August 10, 1949, Bureau of Education and Cultural Affairs Historical Collection, U. S. Department of State, manuscript number 468, box 296, file 29, Special Collections Division, University of Arkansas

Libraries, Fayetteville, Arkansas.

Committee on Public Information [EB/OL]. [2015 - 11 - 27]. https://en.wikipedia.org/wiki/Committee_ on_ Public_ Information.

Coombs, Philip H, 1964. *The Fourth Dimension of Foreign Policy: Educational and Cultural Affairs* [M]. New York: Harper & Row.

Creel, George, 1920. *How We Advertised America* [M]. New York: Harpers & Brothers.

Crevecoeur, St. John de, 1988. Letters from an American Farmer [M] // *An Early American Reader*. Washington: United States Information Agency.

Doyle, Michael W, 1986. Liberalism and World Politics [J]. *American Political Science Review*.

Ebenstein, William, 1969. *Great Political Thinkers* [M]. New York: Holt, Rinehart and Winston.

Elder, Robert, 1961. *The Foreign Leader Program: Operations in the United States* [M]. Washington: Brookings Institution.

Embassy the Hague to Department of State. State Dept. Decimal File. National Archives, Reel 5: 1950 - 1954.

Espinosa, J. Manuel, 1976. *Inter-American Beginnings of U. S. Cultural Diplomacy 1936 - 1948* [M]. Washington: Department of State Publication.

Executive Order 10924 [EB/OL]. [2015 - 12 - 28]. http://www.archives.gov/historical - docs/todays - doc/?dod - date = 922.

Fenno, John, *Gazette of the United States* [N]. [1791 - 04 - 27].

Finn, Helena, 2003. The Case for Cultural Diplomacy [J]. *Foreign Affairs* (6).

Flack, Michael J, 1971. *Cultural Diplomacy and Its Presentation in International Affairs Textbooks 1945 - 1971* [M]. Pittsburgh: University of Pittsburgh Press, 1971.

Fleishman, Joel, 2007. *The Foundation: A Great American Secret—How Private Wealth Is Changing the World* [M]. New York: Public Affairs.

Forcey, Charles, 1961. *The Crossroads of Liberalism: Croly, Weyl, Lippmann, and the Progressive Era, 1900 – 1925* [M]. New York: Oxford University Press.

Fulbright, J. William, 1976. The Most Significant and Important Activity I Have Been Privileged to Engage in during My Years in Senate [J]. *The Annals of American Academy of Political and Social Science* (424).

Gabrriel, Ralph H, 1940. *The Course of American Democratic Thought: An Intellectual History Since 1815* [M]. New York: The Ronald Press Company.

Gerber, William, 1975. *American Liberalism: Laudable End, Controversial Means* [M]. Lanham: University Press of America.

Gettell, Raymond, 2000. *History of American Political Thought* [M]. New York: The Century Co.

Green, Fitzhugh, 1988. *American Propaganda Abroad* [M]. New York: Hippocrene Books.

Guzzardi, Walter, 1988. *The Henry Luce Foundation, A History: 1936 – 1986* [M]. Chapel Hill: The University of North Carolina Press.

Haftendorn, Helga, 1991. The Security Puzzle: Theory-Building and Discipline-Building in International Security [J]. *International Studies Quarterly* (35).

Harding, Harry, 1992. *A Fragile Relationship: The United States and China since 1972* [M]. Washington: the Brooking QS Institutional.

Harries, Owen, 1999 – 08 – 23. Three Rules for a Superpower to Live by [N]. *New York Times* (15).

Harris, Abram, 1942. Sombart and German Socialism [J]. *Journal of Political Economy*.

Hartz, Louis, 1995. *The Liberal Tradition in America* [M]. New York: Harcourt Brace and Company.

Henderson, John W, 1969. *The United States Information Agency* [M]. New York: Frederick A. Progress.

History and Mission of ECA [EB/OL]. [2016 - 02 - 16]. http://eca.state. gov/about - bureau/history - and - mission - eca.

Hofstadter, Richard, 1955. *Social Darwinism in American Thought* [M]. Boston: Beacon Press.

Hofstadter, Richard, 1955. *The Age of Reform* [M]. New York: Vintage.

Hoover, Herbert, 1934. *The Challenge to Liberty* [M]. New York: Scribners.

Hoover, Herbert, 1970. Annual Message to Congress [M] // Amold Rice ed. *Titles in the Oceana Presidential Chronology Series: Herbert Hoover*. New York: Oceana Publications Inc.

Hoover, Herbert, 1970. *State Papers and Other Public Writings of Herbert Hoover, 1929 - 1931* [M]. NewYork: Literary licensing.

http://legcounsel.house.gov/Comps/sdba56.pdf. 2016 - 3 - 10. http://www.state.gov/pdcommission/library/177362.htm#.

Hunt, Michael. H, 1987. *Ideology and US Foreign Policy* [M]. New Haven: Yale University Press.

Huntington, Samuel, 1981. *American Politics: The Promise of Disharmony* [M]. Cambridge: Belknap Press of Harvard University Press.

Huntington, Samuel, 1996. The West: Unique, but not Universal [J]. *Foreign Affairs* (Nov/Dec).

Huntington, Samuel, 1999. The Erosion of American National Interests [M] // Wittkopf and McCormick, eds. *The Domestic Sources of American Foreign Policy* [M]. New York: Rowman & Littlefield Publishers, Inc.

Hutchinson, Thomas, 1967. *Hutchinson Papers* [M]. New York: Burt Franklin.

Implementing Partnerships [EB/OL]. [2016 - 01 - 18]. https://eca.state.gov/ivlp/about - ivlp/implementing - partnerships.

Information and Educational Exchange Act of 1948 [EB/OL]. [2015 - 12 - 23].

International Education Act of 1966 [EB/OL]. [2016 - 01 - 30]. https://

www. gpo. gov/fdsys/pkg/STATUTE -80/pdf/STATUTE -80 - Pg1066. pdf.

Iriye, Akira, 1997. *Cultural Internationalism and World Order* [M]. Baltimore: Johns Hopkins University Press.

Isaacs, Harold, 1958. *Scratches on Our Mind: American Images of China and India* [M]. NewYork: Greenwood Press.

Japanese-American Cultural Relations. Council on Foreign Relations Study Group, July 27, 1953, Folder 447, Box 50, Series 1 - OMR files, RG 5 (John D. Rockefeller 3rd), Rockefeller Family Archives.

Jentleson, Paterson, 1997. *Encyclopedia of US Foreign Relations* [M]. New York: Oxford University Press.

Johnson, Walter, Colligan, Francis J, 1965. *The Fulbright Program: A History* [M]. Chicago: The University of Chicago Press.

Judith Mchale, 2009. Public Diplomacy: A National Security Imperative [EB/OL]. [2016 - 03 - 04]. http: // www. state. gov/r/remarks/2009/124640. htm.

Kant, Immanuel, 1957. *Perpetual Peace* [M]. Indianapolis: Liberal Arts Press.

Kardux, Joke, 1993. *Newcomers in an Old City* [M]. Leiden: Uitgeverij Burgersdijk & Niermans.

Kautsky, Karl, 2003. The American Worker [J]. *Historical Materialism*.

Kegley, Charles W. Jr, 2004. *Controversies in International Relations Theory: Realism and the Neoliberal Challenge* [M]. Beijing: Peking University Press, 2004.

Kendrick, Alexander, 1969. *Prime Time: The Life of Edward R. Murrow* [M]. New York: Little Brown.

Kennan, George F, 1956. International Exchange in the Arts [J]. *Perspectives USA*.

Kennan, George F, 1984. *American Diplomacy* [M]. Chicago: University of Chicago Press.

Kennan, George F, 1995. On American Principle [J]. *Foreign Affairs* (74).

Keohane, Robert, Joseph S. Nye, 1998. Power and Interdependence in the Information Age [J]. *Foreign Affairs*.

Kissinger, Henry, 1994. *Diplomacy* [M]. New York: Simon & Schuster.

Krasner, Stephen, 1978. *Defending the National Interest: Raw Materials Investments and US Foreign Policy* [M]. Princeton: Princeton University Press.

Kwitny, Jonathan, 1997. *Man of the Century* [M]. New York: Henry Holt and Company.

Lasswell, Harold, 1927. *Propaganda Technique in the World War* [M]. New York: AlfredKnopf.

Lawson, Murray, 1970. *The United States Information Agency: A History* [M]. Washington: USIA Archives.

Lazarsfeld, Paul, 1944. *People's Choic* [M]. New York: Sloan & Pearce.

Leonard, Arthor Roy, 1918. *War Addresses of Woodrow Wilson* [M]. Boston: Ginn and Company.

Levi, Werner, 1970. Ideology, Interest, and Foreign Policy [J]. *International Studies Quarterly* (1).

Levine, Steven, 1994. Perception and Ideology in Chinese Foreign Policy [M] // Thomas Robinson eds. *Chinese Foreign Policy: Theory and Practice*. Oxford: Clarendon Press.

Link, Arthur, 1982. *The Papers of Woodrow Wilson* [M]. Princeton: Princeton University Press.

Lippmann, Walter, 1922. *Public Opinion* [M]. New York: Harcourt Brace.

Locke, John, 1960. *Two Treatises of Government, Second Treatise* [M]. Cambridge: Cambridge University Press.

Long, Divid, 2005. *Imperialism and Internationalism in the Discipline of International relations* [M]. New York: State University of New York Press.

Lyons, Eugene, 1964. *Herbert Hoover: A Biography* [M]. New York:

Scribners.

Macdonald, Dwight, 1989. *The Ford Foundation: The Man and the Millions* [M]. New Brunswick: Transaction Publishers.

Mahin, Dean, 1973. *History of the US Department of State's International Visitor Program* [M]. Washington: Bureau of Educational and Cultural Affairs, US Department of State.

Malone, Gifford D, 1988. *Political Advocacy and Cultural Communication: Organizing the Nation's Public Diplomacy* [M]. Lanham: University Press of America.

Mansfield, Edward, Snyder, Jack, 1995. Democratization and the Danger of War [J]. *International Security* (20).

Merson, Martin, 1955. *The Private Diary of a Public Servant* [M]. New York: Macmillan.

Midlarsky, Manus, 1995. Environmental Influences on Democracy: Aridity, Warfare, and a Reversal of the Causal Arrow [J]. *The Journal of Conflict Resolution* (2).

Miller, Toby, Yudice, George, 2002. *Cultural Policy* [M]. London: Sage Publication.

Mitchell, J. M, 1986. *International Cultural Relations* [M]. London: Allen & Unwin.

Morgenthau, Hans J, 1985. *Politics among Nations: The Struggle for Power and Peace*. 6thed. [M]. New York: Alfred A. Knopf.

Mousseau, Michael, Shi, Yuhang, 1999. A Test for Reverse Causality in the Democratic Peace Relationship [J]. *Journal of Peace Research* (6).

Mullerson, Rein, 2013. *Regime Change: From Democratic Peace Theories to Forcible Regime Change* [M]. Leiden: Martinus Nijhoff.

Muravchik, Joshua, 1991. *Exporting Democracy: Fulfilling America's Destiny* [M]. Washington: The AEL Press.

Mutual Educational and Cultural Exchange Act of 1961 [EB/OL]. [2016-03-

25]. https://www2. ed. gov/about/offices/list/ope/iegps/fulbrighthaysact. pdf.

Nakamura, Kennon, 2009. *U. S. Public Diplomacy: Background and Current Issues* [M]. Washingtong: Congressional Research Service.

Nettles, Curtis, 1940. The Roots of American Civilization [J]. *Science & Society*.

Niebuhr, Reinhold, 1940. *Christianity and Power Politics* [M]. New York: Charles Scribner's Sons.

Ninkovich, Frank, 1981. *The Diplomacy of Ideas: U. S. Foreign Policy and Cultural Relations 1938 – 1950* [M]. New York: Cambridge University Press.

Northbard, Murray, 1975. *America's Great Depression* [M]. Kansas: Ludwig Von Mises Institute.

Owen, John M, 1994. How liberalism Produces Democratic Peace [J]. *International Security* (2).

Riegel, Orchestra, 1955. Residual Effects of Exchange-of-Persons [J]. *Public Opinion Quarterly* (*Fall*).

Rising Restriction on Religion [EB/OL]. [2016 – 03 – 25]. http://pewforum. org/government/rising – restriction – on – religion – gri. aspx.

Schlesinger, Arthur Jr., Russell Kirk, 1956. Conservative vs. Liberal—A Debate [J]. *The New York Times Magazine*.

Schlesinger, Arthur M, 1965. *A Thousand Days: JFK in the White House* [M]. Boston: Houghton Mifflin.

Schlesinger, Arthur M, 1965. *A Thousand Days: JFK in the White House* [M]. Boston: Houghton Mifflin.

Schoenbrun, David, 1976. *Triumph in Paris: The Exploits of Benjamin Franklin* [M]. New York: Harper & Row.

Schwab, George, 1978. *Ideology and Foreign Policy: A Global Perspective* [M]. New York: University of Columbia Press.

Scott-Smith, Giles, 2008. *Networks of Empire: The US State Department's*

Foreign Leader Program in the Netherlands, France, and Britain 1950 - 70 [M]. Brussels: Peter Lang.

Shambaugh, David, 1991. *Beautiful Imperialist—China Perceivies America, 1970 - 1990* [M]. Princeton: Princeton University Press.

Shuster, J. Mark, 2002. *Informing Cultural Policy: The Research and Information Infrastructure* [M]. New Brunswick: Center for Urban Policy Research.

Singh, J. P. , 2005. *International Cultural Policies and Power* [M]. Palgrave: Macmillan.

Small, Melvin, 1976. The War-Proneness of Democratic Regime [J]. *The Jerusalem Journal of International Relations* (1).

Sorensen, Thomas, 1968. *The Word War: The Story of American Propaganda* [M]. New York: Harper and Row.

Spencer, Herbert, 2003. *Spencer Political Writing* [M]. Peking: Press of China University of Political Science and Law.

State Department Basic Authority Act of 1956 [EB/OL]. [2016 - 04 - 16].

Steel, Ronald, 1980. *Walter Lippmann and the American Century* [M]. Boston: Little, Brown.

Studenski, Paul, Croose, Herman, 1964. *Financial History of the United States* [M]. New York: Beard Books.

The Smith-Mundt Act of 1948 [EB/OL]. [2016 - 05 - 17]. http://www.state.gov/documents/organization/177574.pdf.

The White House. National Security Strategy of the United States of America [EB/OL]. [2016 - 06 - 12]. http://www.whitehouse.gov/sites/default/files/rss_view/national_security_strategy.pdf.

Thompson, Charles, 1963. *Cultural Relations and US Foreign Policy* [M]. Bloomington: Indiana University Press.

Thomson, Charles, 1948. *Overseas Information Service of the United States Government* [M]. Washington DC: Brookings Institution.

Treaties and Other International Agreements of the United States of America 1776 - 1949 [Z]. Compiled under the direction of Charles I. Bevans, Volume 6, P. 810. US Department of State. Foreign Relations of United States, 1949, Vol. 5.

U. S. Bureau of Educational and Cultural Affairs, 2012. *Educational and Cultural Diplomacy* [M]. Washington: Lexinton.

U. S. State Department, 1979. *Foreign Relations of the United States, 1952 - 1954* [M]. Washington: U. S. Government Printing Office.

Waltz, Kenneth, 1959. *Man, the State, and War* [M]. New York: Columbia University Press.

Weber, Max, 1968. *Economy and Society* [M]. New York: Bedminster Press.

Weinstein, Allen, 1999. *The Haunted Wood: Soviet Espionage in America—The Stalin Era* [M]. New York: Random House.

Wilson, Woodrow. Executive Order 2594 - Creating Committee on Public Information [EB/OL]. [2016 - 05 - 26]. http://www.presidency.ucsb.edu/ws/?pid=75409.

Winthrop, John, 1993. A Model of Christian Charity [M] // J. A. Leo Lemay ed. *An Early American Reader*. Washington D. C.: United States Information Agency.

后 记

　　看到桌案上这本在博士论文基础上修订而成的图书清样，心中百感交集。回想起来，在入学至今四年零两个月这段不算太长的时间里，自己边工作边学习，诚惶诚恐，提笔写作，过程颇艰。在本书即将付印之际，回想成果的取得，内心充满感激：

　　首先要感谢恩师石坚教授。2010 年初，四川大学与美国亚利桑那州立大学筹建美国文化中心，考虑到我有一些美国文化的学习背景，石老师推荐我当了美国文化中心中方主任。作为主管外事的副校长，石老师在运筹与美方合作之际，把我带入美国研究这一殿堂，得天独厚的工作环境和工作性质，很自然成为我博士论文选题的方向。若非石老师当年推荐和指引，以及在其后博士学习期间课堂上的谆谆教诲、对博士论文开题报告的悉心指导、对论文结构的诸多建议和论文定稿前对细小问题细致入微的指正，这篇跨英语语言文学、政治哲学和历史学的论文就不可能完成并呈现在眼前。

　　其次要感谢外国语学院院长段峰教授。段院长一直鼓励学院内包括我这个不算年轻的年轻老师们攻读博士学位，落实学校对在职教师攻读学位期间工作量减免、学费减免等一系列优惠政策。段院长在平时工作中考虑周全，无形中减轻了我这个教学副院长不少工作压力，使我有更多精力可以投入论文写作。在此也一并感谢彭亮书记、任文副院长、王彬副书记以及其他班子成员，宽松的工作环境和和谐的工作氛围，是本文得以完成的重要保障。

同时，也要感谢在博士学习期间，程锡麟教授、王晓路教授、袁德成教授、冯川教授和冯宪光教授等学者高水平的授课。程锡麟教授对美国文学深入的分析和严谨的治学态度、王晓路教授对文化研究的广博知识和对研究方法课程的幽默讲授以及袁德成教授对复杂理论深入浅出的梳理，都使我受益无穷。

还要感谢外国语学院陈杰教授，我们在美国研究中心曾经一起共事、一起奋斗，其后无论是在研究项目上的支持还是参加学术会议期间的共同探讨，都使我对美国对外文化交流的理解更加深入。也要感谢外国语学院博士生导师叶英教授和王欣教授，她们在开题报告中提出的宝贵建议，成为论文进一步修改和完善的重要参考。还有法语系陈跃教授，其言语中流露出的关心和鼓励，高效转化我为对学习压力的释放和对学习动力的提升。

成立四川大学－亚利桑那州立大学美国文化中心是本书研究的开端。四川大学晏世经副校长当年拿着卷尺为中心办公室、阅览室丈量家具尺寸的场景依旧历历在目，国际处关平副处长、外国语学院敖凡院长全程参与了中心建设。洪舒老师、唐雪虹老师为美国文化中心的运作做了大量实际工作，在此也一并致谢！

本书的完成，是美国文化中心美方参与的重要结果。俗话说，没有对手的棋局不是真正的棋局。由于文化背景的差异以及中美双方对美国文化中心的不同目标使然，在与美方合作的过程中，既有开心的工作成果，也有不太愉快的问题争执。但无论如何，亚利桑那州立大学莫玉琳教授（Kathryn Mohrman）、尼尔·莱斯特教授（Neal Lester）、威廉姆·布拉西尔教授（William

Brashears)、珍妮·沃伦·芬德利教授（Jannelle Warren-Findley）以及美国驻北京大使馆和驻成都总领事馆相关官员和工作人员，为美国文化中心付出了精力，使本人近距离观察美国对外文化交流成为可能。与他们共同工作成为本书第一手资料的来源，也是本书得以完成的根本保障之一。

我必须把最诚挚的感谢给予我的家人。在论文写作期间，年事已高的父母知道自己忙碌，很多事情都自己为之，为的是给我留出更多时间。没能更多照看老人，自己感到对他们十分亏欠。特别感谢妻子翁晓红这些年来的支持和鼓励，当然，还有监督。除了承担绝大多数家务活，她在工作之余不断的激励给了我相当的正能量，每当我懈怠之时，她一句"今天完成了多少字？"，立马成为坚持写作的动力。女儿杨文上高中了，学习自觉努力，无形中又节约了自己不少时间。我与女儿约定，女儿高中毕业，我争取博士毕业，看来做爸爸的身体力行，领先女儿半年毕业，也是与女儿在时间上竞赛的结果。一家三口坐在客厅安静看书学习的时光，是人生中最美好的经历，谢谢妻子和女儿的一路陪伴！

最后，出版社张晶、周洁两位老师冒着酷暑，在内容上给本书提出了中肯意见，在文字上进行了细致润饰，在此表示衷心感谢！

2018 年 7 月末
望江嘉苑